Jörg Becker
Erdbeerpflücker, Spargelstecher, Erntehelfer

Jörg Becker (PD Dr. rer. nat.), Sozialgeograph, ist Herausgeber der Zeitschrift »geographische revue« und Redakteur von »raumnachrichten.de«.

Jörg Becker
Erdbeerpflücker, Spargelstecher, Erntehelfer
Polnische Saisonarbeiter in Deutschland –
temporäre Arbeitsmigration im neuen Europa

Bibliografische Information der Deutschen Nationalbibliothek
Die Deutsche Nationalbibliothek verzeichnet diese Publikation in der Deutschen Nationalbibliografie; detaillierte bibliografische Daten sind im Internet über http://dnb.d-nb.de abrufbar.

© 2010 transcript Verlag, Bielefeld

Die Verwertung der Texte und Bilder ist ohne Zustimmung des Verlages urheberrechtswidrig und strafbar. Das gilt auch für Vervielfältigungen, Übersetzungen, Mikroverfilmungen und für die Verarbeitung mit elektronischen Systemen.

Umschlaggestaltung: Kordula Röckenhaus, Bielefeld
Umschlagabbildung: Jörg Becker
Lektorat & Satz: geographische revue
Druck: Majuskel Medienproduktion GmbH, Wetzlar
ISBN 978-3-89942-946-6

Gedruckt auf alterungsbeständigem Papier mit chlorfrei gebleichtem Zellstoff.

Besuchen Sie uns im Internet: *http://www.transcript-verlag.de*

Bitte fordern Sie unser Gesamtverzeichnis und andere Broschüren an unter: *info@transcript-verlag.de*

Inhalt

Einführung	11
Theorieangebote sozialwissenschaftlicher Migrationsforschung	17
Eingliederungskonzepte	22
Das Assimilationsmodell von Esser	24
Hoffmann-Nowotnys Unterschichtungsmodell	28
Heckmanns Modell ethnischer Kolonien	32
Transnationalismus und transnationale soziale Räume	37
Identitätsbildung und Transmigration	43
Transmigration als neue räumliche Organisationsform	44
Systemtheorie und Migration	46
Individuum und Gesellschaft in systemtheoretischer Perspektive	47
Weltgesellschaft und Nationalstaat	51
Zusammenfassung	53
Temporäre Arbeitsmigration aus Polen nach Deutschland	57
Entsendeland Republik Polen	57
Emigration aus Polen vor 1989	58
Migration aus Polen in den 90er Jahren	64
Zielland Bundesrepublik Deutschland	73
Politische und rechtliche Grundlagen der Saisonbeschäftigung	73
Die Bedeutung der polnischen Saisonarbeit für den Arbeitsmarkt in der Bundesrepublik	88
Saisonarbeiterbeschäftigung und struktureller Wandel in der Landwirtschaft	95
Landwirtschaftliche Betriebe und polnische Saisonarbeiter – Ergebnisse einer Betriebsbefragung	104
Betriebliche Entwicklung und die Beschäftigung polnischer Saisonarbeiter	107

Polnische Saisonarbeiter in Deutschland 119
Soziale Netzwerke und temporäre Arbeitsmigration –
polnische Saisonarbeiter auf einem Erdbeer-Hof in
Norddeutschland 120
    Der Erdbeer-Hof 127
    Demographische Daten der polnischen Beschäftigten 128
    Ausbildungsstand, berufliche Tätigkeit und
    Einkommenssituation in Polen 131
    Gründe und Motivationen zur Arbeitsaufnahme in
    Deutschland 135
    Netzwerkstrukturen 140
Temporäre Migration als biographisches Ereignis – Ergebnisse
qualitativer Interviews mit polnischen Saisonarbeitern 157
    Vorüberlegungen zum Stellenwert qualitativer Interviews 158
    Auswertung der Interviews 164
    Interview mit Herrn A. 164
    Interview mit Herrn B. 178
    Interview mit Frau C. 191
    Interview mit Herrn D. 199
    Vergleich und Resümee 216

Zusammenfassung und Ausblick 225

Literatur 231

Verzeichnis der Tabellen

Tab. 1:	Emigranten nach Geschlecht 1981 - 1997	65
Tab. 2:	Hauptaltersgruppen temporärer Migranten im Vergleich zur polnischen Bevölkerung 2002	66
Tab. 3:	Polnische Saisonarbeiter in ausgewählten Arbeitsamtsbezirken 2004	92
Tab. 4:	Polnische Saisonarbeiter und sozialversicherungspflichtig Beschäftigte in Landwirtschaft und Gartenbau nach ausgewählten Arbeitsamtsbezirken 2004	93
Tab. 5:	Arbeitskosten in der Landwirtschaft in Abhängigkeit vom Beschäftigungsverhältnis	97
Tab. 6:	Entwicklung der Gartenbaubetriebe am Niederrhein 1987 - 2000	100
Tab. 7:	Anbauflächen ausgewählter Gemüse- und Obstsorten in der Bundesrepublik 1992 und 2005	102
Tab. 8:	Betriebe mit Anbau von Gartenbauerzeugnissen nach Größenklassen der gärtnerischen Nutzfläche	103
Tab. 9:	Betriebsgründungszeitraum der befragten Betriebe	107
Tab. 10:	Betriebsgrößenstruktur und Anzahl der beschäftigten polnischen Saisonarbeiter 2002	109
Tab. 11:	Kurzfristige betriebliche Reaktionen auf eine Reduzierung des Beschäftigungsumfangs polnischer Saisonarbeitskräfte	111
Tab. 12:	Mittelfristige betriebliche Reaktionen auf eine Reduzierung des Beschäftigungsumfangs polnischer Saisonarbeitskräfte	112
Tab. 13:	Alter und Geschlecht	128
Tab. 14:	Anzahl der Kinder	129
Tab. 15:	Größe der Heimatgemeinde	130
Tab. 16:	Höchster Bildungsabschluss	131
Tab. 17:	Stellung im Beruf	134
Tab. 18:	Nettoeinkommen in Polen	135
Tab. 19:	Anlass der Arbeitsaufnahme	136

Tab. 20:	Motivation zur Arbeit in Deutschland	137
Tab. 21:	Vor- und Nachteile der Arbeit auf dem Erdbeer-Hof	138
Tab. 22:	Geldverwendung	139
Tab. 23:	Einkommensvorstellungen	140
Tab. 24:	Informationsquelle	142
Tab. 25:	Vermittler	143
Tab. 26:	Vermittlerrolle	144
Tab. 27:	Art und Anzahl der Beziehungen im Gesamtnetzwerk	147
Tab. 28:	Individuelle Beziehungen im Gesamtnetzwerk	152
Tab. 29:	Struktureller Vergleich zentraler Analysekategorien der Leitfadeninterviews	222

Verzeichnis der Abbildungen

Abb. 1:	Emigration aus Polen 1980 - 2002	59
Abb. 2:	Herkunftsregionen der Emigranten 1981 - 1988	62
Abb. 3:	Herkunftsregionen polnischer Emigranten 1997	67
Abb. 4:	Herkunftsregionen polnischer Saisonarbeiter 1997/1998	71
Abb. 5:	Arbeitserlaubnisverfahren für polnische Saisonarbeiter 1991 - 2004	90
Abb. 6:	Anteile polnischer Saisonarbeitskräfte an der Gesamtbeschäftigung im Pflanzen- und Gartenbau in ausgewählten Arbeitsamtsbezirken 2004	94
Abb. 7:	Entwicklung der Beschäftigung polnischer Saisonarbeitskräfte am Niederrhein und in Brandenburg	108
Abb. 8:	Dauer der Beschäftigung polnischer Saisonarbeiter in den befragten Betrieben	110
Abb. 9:	Regionale Herkunft der Saisonarbeiter auf dem Erdbeer-Hof	141
Abb. 10:	Anteil der Beziehungsarten im Gesamtnetzwerk	149
Abb. 11:	Beispiel I für ein egozentriertes Netzwerk	153
Abb. 12:	Beispiel II für ein egozentriertes Netzwerk	155

EINFÜHRUNG

„Der Grund aller Schwierigkeiten liegt in der Art, wie sich für die Landwirtschaft, speziell für den hier vorliegenden Großgrundbesitz der Bedarf an Arbeitskräfte auf die einzelnen Jahresabschnitte verteilt. Es ist jahraus jahrein zur Zeit der Ernte ein sehr viel größerer als während des gesamten übrigen Jahres [...]. Die Folge ist, dass die Landwirtschaft neben einem Stamm fester, das ganze Jahr hindurch zur Verfügung stehender Arbeiter für den Sommer und speziell die Zeit der Ernte anderweitiger Arbeitskräfte bedarf, und damit ist die Scheidung der Arbeiter in zwei Hauptkategorien gegeben." (Max Weber 1993, 74/75)

Was Max Weber hier für das deutsche Reich am Ende des 19. Jahrhunderts beschreibt, trifft auch 100 Jahre später auf bestimmte Teile der Landwirtschaft und des Gartenbaus in der Bundesrepublik zu. Zur Deckung des Arbeitskräftebedarfs wird damals wie heute in größerem Umfang auf polnische Arbeitskräfte zurückgegriffen. Dabei begegnen dem aufmerksamen Zeitungsleser heute Schlagzeilen wie diese: „Acht Männer im stinkenden Container. Gewerkschaft weist auf die mitunter schwierige Lage von Saisonarbeitern bei der Weinlese im Rheingau hin" (Hicken 2003), „Spargel mit Beigeschmack. Schwarze Schafe und weiße Stangen: Fahnder sind illegalen Arbeitskräften am Niederrhein auf der Spur und decken dabei zum Teil erhebliche Missstände auf" (Lindekamp 2001) oder „Lücken bei polnischen Helfern nicht zu schließen. Landwirt in Twisteden kann 1,5 Hektar Spargelfeld nicht abernten" (Klatt 1998).

Jeweils zum Erntebeginn – in den Spargelanbaugebieten im Frühjahr, in den Weinbauregionen im Herbst – werden die Leser darauf aufmerksam gemacht, dass in weiten Teilen der Landwirtschaft und des Gartenbaus unter nicht immer ganz unproblematischen Umständen ausländische Arbeitskräfte – vornehmlich aus Polen – bei der Ernte beschäftigt werden. Diese etwas euphemistisch als „Erntehelfer" bezeichneten Wanderarbeiter kommen nach Deutschland, um hier saisonale Arbeitskräftebedarfe abzudecken, für die sich auf dem Arbeitsmarkt der Bundesrepublik keine Arbeiter finden lassen. In regelmäßigen Abständen wird zwar in den Zeitungen über sie berichtet, dennoch werden sie öffentlich kaum wahrgenommen. Das mag zum einen daran liegen, dass gegen den einen oder anderen üblichen Standard bei Unterbringung, Bezahlung und Arbeitszeitgestaltung „in Einzelfällen" „von schwarzen Schafen" zwar verstoßen wird, die temporäre Beschäftigung polnischer Saisonarbeiter aber ansonsten keine größeren Probleme mit sich bringt, zum anderen daran, dass sich die polnischen Arbeiter während ihres befristeten Aufenthalts in der Bundesrepublik gesellschaftlich beinahe unsichtbar machen. Gleich einer Heinzelmännerarmee kommen sie als Erntehelfer, wenn sie gerufen werden, und gehen, wenn die Arbeit getan ist. Die Öffentlichkeit nimmt wenig Notiz von ihnen und im gesellschaftlichen Leben spielen sie keine Rolle.

Die Bundesrepublik hat seit der Gastarbeiteranwerbung in den 60er Jahren ein recht kompliziertes gesetzliches Regelwerk entwickelt, mit dem die Arbeitsmigration nach Deutschland reguliert wird. Hierzu gehören auch die Verordnungen über die Beschäftigung von Saisonarbeitern. Die rechtliche Grundlage bildet die 1991 reformierte Anwerbestoppausnahmeverordnung (ASAV). Hier wird im Grundsatz zwar an dem 1973 durchgesetzten Anwerbeverbot ausländischer Arbeitskräfte festgehalten, dieses Verbot wird aber im Hinblick auf neu entstehende Bedürfnisse nach Arbeitskräften flexibler gestaltet. Der weitaus größte Teil der Ausländer-Beschäftigung nach den Bestimmungen der ASAV findet im Saisonbereich der Landwirtschaft und des Gartenbaus statt. Die Beschäftigtenzahlen steigen in diesem Bereich seit 1991 kontinuierlich und erreichen für das Jahr 2004 eine Größenordnung von über 300.000 Personen.

Die Erwerbstätigkeit für Saisonarbeiter ist auf vier Monate im Jahr beschränkt. Mit ihr erwerben die ausländischen Saisonkräfte keine weiter gehenden Rechte bezüglich des Aufenthalts in der Bundesrepublik. Arbeits- und Aufenthaltsrecht sind hier unmittelbar aufeinander bezogen und miteinander verflochten. Mit dieser Regelung wurde eine der wesentlichen Grundlagen für das Entstehen temporärer und zirkulärer Migrationen geschaffen.

Nicht nur die Einführung eines Rückkehrgebots, das sein historisches Vorbild unmittelbar in den staatlichen Vorschriften zur „Polenbeschäftigung" des deutschen Reiches Ende des 19. Jahrhunderts hat, weist darauf hin, dass temporäre Arbeitsmigration kein neues soziales Phänomen ist. „Jechać na saksy" (eigentlich: „nach Sachsen gehen") – diese polnische Redewendung, die heute den allgemeinen Umstand beschreibt, zum Arbeiten ins Ausland zu gehen, reflektiert die historische Erfahrung der Arbeitsmigration von polnischen Wanderarbeitern nach Deutschland. „Sachsengänger" waren die in der Kaiserzeit des ausgehenden 19. und beginnenden 20. Jahrhunderts vornehmlich bei der Rübenernte eingesetzten polnischen Wanderarbeiter in der Provinz Sachsen. Aber auch in anderen Teilen des Deutschen Reiches kamen polnische Saisonarbeiter in landwirtschaftlichen Betrieben zum Einsatz. Die Industrialisierung und die Massenauswanderung nach Übersee hatten in der Landwirtschaft zu einem „Leutemangel" geführt, der durch Umstellungen vom Getreideanbau auf den arbeitsintensiveren Hackfrüchtebau noch forciert wurde. Die landwirtschaftlichen Betriebe wollten durch Anwerbungen von Wanderarbeitern den sich abzeichnenden Arbeitskräftemangel ausgleichen.

Max Weber und Karl Kaerger haben schon sehr früh diesem Phänomen ihre wissenschaftliche Aufmerksamkeit gewidmet (vgl. Kaerger 1890 und Weber 1892, 1993). Auch in der neueren Literatur wird darauf verwiesen, dass die Sozialgeschichte Deutschlands eng mit der zeitlich befristeten Migration aus Polen verbunden ist (z. B. Bade 1982, 1983, Herbert 1986 oder Sassen 1996).

Selbst die „klassische Gastarbeitermigration" nach Deutschland in den 60er Jahren aus den Mittelmeeranrainerstaaten wies durchaus Merkmale temporärer Migration auf. Dass das Phänomen temporäre Arbeitsmigration in der deutschsprachigen Wanderungsforschung relativ wenig thematisiert wurde, mag zum einen daran liegen, dass mit dem Anwerbestopp von 1973 bestehende Ansätze eines temporären und zirkulierenden Systems zerstört wurden, und zum anderen daran, dass sich die Migrationsforschung in der Bundesrepublik in den folgenden Jahren zu einer eher sozialtechnologisch orientierten Integrationsforschung entwickelte. Migrationen wurden dort hauptsächlich als unidirektionale Bewegungen von Punkt A nach Punkt B mit anschließender Sesshaftwerdung und Integration (oder auch misslungener Integration) wahrgenommen. Erst in den 90er Jahren rücken mit den politischen und ökonomischen Veränderungen in den Staaten Mittel- und Osteuropas und mit der Diskussion von Globalisierungsfolgen für die Arbeitsmärkte auch in der Migrationsforschung nicht auf Dauer angelegte Arbeitswanderungen (wieder) in den Mittelpunkt des Interesses. Als Indiz für eine verstärkte öffentliche Aufmerksamkeit mag auch gelten, dass die Organisation für wirtschaftliche Zusammenarbeit und Entwicklung (OECD) in ihrem jährlichen Migrationsbericht 1998 erstmals die zeitlich befristete Arbeitsmigration in einem eigenen Kapitel thematisiert (vgl. OECD 1998).

Ein Teil der Migrationsforschung nimmt das Entstehen neuer bzw. das Wiederaufkommen alter Formen von Wanderungspraktiken zum Anlass, den Erklärungsgehalt der bisherigen Migrationsforschung zumindest in Teilen in Frage zu stellen und entwirft dabei selbst einen neuartigen Erklärungsansatz, der die traditionellen Theorieangebote insofern ergänzen will, als er besser in der Lage sein soll, die neu zu beobachtenden Phänomene einer adäquaten sozialwissenschaftlichen Analyse zugänglich zu machen.

Das Phänomen der temporären Arbeitsmigration polnischer Saisonarbeiter wird so nicht nur als empirisches Problem aufgefasst, sondern bekommt eine besondere Bedeutung bei der Neupositionierung der sozialwissenschaftlichen Migrationsforschung.

Die vorliegende Studie versteht sich als eine zwar theoretisch reflektierte, aber vor allem als eine empirische Arbeit, deren Leitfrage sich folgendermaßen formulieren lässt: Welche Bedingungen strukturieren die aktuellen temporären Arbeitsmigrationsprozesse zwischen der Bundesrepublik Deutschland und der Republik Polen? Diese Fragestellung soll am Beispiel der polnischen Saisonarbeit in Deutschland untersucht werden und zwar nach zwei Seiten. Untersucht werden sollen temporäre Arbeitsmigrationsprozesse zwischen der Bundesrepublik und Polen hinsichtlich der Kontextbedingungen in der Aufnahmegesellschaft und hinsichtlich der gesellschaftlichen Organisationsform der spezifischen Arbeitmigration in die Landwirtschaft. Bei dem ersten Untersuchungskomplex werden vor allem die Moderationsformen der temporären Arbeitsmigration durch staatliche Politik und einstellende Unternehmen, also die Zugangsmöglichkeiten zum Arbeitsmarkt untersucht. Des weiteren wird hier nach möglichen Anknüpfungspunkten zwischen temporärer Migration und Aufnahmegesellschaft jenseits des Arbeitsmarktes gefragt. Beim zweiten Untersuchungskomplex liegt ein Schwerpunkt auf der Analyse der Bedeutung von Netzwerkstrukturen für die temporäre Arbeitsmigration.

In der vorliegenden Arbeit wird davon ausgegangen, dass Theorie und Empirie in der sozialwissenschaftlichen Analyse in einem nicht ohne weiteres aufhebbaren „Verschlingungszusammenhang" stehen. In der Darstellung jedoch wird an diesem Prinzip nicht festgehalten; hier müssen Theorie und Empirie zunächst getrennt voneinander behandelt werden. Erst in einem weiteren Schritt kann deutlich werden, wie die theoretische Verortung empirische Fragestellungen und Ergebnisse determiniert und wie auch neuartige empirische Konstellationen Theoriearbeit vor neue Aufgaben stellt.

Der Charakter der vorliegenden Arbeit als explorative Studie – zum Thema ausländische Saisonarbeit sind bisher nur wenige Arbeiten veröffentlicht worden – bringt es mit sich, dass viele Aspekte des Themas angesprochen werden, ohne diese allerdings mit der eigentlich notwendigen Gründlichkeit vollständig auszuloten oder vertiefen zu können. Hier sind – das sei an dieser Stelle schon einmal vorausgeschickt – weitere tiefer gehende Forschungsanstrengungen notwendig.

Bei der empirischen Bearbeitung des Themas wurde sich für ein Methodenmix der empirischen Sozialforschung entschieden, der in einem mehrstufigen Erhebungsverfahren abgearbeitet wurde: Expertengespräch, schriftliche Befragung und narrative Interviews wurden durchgeführt. Im Einzelnen kamen zur Anwendung: Expertengespräche (mit Vertretern verschiedener örtlicher Arbeitsverwaltungen, der Zentralen Arbeitsvermittlung der Bundesanstalt für Arbeit, mit Vertretern verschiedener Gewerkschaften, mit Eigentümern von Betrieben, die polnische Saisonkräfte beschäftigen und mit Verbandsvertretern der Landwirtschaft und des Gartenbaus), schriftliche Befragung (der Belegschaft eines großen Erdbeer-Hofes, von Betrieben der Landwirtschaft und des Gartenbaus in Nordrhein-Westfalen und in Brandenburg), narrative Interviews mit polnischen Saisonarbeitern und schließlich teilnehmende Beobachtung bei der Erntearbeit auf einem Erdbeer-Hof.

Das Thema der Arbeit wird in drei Abschnitten entfaltet. Nach der knappen Einführung zur Fragestellung und Aufbau der Arbeit stellt das zweite Kapitel die dominierenden Theorien der sozialwissenschaftlichen Migrationsforschung vor. Hier werden ihre wesentlichen Annahmen gegenübergestellt und auf das Thema temporäre Migration fokussiert. Kapitel 3 geht auf die Migrationsentwicklung in Polen ein und erläutert die politischen und rechtlichen Grundlagen der Saisonbeschäftigung in der Bundesrepublik. Außerdem wird auf die ökonomische Bedeutung der polnischen Saisonarbeit eingegangen.

Das vierte Kapitel beleuchtet die Angebotsseite der polnischen Arbeitsmigration. Hier wird der Versuch unternommen polnische Saisonarbeiter in der Bundesrepublik sozialstrukturell genauer zu beschreiben und die Bedeutung von Netzwerken für temporäre Arbeitsmigration zu analysieren. Außerdem wird auf Sichtweisen und Selbstbeschreibungen der Saisonarbeiter und deren Bedeutung für die Arbeitsmigration eingegangen.

THEORIEANGEBOTE SOZIALWISSENSCHAFTLICHER MIGRATIONSFORSCHUNG

Die Diskussion temporärer Arbeitsmigration als ein Phänomen sozialer Wirklichkeit kann wohl am besten aufgenommen werden, indem vorhandene Migrationstheorien daraufhin befragt werden, welche Zugangsweisen und Erklärungsmöglichkeiten diese anbieten können. Deshalb sollen im Folgenden die dominierenden Migrationstheorien in ihren Grundzügen vorgestellt werden.

Eine wie auch immer geartete Vollständigkeit wird dabei nicht angestrebt, sondern es wird eine Auswahl nach bestimmten Kriterien getroffen. Zum einen geht es um die Analyse sozialwissenschaftlicher Migrationstheorien und nicht etwa um ökonomische Ansätze oder bestimmte Partialtheorien (wie etwa den Humankapitalportfolioansatz, vgl. z. B. Möller 2001). Zum anderen sollen die verschiedenen Erklärungsansätze in der gebotenen Kürze vorgestellt werden.

Bei der Diskussion des Stellenwerts der unterschiedlichen Theorieangebote für die in dieser Arbeit zu verfolgende Fragestellung muss der Umstand berücksichtigt werden, dass Theorien nicht direkt empirisch widerlegbar sind. Vielmehr gehen in ihre Würdigung und Beurteilung theoretische und empirische Argumentationen ein. Eine Form der Kritik kann dabei zwei unterschiedliche Stränge verfolgen: einen logisch-immanenten und einen empirisch-kritischen. Gefragt wird dabei, ob eine Theorie innertheoretisch unzulängliche Konsequenzen in sich trägt, die ihren Erklärungswert in Frage stellen können und auf welche Weise die innere Logik der Aussagen und Begriffe im Verhältnis zu ihrem Geltungsanspruch steht. Untersucht wird auch, ob bestimmte allgemeine Erscheinungen – hier: temporäre Arbeitsmigration – von der Theorie adäquat erklärt, ob Strukturen und Tendenzen der Realität angemessen wiedergegeben werden können (vgl. Berger 1990, Harvey 1996, Arnold 1998). Dabei soll hier jedoch darauf hingewiesen werden, dass Auffassungen, die auf einen (naiven) Realismus hinauslaufen, eher problematisch sind. Es scheint daher angebracht, an dieser Stelle noch einmal auf die Bedeutung von Begriffen und Theorien im wissenschaftlichen Erklärungsprozess einzugehen.

Ganz allgemein lässt sich feststellen, dass jede Form von empirischer Aussage bereits auf theoretischem Vorwissen beruht. Es gibt immer schon Konzepte und analytische Raster, mit denen die Welt wahrgenommen und geordnet wird. Dass dabei die unterschiedlichen Hintergrundideen, Kategorien und Konzepte nicht immer systematisch und exakt hergeleitet und reflektiert werden, ist durchaus Alltag in der wissenschaftlichen Praxis. Dieser Umstand unterscheidet zunächst das wissenschaftliche Denken nicht vom Alltagsdenken. So werden ja auch Erklärungen und Urteile in der Alltagspraxis aus konzeptuellen Vorentscheidungen abgeleitet. Um diese Vorentscheidungen zu treffen, zu reflektieren, sie in Frage zu stellen und zu überprüfen, können wissenschaftliche Theorien herangezogen werden. Diese übernehmen dabei recht unterschiedliche Aufgaben (vgl. hier und im Folgenden Bieling/Lerch 2005), wobei ihnen unterschiedliche Funktionen zugewiesen werden können.

Theorien besitzen Selektionsfunktionen. Sie steuern die Auswahl von relevanten Daten und Fakten aus dem empirischen Material. Sie geben Antworten auf die Frage „Was soll untersucht werden?".

Theorien besitzen Ordnungsfunktionen. Sie sollen dazu beitragen, empirische Beobachtungen zu strukturieren und zu gliedern. Damit sind sie in der Lage, verschiedene Analyseebenen oder Bedingungsfaktoren voneinander zu unterscheiden. Sie beantworten die Frage „Wie soll der zu erklärende Gegenstand untersucht werden?".

Theorien haben Erklärungsfunktionen. Sie sollen über Zusammenhänge, Ursachengefüge und Gründe gesellschaftlicher Sachverhalte aufklären. Theorien ermöglichen Antworten auf die Frage „Welche Ursachen führen zu dem zu erklärenden Phänomen?".

Theorien besitzen operative Funktionen. Sie sollen dazu beitragen, die Anwendung des Wissens in der Praxis zu ermöglichen. Sie beantworten die Frage „Was kann ich mit dem Wissen anfangen?".

Theorien besitzen unterschiedliche Reichweiten. Je nach Grad ihrer Allgemeinheit oder dem Grad ihrer Abstraktion lassen sich unterschiedliche Theorietypen bestimmen. „Aus welchen Großtheorien werden die Beobachtungskategorien abgeleitet?"

Betrachtet man vor allem die Selektions- und Ordnungsfunktion von Theorien, so kann die zu beobachtende Vielfalt unterschiedlicher Ansätze durchaus mit dieser Funktion begründet werden. Die Auswahl, Kategorisierung und Anordnung von empirischen Einzelbeobachtungen lässt offensichtlich einen mehr oder weniger großen Interpretationsspielraum zu und begründet unterschiedliche Modelle und Paradigmen. Außerdem variiert das Gewicht der verschiedenen theoretischen Modelle und Weltbilder. So stehen bei bestimmten Typen von Theorien die Erklärungsfunktion im Vordergrund, während bei anderen Ansätzen Sinnverstehen oder die operative Einwirkung auf die Praxis hervorgehoben wird.

Theorien zeichnen ein jeweils unterschiedliches Bild von jenem Ausschnitt der Welt, den sie erklären oder verstehen wollen. Bezogen auf den Gegenstand dieser Untersuchung der Staatsgrenzen überschreitenden Arbeitsmigration gibt es z. B. verschiedene Vorstellungen darüber, ob sich das Migrationsgeschehen der letzten Jahre überhaupt verändert hat, welche Prozesse und Umstände Arbeitsmigration auslösen und welche gesellschaftlichen und politischen Entscheidungen diese beeinflussen.

Eine weitere grundlegende Differenzierung betrifft das Verhältnis von Struktur und Handlung bei der Erklärung von gesellschaftlichen Prozessen. Akteurzentrierte Ansätze legen den Fokus ihrer Untersuchungen auf die Interessen und Motive gesellschaftlich Handelnder, während materielle oder ideelle Strukturen zumeist nur als äußere Handlungsrestriktionen eine Rolle spielen. Strukturalistische oder funktionalistische Ansätze hingegen leiten das Handeln der Akteure weitgehend aus den Kontextbedingungen ab. Diese wesentliche Differenzierung lässt sich auch in der Migrationsforschung beobachten, wo sich z. B. der handlungstheoretische Ansatz von Esser und der am strukturfunktionalistischen Paradigma orientierte Ansatz von Hoffmann-Nowotny gegenüberstehen.

Diese unterschiedlichen Aspekte lassen deutlich werden, dass eine allgemein akzeptierte Theorie (in) der Migrationsforschung nicht erwartbar ist. Die Vielfalt der Theorien und Kontroversen sollen im Folgenden in einer Auswahl vorgestellt werden.

Vor der Vorstellung und Analyse der von der sozialwissenschaftlichen Migrationsforschung bereitgestellten Theoriemodelle soll zunächst mit einer definitorischen Annäherung das Thema eingegrenzt werden.

Die Organisation für wirtschaftliche Zusammenarbeit und Entwicklung (OECD) geht in ihrem jährlich vorgelegten Migrationsbericht erstmals 1998 ausführlich auf die zeitlich befristete Arbeitsmigration ein. Danach ist es von wesentlicher Bedeutung, temporäre Formen der Arbeitsmigration als eigenständige Möglichkeit von Migration aufzufassen. Die unterschiedlichen Formen der befristeten Migration sind nicht notwendigerweise nur als eine der Dauermigration vorausgehenden zu betrachten: „The main distinction between temporary and permanent employment is that temporary work is not normally considered a preliminary step for foreign workers to settle permanently in the host country". (OECD 1998, 185) Weiter wird temporäre Arbeitsmigration als durch vielfältige rechtliche Regularien bestimmte Art der Arbeitswanderung beschrieben: „[...] the temporary worker has a fixed-term employment contract, most often for less than one year; the contract often specifies the authorised occupation, the geographical area in which the occupation may be carried out, and the employer. Moreover, in most cases, the temporary worker must leave the country on expiry of the contract, may not seek other employment, and is not entitled to family reunion." (OECD 1998, 185) Nach dieser Auffassung ist temporäre Arbeitsmigration sehr stark durch staatlich formulierte, sowohl arbeits- als auch aufenthaltsrechtliche Bedingungen strukturiert.

In eine ähnliche Richtung geht Cyrus' definitorischer Vorschlag, nur dann von temporärer oder zirkulärer Arbeitsmigration zu sprechen, wenn temporäre Migrationsbewegungen empirisch belegbar sind und ein spezifisches, staatlich reguliertes Migrationsregime mit großer Regelungsdichte erkennbar ist (Cyrus 2001a, 191 f.; 2001b, 59 f.). Unter dem Begriff „Migrationsregime" will er in diesem Zusammenhang die Gesamtheit der Normen und Praktiken des Staates bei der Durchsetzung von Zirkularität und Rotation der ausländischen Arbeitskräfte verstanden wissen.

Neben der Anerkennung temporärer Migration als eines eigenständigen sozialen Phänomens und der Ausgestaltung durch den Staat im Aufenthalts- und Arbeitsrecht tritt als weiteres Kriterium der Abgrenzung die Dauer des Aufenthalts im Aufnahmeland hinzu. Die Erfahrungen mit der sog. Gastarbeiterwanderung der 60er und 70er Jahre in der Bundesrepublik haben gezeigt, dass nicht von vornherein feststeht, ob ein Zuwanderer zeitlich befristet oder auf Dauer im Zielland bleibt. Aus einem ursprünglich kurzzeitig geplanten Aufenthalt wird oft eine dauerhafte Niederlassung. Andererseits können auch auf Dauer angelegte Einwanderungen durch Remigrationen oder Weiterwanderungen wieder beendet werden. Auch hier stellt sich die Frage, was als temporäre und was als dauerhafte Arbeitsmigration gelten kann.

Dustmann (2000, 7 f.) hat ein Schema der Unterscheidung temporärer und permanenter Migration entwickelt, indem er verschiedene Typen der Migration gegeneinander abgrenzt. Wichtig ist dabei zunächst festzuhalten, dass die Zuordnung der Wanderung zur temporären oder permanenten Migration aus der Perspektive des Aufnahmelandes geschieht. Das hat zur Folge, dass ein Wanderer selbst dann als temporärer Migrant angesehen wird, wenn er sein Herkunftsland auf Dauer verlässt, im Zielland aber nur für einen gewissen Zeitraum anzutreffen ist.

Im Einzelnen werden in Dustmanns Modell folgende Formen temporärer Migration gegeneinander abgegrenzt: Rückwanderung beschreibt eine Situation, in der Migranten in ihr Ursprungsland aus eigenem Antrieb zurückkehren. Remigranten haben sich oft über eine längere Phase im Gastland aufgehalten. Viele Migrationen in den letzten Jahrzehnten sind dieser Kategorie zuzuordnen. Der Migrationsvorgang kann als Wanderung von A nach B nach A beschrieben werden.

Als Kontraktwanderung soll temporäre Migration bezeichnet werden, wenn der Migrant eine bestimmte Anzahl von Jahren, die durch einen Vertrag festgelegt ist, im Zielland verbringt. Arbeitsmigration in die Schweiz wird hierfür von Dustmann als ein bekanntes Beispiel angeführt. Kontraktwanderungen können auch oftmals die Form zirkulärer Wanderung annehmen.

Transitwanderung beschreibt eine Situation, in der sich Migranten zwischen verschiedenen Zielländern bewegen ohne notwendigerweise in ihr Ursprungsland zurückzukehren. Transitwanderungen waren vor allem während der Phase der „Gastarbeiterwanderung" in den 60er und 70er Jahren zwischen Ländern Süd- und Nord- bzw. Westeuropas verbreitet. Wanderungen werden hier in der Form der Bewegung von A nach B nach C usw. durchgeführt.

Eine wichtige Form der temporären Migration ist die zirkuläre Wanderung. In der zirkulären Wanderung (oder auch Pendelwanderung) reisen die Arbeitsmigranten in kurzen Abständen zwischen Aufnahme- und Ursprungsland. Sie bleiben oft nur für einen sehr kurzen Zeitraum im Zielland, z. B. für die Dauer einer Ernteperiode. Wesentlicher Motor für zirkuläre Wanderung ist die Nachfrage nach Arbeitskräften in Saisonspitzen, die auf dem einheimischen Arbeitsmarkt nicht – oder zumindest nicht zu einem bestimmten Preis – befriedigt werden kann. Prominentes Beispiel für zirkuläre Arbeitswanderung ist die Migration von Erntehelfern von Ost- nach Westeuropa seit Anfang der 90er Jahre.

Mit Organisationswanderung soll hier der Umstand beschrieben sein, dass multinationale Unternehmungen oder internationale Verwaltungen ihre Mitarbeiter für eine bestimmte Zeitdauer in ein anderes Land delegieren, um dort verschiedene Aufgaben der Organisation zu übernehmen. Im Vergleich zu den vorher angesprochenen Migrationsformen vollziehen sich die Wanderungen in einem im Hinblick auf die sozialen und ökonomischen Verhältnisse der migrierenden Personen völlig unterschiedlichen Rahmen.

Die hier kursorisch angesprochenen Formen temporärer Arbeitsmigration konfrontieren nicht nur die Aufnahmeländer mit sehr unterschiedlichen Problematiken, z. B. der rechtlichen Ausgestaltung eines temporären Migrationsregimes oder neuen Problemstellungen in den Integrationsbemühungen (vgl. Beauftragte der Bundesregierung für Migration, Flüchtlinge und Integration 2003), sondern haben auch in der Migrationsforschung Anlass zu verschiedenen Schwerpunktsetzungen und neuen Fragestellungen gegeben. Im Folgenden soll diese Diskussion in ihren wesentlichen Zügen wiedergegeben werden. Begonnen wird mit der Analyse der eher traditionell orientierten, älteren Eingliederungskonzeptionen, die Migrationsforschung in erster Linie als Integrationsforschung verstanden haben und auch heute noch so auffassen. Hieran schließt sich die Analyse der Konzepte an, die mit dem Begriff „Transnationalismus" in Verbindung gebracht werden. In einem weiteren Abschnitt des Theorieteils wird der Versuch unternommen, die Systemtheorie Luhmannscher Provenienz auf ihre Bedeutung für das zu behandelnde Thema zu befragen.

Mit Hilfe des definitorischen Überblicks sollte gezeigt werden, was im weiteren Verlauf der Arbeit unter temporärer Arbeitsmigration verstanden wird: Im Zusammenhang mit der Migration polnischer Saisonarbeiter nach Deutschland wird temporäre Migration als Kontrakt- und zirkuläre Wanderung verstanden. Die Arbeitsmigranten reisen zum Zwecke der Arbeitsaufnahme in die Bundesrepublik ein und verlassen das Zielland nach Beendigung der Arbeit wieder. Ein- und Ausreise können sich über einen Zeitraum mehrerer Jahre wiederholen. Diese Art der Arbeitswanderung ist durch erhebliche staatliche Einflussnahmen und Normierungen strukturiert.

Eingliederungskonzepte

Mit der Debatte um ein neues Zuwanderungsgesetz für die Bundesrepublik ist ein Begriff wieder mehr ins öffentliche Bewusstsein gerückt, der mit der Diskussion um das Thema „multikulturelle Gesellschaft" einige Zeit an Aktualität verloren hatte: „Integration" ist neben „Zuwanderungssteuerung" der eigentliche Kern des vom Bundesverfassungsgericht zunächst gestoppten, dann aber verabschiedeten Zuwanderungsgesetzes. Die von der Bundesregierung berufene Zuwanderungskommission, in der einige namhafte Autoren der deutschsprachigen Migrationsforschung vertreten waren, sieht in der Integration von Ausländern eines der wesentlichen gesellschaftlichen Probleme und eine besondere gesellschaftliche Herausforderung.

Ausländerintegration ist nach ihrer Auffassung eine Aufgabe, die nicht nur bestimmte Institutionen und Organisationen der Gesellschaft zu übernehmen haben, sondern die alle Menschen angeht. Integrationsförderung soll den Migranten eine gleichberechtigte Teilhabe am wirtschaftlichen, gesellschaftlichen, politischen und kulturellen Leben ermöglichen und für Toleranz, Akzeptanz und wechselseitigen Respekt zwischen den unterschiedlichen Bevölkerungsgruppen werben.

Dabei soll das Konzept einer einseitigen ethnisch-kulturellen Assimilation der Migranten aufgegeben werden. Wenn heute von Integration gesprochen werde, soll damit etwas anderes gemeint sein: „Der Begriff ‚integratio' bezeichnet im Lateinischen die ‚Wiederherstellung' oder die Erneuerung eines Ganzen' oder die ‚Einbeziehung in ein größeres Ganzes'. Auch im heutigen Sprachgebrauch beschreibt Integration einen Prozess, zu dessen Gelingen Aufnahme- wie Zuwanderergesellschaft wechselseitig beitragen. Beide Teile sind nicht wegzudenkender Bestandteil eines Ganzen. Der Gegenbegriff zur Integration ist die Segmentation: Hier stehen die Teile beziehungslos nebeneinander." (Bundesministerium des Innern 2001)

In demjenigen Teil der deutschsprachigen Migrationsforschung, der sich schon seit seinen Anfängen als Integrationsforschung verstanden hat, wird der Akt der Zuwanderung in der Tat als „Einbeziehung in ein größeres Ganzes" begriffen. Das „größere Ganze" wird dabei in der Regel als Nationalgesellschaft aufgefasst. Der Migrant wechselt durch Grenzüberschreitung von einer sozialstrukturell, ökonomisch, kulturell, rechtlich etc. relativ homogenen Nationalgesellschaft in eine andere. Integration bedeutet dann Anpassungsleistungen auf der einen und Anbieten von Partizipationsmöglichkeiten auf der anderen Seite.[1]

---

1 Der kritische Leser wird hier eventuell einwenden, ob denn überhaupt Integrationskonzepte bei der Behandlung des Phänomens temporäre Arbeitsmigration relevant sein könnten. Diesem Einwand kann man angesichts des sehr kurzfristigen Aufenthalts der polnischen Pendel-Migranten von nicht länger als drei Monaten eine gewisse Plausibilität nicht absprechen. Berechtigterweise lässt sich die Frage formulieren, ob „Integration" eine zentrale Kategorie zur Beschreibung und Erklärung temporärer Arbeitsmigration sein kann. Es sollen dennoch Integrationsansätze in die Untersuchung des Theorieangebots einbezogen werden, und dies vor allem aus zwei Gründen. Zum einen behaupten Vertreter des Integrationsansatzes, dass dieser auch neu zu beobachtende Migrationsformen erklären könne (vgl. z. B. Esser 2003a), zum anderen kann ja erst die Diskussion der verschiedenen Ansätze ihre Relevanz für das zu behandelnde Thema erweisen.

Die Integrationsforschung hat im Wesentlichen drei unterschiedliche Modelle zur Erklärung von Prozessen der gesellschaftlichen Eingliederung von Migranten entwickelt. Da sie – zumindest in ihren Grundzügen – schon zu Beginn der deutschsprachigen Migrationsforschung in den 70er und frühen 80er Jahren entworfen worden sind, können sie auch als traditionelle Konzepte angesprochen werden. Sie sind sowohl in der sozialwissenschaftlichen wie auch in der geographischen Literatur (als Beispiele: Bürkner 1987, Hofmann 1998, Pott 2002) intensiv diskutiert worden. Bei diesen drei Erklärungsmodellen handelt es sich um das Assimilationsmodell von Esser, um das Unterschichtungsmodell von Hoffmann-Nowotny und das Modell der ethnischen Kolonien von Heckmann. Im Folgenden soll auf diese Konzeptionen eingegangen werden.

Das Assimilationsmodell von Esser

Der wohl am weitesten fortgeschrittene Versuch der Entwicklung eines allgemeinen Modells von Wanderung und Eingliederung von Migranten ist von Esser unternommen worden. Er entwickelt sein Assimilationsmodell mit dem Anspruch auf allgemeingültige Erklärung jenseits raumzeitlicher Beschränkungen und Besonderheiten. Diesen Anspruch teilt er zwar mit den beiden anderen hier zu besprechenden Varianten eines Eingliederungsansatzes, dem Modell von Hoffmann-Nowotny und dem von Heckmann, damit sind die Gemeinsamkeiten der drei Integrationsansätze aber auch schon genannt. Sie gehen von jeweils sehr verschiedenen theoretischen Grundsatzannahmen aus.

Essers Assimilationskonzept liegt eine Basisorientierung am methodologischen Individualismus und an kognitiven Theorien des Lernens und Handelns zugrunde. Verallgemeinerungen und Generalisierungen werden mit Rückgriff auf Hypothesen über individuelles Verhalten und Interaktionsbeziehungen von Individuen begründet: Das Verfahren „rekonstruiert, ganz allgemein, bestimmte gesellschaftliche Verhältnisse und Prozesse als aggregierte und oft so nicht geplante, auch sich erst noch über längere Pfade entwickelnde und evtl. zu stabilen Gleichgewichten konvergierende Ergebnisse eines an den Gegebenheiten einer Situation orientierten Handelns von Akteuren, die für ihr Handeln im Prinzip ‚gute Gründe' geltend machen können." (Esser 2003a, 12) Verzichtet wird dabei auf Konzeptionen einer von den handelnden Individuen unabhängigen Systemrealität – wie sie etwa nach Auffassung Essers im Wanderungsmodell von Hoffmann-Nowotny vertreten werden –, stattdessen werden „alle sozialen Prozesse, Systemerfordernisse und ‚Funktionen' auf das Empfinden, interessegeleitete Handeln und Lernen von (selbstverständlich auch: relational verbundenen) Individuen" zurückgeführt. (Esser 1980, 14)

In seinem Grundmodell der Assimilation unterscheidet Esser die bekannten vier Dimensionen der Eingliederung: die kognitive, die identifikative, die soziale und die strukturelle Assimilation. Der Assimilationsprozess ist in Essers Modell als kausale Stufenstruktur angelegt, in der die Erreichung der einen Dimension, die Realisierung der vorhergehenden voraussetzt: „Die Verwirklichung einer Stufe der Assimilation ist die Voraussetzung zur Realisierung der nächsten Stufe. Assimilation erfolgt danach nur stufenweise und nach Maßgabe der vom Wanderer vorgefundenen Umgebungsopportunitäten." (Esser 1980, 229 f.) Das Modell im Einzelnen:

In Essers Assimilationsmodell gehen zwei unabhängige Variablen ein. Die eine ist die Person des wandernden Migranten, die andere ist seine Umwelt/Umgebung. Die Handlungstendenz eines Wanderers, ob er bestimmte assimilative Handlungen zur Ausführung bringt oder unterdrückt, werden über die Untervariablen Motivation, Kognition, Attribuierung und Widerstand in das Modell eingeführt.

„Motivation" bedeutet in diesem Zusammenhang den Grad des Anreizes für Handlungen, die zur Assimilation führen können; „Kognition" bezeichnet die subjektive Erwartung, durch eine bestimmte Handlung ein bestimmtes Ziel zu erreichen; „Attribuierung" bezeichnet den Typ des Vertrauens in die Kontrolle der Situation durch Handlungen; schließlich wird mit „Widerstand" Höhe und Art der prognostizierten Kosten bei der Wahl assimilativer Handlungen bezeichnet. Esser kommt über die Beschreibung der verschiedenen Personen-Variablen zur seiner ersten Haupthypothese:

„Je intensiver die Motive eines Wanderers in bezug auf eine bestimmte Zielsituation; je stärker die subjektiven Erwartungen eines Wanderers sind, dass diese Zielsituation über assimilative Handlungen und/oder assimilative Situationen erreichbar ist; je höher die Handlungsattribuierung für assimilative Handlungen ist; und je geringer der Widerstand für assimilative Handlungen ist, umso eher führt der Wanderer – ceteris paribus – assimilative Handlungen (aller Art: einschließlich Bewertungen, Wahrnehmungen und Informationssuche) aus." (Esser 1980, 211)

Die zweite unabhängige Variable „Umgebung" besteht aus den Faktoren „Opportunitäten", „Barrieren" und „Alternativen". Unter „Umgebung" werden das Aufnahmesystem, die Mitwanderer oder die nicht mitgewanderten Bezugspersonen im Ursprungsland verstanden. Die Untervariable „Opportunitäten" wird als Handlungsmöglichkeiten und Handlungsbedingungen begriffen, die die Assimilation erleichtern und unterstützen können. Unter „Barrieren" werden alle handlungsbe- oder -verhindernden Bedingungen im Aufnahmeland gefasst; das können z. B. rechtliche Beschränkungen, mangelnde Ressourcenausstattung, aber auch Vorurteile, soziale Distanzen oder Diskriminierungen sein. Schließlich werden mit dem Faktor „Alternativen" alle jene Möglichkeiten und Bedingungen bezeichnet, die zu nicht-assimilativen Handlungen führen. Mit der Einführung der Umgebungs-Variable kommt Esser zu seiner zweiten Haupthypothese:

„Je mehr assimilative Handlungsopportunitäten dem Wanderer im Aufnahmesystem offenstehen; je geringer die Barrieren für assimilative Handlungen im Aufnahmesystem sind; und je weniger alternative Handlungsopportunitäten nicht-assimilativer Art verfügbar sind, umso eher führt der Wanderer – ceteres paribus – assimilative Handlungen aus." (Esser 1980, 211)

Die Voraussetzungen von assimilativen Handlungen betrachtet Esser sowohl von individuellen Handlungsentscheidungen der Wanderer (personale Variablen) als auch von gesellschaftlichen Strukturen (Umgebungsvariablen) abhängig. Ebenso unterscheidet Esser zwischen personaler und relationaler Assimilation.

Assimilation wird dabei zunächst als „ein Zustand der Ähnlichkeit des Wanderers in Handlungsweise, Orientierungen und interaktiver Verflechtung zum Aufnahmesystem verstanden." (Esser 1980, 22) Kognitive und identifikative Assimilation sind der personalen Assimilation zuzurechnen, während soziale und strukturelle Assimilation der relationalen Eingliederungsdimension zuzuordnen sind. Unter kognitiver Assimilation wird die Verfügbarkeit bestimmter individueller Fertigkeiten und Verhaltensdispositionen verstanden, unter identifikativer Assimilation die Übernahme kultureller Wertemuster. Die Möglichkeit der Kontaktaufnahme und die Häufigkeit der Kontakte zu Einheimischen bestimmt die soziale Assimilation, während der Zugang zu bestimmten Statuspositionen wie z. B. die berufliche Stellung oder das Wohnquartier den Grad der strukturellen Assimilation dominiert.

Essers Assimilationsmodell wurde in der Form, in der es hier kurz referiert worden ist, Ende der 70er Jahre unter dem Eindruck von sog. Gastarbeiterwanderung, Einreisestopp und Familiennachzug entwickelt. Es ist im Laufe der Jahre fortgeführt und ergänzt worden, ohne jedoch die Grunddeterminanten aufzugeben (vgl. z. B Esser 1990, 1997, 2001). Dabei hat Essers Integrationsansatz eine erstaunliche Flexibiliät an den Tag legen können, auch auf neuere Entwicklungen im Migrationsgeschehen einzugehen. Die von einigen Teilen der Migrationsforschung reklamierte Ausdifferenzierung und Vervielfachung von Migrationstypen – etwa die Entstehung von Pendelwanderungssystemen oder das Aufkommen transnationaler Migrationsnetzwerke – kann von Esser ohne größere theoretische oder empirische Schwierigkeiten in das Modell integriert werden.

Nach Esser (2003a, vgl. auch Esser 2003b) haben sich nämlich die wesentlichen gesellschaftlichen Voraussetzungen und Determinanten, die einen Assimilationsprozess wahrscheinlich machen, nicht geändert. Auch unter den Bedingungen globaler und transnationaler Kommunikations- und Verflechtungsbeziehungen ist davon auszugehen, dass es wenigstens im „Kern" einer jeden Aufnahmegesellschaft verankerte Vorgaben gibt, die Bezugspunkte von Angleichungsprozessen bilden. Weiter nimmt der Autor an, „dass die Schaltstelle der Vermittlung von Chancen der strukturell verankerten Inklusion die Vermittlung von generell verwendbarem Humankapital ist, und dass hierbei auch weiterhin kulturelle Vorgaben des jeweiligen Aufnahmekontextes eine zentrale Bedeutung haben." (Esser 2003a, 6) Vor allem verweist Esser in diesem Zusammenhang auf die national-kulturelle Prägung des Erziehungssystems und die daraus resultierende große Bedeutung des Spracherwerbs im Aufnahmeland. Darüber hinaus bleibe auch in einer globalisierten Gesellschaft die grundsätzliche Funktion des Staates erhalten, und der nationalstaatliche Bezugsrahmen für die Struktur der Verteilungsverhältnisse, die einen entscheidenden Einfluss auf die unterschiedlichen Assimilationsformen habe, nehme keineswegs ab.

Überall dort, wo trotz der im Prinzip ubiquitär vorhandenen Tendenz zur strukturellen, sozialen etc. Assimilation „ethnische Enklaven", „Parallelgesellschaften" usw. entstehen, sieht Esser in einem an modernisierungstheoretische Vorstellungen erinnernden Duktus systemdysfunktionale Kräfte am Werk, die eigentlich nicht mehr in diese Zeit gehören. So führt das Entstehen von transnationalen Netzwerken, ethnischen Organisationen und Gemeinden etc. zu oft unerwünschten und nicht intendierten Folgen, die zwar in einem gewissen Rahmen als Alternativen zur Assimilation anzusehen, mit den Funktionsbedingungen und Notwendigkeiten einer funktional differenzierten Gesellschaft aber nicht in Einklang zu bringen sind.

Hier soll zunächst die Rekonstruktion des Assimilationsmodells, wie es Esser vorgelegt hat, abgeschlossen werden.

Am Assimilationsansatz ist häufig und intensiv Kritik geübt worden. Ein wesentlicher Kritikpunkt macht sich an dem Umstand fest, dass die Operationalisierungsmöglichkeiten des Esserschen Modells zu vielfältigen empirischen Forschungsvorhaben geführt haben, die mehr die Interessen der (meist staatlichen und kommunalen) Auftraggeber widerspiegelten als dass sie zu einer gehaltvollen wissenschaftlichen Arbeit beitrügen. Dieser Strang der Kritik gipfelt in dem Vorwurf an Esser und an die durch sein Assimilationsmodell inspirierte empirische Forschung, Sozialtechnologie statt Wissenschaft zu betreiben (etwa Blume 1988, Berger 1990, Bommes/Scherr 1991, Krummacher 1998).

Andere Kritik richtet sich gegen den normativen und ethnozentrischen „Bias" des Assimilationsmodells oder gegen die Vernachlässigung struktureller Restriktionen und Diskriminierungen (vgl. z. B. Bürkner 1987 oder Heckmann 1992).

An dieser Stelle soll die Kritik nicht im Einzelnen nachgezeichnet werden, vielmehr soll in der abschließenden Diskussion der verschiedenen Eingliederungsmodelle der Stellenwert des Assimilationsansatzes für die Fragestellung der vorliegenden Arbeit kritisch gewürdigt werden.

Hoffmann-Nowotnys Unterschichtungsmodell

Wie Essers Assimilationsmodell erhebt auch das Unterschichtungsmodell Hoffmann-Nowotnys Anspruch auf eine allgemeingültige Erklärung von Migration und Integration in modernen Gesellschaften. Zwar wird am empirischen Beispiel der Schweiz das Modell und seine Implikationen entwickelt und erläutert, aber: „Daß der Ausgangspunkt dieser Arbeit eine als generell angesehene soziologische Theorie ist, mit anderen Worten der Objektbereich von der Theorie und nicht die Theorie vom Objektbereich bestimmt wird, verdeutlicht, daß eine allgemeine Erklärung des Fremdarbeiter- oder Minoritätenproblems angestrebt wird. Es wird also hier kein eigentlich schweizerisches Problem anvisiert, [...]" (Hoffmann-Nowotny 1973, VIII). Als typisch schweizerisch erachtete Entwicklungen sollen Randphänomene bleiben und auf die Ausarbeitung einer allgemeinen Theorie keinen Einfluss nehmen.

Auch eine andere Ähnlichkeit des Unterschichtungsmodells mit dem Assimilationsmodell fällt ins Auge. Der in Essers Modell zentrale Begriff „Assimilation" findet ebenfalls in Hoffmann-Nowotnys Ansatz – eine teilweise synonyme – Verwendung.

In diesen zwei Punkten scheinen sich aber die Gemeinsamkeiten der beiden Modelle auch schon zu erschöpfen, die Unterschiede nehmen einen deutlich größeren Platz ein.

Der Strukturfunktionalismus Hoffmann-Nowotnys reklamiert für sich, dass nicht individuelle Handlungen Ausgangspunkt der Theoriebildung sind, sondern gesellschaftliche Strukturen und ihre Teilsysteme. Außerdem werden strukturelle Unterschiede zwischen Aus- und Einwanderungsländern in den Blick genommen und zum Gegenstand der Analyse erhoben und Auswirkungen von Migrationen auf die soziale

Mobilität der einheimischen Bevölkerung untersucht. Dieser Aspekt soll hier auch zum Ausgangspunkt des Rekurses auf den Unterschichtungsansatz genommen werden.

Dabei geht das Modell Hoffmann-Nowotnys von der Annahme aus, dass die durch die Existenz von Entwicklungsunterschieden zwischen Nationalstaaten – als Einheiten der internationalen Gesellschaft verstanden – hervorgerufenen Migrationsbewegungen über eine Kette von Ereignisabfolgen zu differentieller Mobilität der einheimischen Bevölkerung führt (hier und im Folgenden Hoffmann-Nowotny 1973).

Man beachte schon hier die Unterschiede zu Essers Modell. Während in seinem Ansatz die Auswirkungen von Migration auf die Aufnahmegesellschaft nicht zum Gegenstand der Analyse gemacht werden, gerät sie im Unterschichtungsmodell Hoffmann-Nowotnys an prominenter Stelle in den Blick.

Im Einzelnen lassen sich folgende kausale Beziehungen herausarbeiten:

Im Sinne eines Gleichgewichtsmodells sind Aufnahme- und Abgabeländer von Migrationen über die Variable „Entwicklungsunterschiede" im „Rahmen der Globalgesellschaft" miteinander verbunden. Der Größe der Entwicklungsunterschiede entspricht die Anzahl der Migrationsbewegungen. Dabei sind Migrationen nicht nur in eine Richtung zu verzeichnen, sondern sie finden sowohl in Richtung abnehmender wie in Richtung zunehmender Entwicklung statt. Im ersten Fall führen sie zur Über-, im zweiten Fall zur Unterschichtung der bestehenden Sozial- und Berufsstruktur. Über- bzw. Unterschichtung bedeutet, dass die Mehrzahl der einwandernden Migranten höhere bzw. niedere Statuslinien – ein für das Modell Hoffmann-Nowotnys wesentlicher und zentraler Begriff, ich gehe weiter unten ausführlicher darauf ein – des aufnehmenden Systems besetzen.

Die massenhafte und nicht nur sporadische, sondern dauerhafte Unterschichtung des bestehenden sozialen Gefüges der Aufnahmegesellschaft führt zu einer Expansion der Basis der Beschäftigtenstruktur und in ihrem Gefolge zu einer Verbreiterung der ökonomischen Aktivitäten insgesamt. Durch die Erweiterung der Beschäftigtenbasis kann die Tertiärisierung der Ökonomie voranschreiten, ohne dass im industriellen Produktionsbereich die ohne Einwanderung notwendig werdenden Anpassungen stattfinden müssen. Auch auf andere gesellschaftliche Bereiche – etwa Bildung und Forschung – hat Einwanderung konservierende Wirkungen, indem auch hier der Druck zu schnellem Wandel durch die quantitative Ausweitung der ökonomischen Aktivitäten abgemildert wird.

Der Eintritt der Migranten in die untersten Ränge der Beschäftigtenstruktur ermöglicht auch eine Expansion auf den mittleren Rängen des Arbeitsmarktes, d. h. der Arbeitsmarkt insgesamt bietet eine größere Offenheit und Zugänglichkeit, woraus sich für die einheimische Bevölkerung, die den unteren Statusrängen angehört, soziale Mobilitätschancen erhöhen. Einwanderung und Unterschichtung führen nach Hoffmann-Nowotny so zu vermehrten Karrierechancen der autochthonen Bevölkerung der unteren Schichten, ohne dass notwendigerweise dem sozialen Aufstieg eine Erhöhung der Bildungspositionen vorausginge. Auf der anderen Seite kann die durch Einwanderung möglich werdende Erhaltung traditioneller ökonomischer Strukturen zu einem unbewältigten sozialen Wandel führen.

Eingebettet ist Hoffmann-Nowotnys Unterschichtungsmodell in einer von Heintz entlehnten soziologischen Theorie des sozialen Status und einer darauf aufbauenden Theorie „struktureller und anomischer Spannungen" (vgl. Heintz 1968 und 1969).

Hoffmann-Nowotny unterscheidet in seiner Gesellschaftsanalyse die Ebenen „Struktur" und „Kultur". Unter „Struktur" werden das vertikale Positionssystem sozialer Ränge und die Art der strukturellen Differenzierung von Macht verstanden. Mit „Kultur" wird das Symbolsystem von Gesellschaften bezeichnet (Hoffmann-Nowotny 1990). Diese Unterscheidung von „Struktur" und „Kultur" bildet die Basis von Hoffmann-Nowotnys Verständnis von Eingliederungsprozessen. „Integration" bezeichnet die Partizipation an der Struktur der Aufnahmegesellschaft mit ihren Teilsystemen in Form von Einkommen, Bildung, Wohnen usw. Der Grad der „Assimilation" drückt den Grad der Übernahme kultureller Normen und Praktiken der Aufnahmegesellschaft aus (ebd.).

Mit Hilfe der „Theorie struktureller und anomischer Spannungen" wird ein Instrumentarium zur Bestimmung und Erklärung des Grades der Partizipation von Einheiten des Gesellschaftssystems am Gesellschaftssystem insgesamt vorgeschlagen.

Die allgemeine Basishypothese lautet dabei: „Strukturelle Spannungen sind die zentralen Determinanten des Wandels sozietaler Systeme" (Hoffmann-Nowotny 1970, 36), sie sind damit auch verantwortlich für Migrationen. Diese Basishypothese baut auf folgenden Postulaten auf:

Macht – als Gradmesser, mit dem die Teilhabe eines Akteurs an zentralen gesellschaftlichen Gütern durchgesetzt werden kann – und Prestige – als Gradmesser, mit dem der Anspruch eines Akteurs auf zentrale gesellschaftliche Güter legitimiert werden kann –, die wechselseitig voneinander abhängig sind, sind die zentralen Dimensionen sozietaler Systeme. Ihre Zugänglichkeit selbst gestaltet sich wiederum in Abhängigkeit von den zentralen Dimensionen. In sozietalen Systemen sind

Macht und Prestige ungleich und ungleichgewichtig verteilt. Es besteht tendenziell ein Konsens über die Bewertungsgrundlagen von Macht und Prestige und eine Tendenz zur Angleichung von Macht an Prestige (ebd., 35 f.).

Das Auseinanderfallen oder die Ungleichheit von Macht und Prestige führt zu strukturellen Spannungen, die in drei verschiedenen Formen auftreten können (ebd., 36):

- einfache Rangspannungen (ungleiche Teilhabe von verschiedenen Einheiten sozietaler Systeme an einem zentralen, Macht repräsentierenden Wert),
- Ungleichgewichtsspannungen (Auseinanderfallen von Macht und Prestige auf dem Niveau der Einheit),
- Unvollständigkeitsspannungen (Resultat eines sozialen Prozesses, in dessen Verlauf bestimmte Positionen aufgegeben wurden).

Vor dem Hintergrund der oben aufgeführten Annahmen und der Identifizierung unterschiedlicher Formen struktureller Spannung wird eine weitere Basishypothese formuliert:

„Strukturelle Spannungen erzeugen anomische Spannungen. Anomische Spannungen erzeugen ein auf den Ausgleich von Macht und Prestige gerichtetes Verhalten" (ebd., 37 f.), und zwar in vier mögliche Richtungen:

- durch Veränderung der Positionen auf den gegebenen Statuslinien (Statusmobilität),
- durch Akzentuierung von macht- oder prestigehaltigen Positionen (Rollenakzentuierung),
- durch einen Wandel der Bewertungsgrundlagen (kultureller Wandel),
- durch Aufgabe der Positionen im sozietalen System (Migration) (vgl. auch Nauck 1988).

Im Rahmen der Theorie struktureller und anomischer Spannungen fasst Hoffmann-Nowotny Migration als einen Versuch, Positionen auf Statuslinien (Bildung, Beruf etc.) verändern zu können, mit dessen Hilfe ein Spannungstransfer möglich wird. Migration wird als Entscheidungsprozess angesehen, in dessen Verlauf das Individuum seine Mitgliedschaft in einem spannungsreichen Kontext aufgibt und eine andere Mitgliedschaft in einem spannungsärmeren Kontext anstrebt.

Vergleicht man die Handlungstheorie Essers mit Hoffmann-Nowotnys Theorie struktureller und anomischer Spannungen, fällt auf, dass

Hoffmann-Nowotny im Gegensatz zu seinem Anspruch, Erklärungen aus den Strukturen der Gesellschaft abzuleiten und nicht auf der Ebene handelnder Personen anzusetzen, eben doch einen „individualistischen" Zugang wählt und hier mit Esser durchaus vergleichbar ist. Die für sein Konzept zentralen Determinanten „Macht" und „Prestige" werden als relationale Merkmale einzelner Akteure in Bezug zu anderen Akteuren definiert (Nauck 1988, vgl. auch Han 2000). Unverständlich und im Dunkeln bleibt, warum „es sich bei den Merkmalen der Systeme und der Statuslinien *nicht* um Merkmale handelt, die durch Aggregation individueller Merkmale oder, allgemeiner, durch Aggregation von Merkmalen von Einheiten entstanden sind." (Hoffmann-Nowotny 1973, 17; Hervorhebungen im Original)

Während Motivationslagen und Ursachen von Migrationen sowohl bei Esser als auch bei Hoffmann-Nowotny auf der Ebene handelnder Akteure angesiedelt werden, werden die Folgen von Migrationen von Hoffmann-Nowotny für die Einwanderungsgesellschaften auf einer gesellschaftlich strukturellen Ebene beschrieben. Sein Unterschichtungsmodell scheint auch sehr treffend die Realität temporärer Arbeitsmigration polnischer Saisonarbeiter in Deutschland zu beschreiben. Ohne im einzelnen der empirischen Analyse vorgreifen zu wollen, kann hier schon festgestellt werden, dass polnische Erntehelfer in Deutschland auf der Statuslinie „Beruf" die untersten Positionen einnehmen; nur lassen sich die weiteren Implikationen des Unterschichtungsmodells empirisch nicht nachvollziehen. So schafft die temporäre Arbeitsmigration polnischer Saisonarbeit keineswegs Möglichkeiten der beruflichen Aufwärtsmobilität für die autochthone Bevölkerung im nennenswerten Ausmaß. Von solchen Effekten kann eher ausgegangen werden, wenn Migranten auf einen Arbeitsmarkt treffen, auf dem die Nachfrage das Angebot von Arbeitskräften übersteigt, wie es zu der Zeit der Fall war, in der Hoffmann-Nowotnys Modell entwickelt worden ist. In Zeiten allerdings, in denen ein Überangebot an Arbeitskraft in Form von Massenarbeitslosigkeit existiert, werden diese Annahmen die Realität nicht richtig beschreiben können.

Heckmanns Modell ethnischer Kolonien

Wie in den vorangegangenen Konzeptionen wird auch im Modell der ethnischen Koloniebildung Migration im unmittelbaren Zusammenhang mit Integration rekonstruiert. Ausgehend von einem holistischen Gesellschaftsbild, das Gesellschaft als eine wie auch immer beschaffene Einheit darstellt, wird Integration als ein Prozess aufgefasst, „bei dem einzelne Elemente zu einer existierenden Struktur hinzugefügt werden und neue und alte Strukturen zu einem verbundenen Ganzen werden. Integration bezieht sich sowohl auf den Prozeß des Herstellens der Verbindung der neuen Elemente mit der existierenden Struktur als auch auf den Grad der resultierenden Verbindung innerhalb des Ganzen." (Heckmann 1997a, 1) Im Zusammenhang mit der Eingliederung der Migrantenbevölkerung bedeutet Integration „das Einfügen von Bevölkerungen in existierende Sozialstrukturen und die Qualität dieser Verbindung in bezug auf sozioökonomische, legale und kulturelle Verhältnisse." (ebd.) Und weiter führt Heckmann aus: „Wenn man ein normatives Element hinzufügt, kann man sagen, daß Integration ein Prozeß ist, durch den eine Migrationsbevölkerung einen Mitgliederstatus in der Gesellschaft erwirbt und Zugang zu Positionen und Status auf der Basis von Chancengleichheit erwirbt." (ebd.)

Man wird feststellen können, dass die Vorstellungen von Heckmann unmittelbar auf der Konzeptualisierung von Integration als Eingliederung in Statuslinien bei Hoffmann-Nowotny beruhen. Die Dimensionen des Eingliederungsprozesses beziehen sich hingegen auf die vier Dimensionen der Assimilation bei Esser. Heckmann unterscheidet die strukturelle, die kulturelle, die soziale und die identifikatorische Integration von Zuwanderern in die Aufnahmegesellschaft.

Unter struktureller Integration werden die Bedingungen für die Partizipation in den Institutionen moderner Gesellschaften aufgefasst. Als wesentliche Variable dieser Dimension der Integration können der Ausbildungs- und der Berufsstatus sowie die Arbeitsmarktposition und der rechtliche Status herangezogen werden.

Die kulturelle Dimension von Integration – bei Esser kognitive Assimilation – wird als das Erlernen kognitiver Fähigkeiten und das Erwerben von Wissen über die Kultur des Einwanderungslandes verstanden. Die kulturelle Integration – von Heckmann auch als Prozess der Akkulturation aufgefasst – bezeichnet die Kenntnis und Übernahme des Wertesystems der aufnehmenden Gesellschaft. Akkulturation ist dabei ein mehrdimensionaler Prozess, der sowohl Individuen wie Gruppen erfasst und nicht nur zum kulturellen Wandel auf Seiten der Migranten sondern auch auf Seiten der Einwanderungsgesellschaft führt. In ihrem Ergebnis führt Akkulturation zu einem schrittweisen Verschwinden ethnischer Grenzziehungen zwischen den Gruppen.

Die soziale Integration bezieht sich, wie in Essers Modell, auf die Quantität und Qualität der sozialen Kontakte und persönlichen Beziehungen außerhalb der eigenen ethnischen Gruppe. Als Variable kommen in Frage: Mitgliedschaften in Vereinen und Organisationen, Freundschaften außerhalb der Einwanderergruppe, Nachbarschaftskontakte und schließlich Heiratsverhalten.

Die identifikatorische Dimension der Integration umfasst die subjektiven Gefühle der Einwanderer und bezieht sich auf die Definition der Zugehörigkeit der Einwanderer zur Herkunfts- oder Aufnahmegesellschaft. Sie ist die letzte Stufe eines oft Generationen umfassenden Akkulturationsprozesses. (Heckmann 1997a)

Bis hierher hat die Rekonstruktion des Heckmannschen Beitrages zur Migrationsforschung noch keine signifikanten Differenzen zu den zuvor erläuterten Konzeptionen ergeben. Insofern wäre es eigentlich nicht gerechtfertigt, den Ansatz von Heckmann in der vorliegenden Arbeit in einem eigenen Kapitel vorzustellen. Zwar konzipiert er die Zielsetzung der Eingliederung von Migranten ähnlich wie Esser und Hoffmann-Nowotny und bedient sich dabei ähnlicher Begriffe, allerdings setzt Heckmann in der Beschreibung der Art und Weise, in der Integrationsprozesse ablaufen, eigene Akzente. Darauf soll im Folgenden eingegangen werden.

Esser und Hoffmann-Nowotny konzipieren den Integrationsprozess als eine zweidimensionale Größe, in der der Migrant als Mitglied einer Herkunftsgesellschaft mit den Regeln der Aufnahmegesellschaft als ein noch zu inkorporierendes Mitglied konfrontiert wird. Mit Bezug auf die Chicago-Schule (etwa Park 1964 oder Burgess/Park 1921) und die Studien von Thomas und Znaniecki (1984) zur polnischen Migrantengruppe in den USA zu Beginn des 20. Jahrhunderts wird von Heckmann eine dritte Größe, die für die Eingliederung von Einwanderern wesentlich sei, thematisiert: die ethnische Kolonie.

Heckmann geht davon aus, dass die ersten unmittelbaren sozialen Bezüge, mit denen sich die Migranten in ihren konkreten Einwanderungskontexten zu befassen haben, nicht die Einwanderungsgesellschaft ist, sondern das Subsystem ihrer ethnischen Eigengruppe. Daher sei auch die in der Integrationsforschung in Bezug auf die Dimension der sozialen Integration oft gestellte Frage nach Quantität und Qualität der Kontakte zur einheimischen Bevölkerung falsch bzw. unpräzise gestellt:

„Die Fragen nach Kontakten zwischen deutscher und ausländischer Bevölkerung oder nach Vereinszugehörigkeit von Ausländern in deutschen Vereinen sind falsch gestellt und führen zu falschen Antworten: Zu untersuchen gilt es, welche Sozialsysteme die ausländische Bevölkerung selbst entwickelt hat, um ihre Angehörigen zu integrieren, und zwar nicht in die deutsche Gesellschaft, sondern in die Gesellschaft der Einwanderer in Deutschland." (Heckmann 1980, 116)

Neben den direkten Beziehungen zur Herkunftsgesellschaft existiert noch ein breites Spektrum vermittelter Beziehungen. Dieses konstituiert sich in der Einwanderungsgesellschaft zum einen als Ergebnis der Rekonstruktion von Institutionen, sozialen und kulturellen Systemen auf der Basis noch bestehender sozialer und kultureller Beziehungen in der Herkunftsgesellschaft, zum anderen aufgrund bestimmter Beziehungen und Bedürfnisse, die aus der Einwanderungssituation selbst resultieren. Im Migrationsprozess verlässt der Migrant also nicht die eine Gesellschaft und kommt in der anderen an, vielmehr gestaltet sich dieser Prozess vielschichtiger. Migranten haben es mit drei Gesellschaften zu tun:

- mit dem System der Herkunftsgesellschaft, dem sie bei längerem Aufenthalt im Aufnahmeland immer weniger angehören,
- mit dem System der Aufnahmegesellschaft, der sie noch nicht oder nur in Teilbereichen angehören, und schließlich
- mit dem System der Einwanderergesellschaft, die sich innerhalb der Aufnahmegesellschaft als relativ selbständiges Subsystem entwickelt (vgl. Bürkner 1987, 40).

Letzteres wird von Heckmann als Kolonie bezeichnet und nimmt eine Art Zwischenstellung in der soziokulturellen Identitätsbildung der Migrantengruppen zwischen Herkunfts- und Aufnahmegesellschaft ein.

Ethnische Kolonien werden von Heckmann als eigenständige sozialkulturelle und ökonomische Organisation der verschiedenen ethnischen Einwanderungsgruppen verstanden (Heckmann 1981, 210). Indizien für die Entstehung ethnischer Kolonien können je nach Grad der institutionellen Vollständigkeit sein: die Existenz eigener Kirchengemeinden, eigener schulischer Einrichtungen, von Vereinen, Geschäften, Restaurants und Lokalen sowie die Niederlassung ausländischer Ärzte (ebd.).

Trotz gewisser ökonomischer Aspekte oder gar der Herausbildung einer ethnischen Ökonomie ist die Einwandererkolonie vor allem die Organisation des Lebens der Einwanderer außerhalb des Arbeits-Produktionsbereichs (ebd., 216). Sie schafft „Assoziationen und soziale Verkehrskreise innerhalb der Einwanderergruppe, institutionalisiert Aktivitäten und Riten zur Stabilisierung der Persönlichkeit des Einwanderers und zur kulturspezifischen Sozialisation der nachfolgenden Einwanderergenerationen. Dem neu ankommenden Einwanderer erleichtert sie die Eingewöhnung in und Anpassung an seine neue Arbeits- und Lebensbedingungen." (ebd., 215)

Die Bildung ethnischer Kolonien wird von Heckmann als offener Prozess aufgefasst. Die Entstehung von Einwandererkolonien kann sowohl als Zwischenschritt zur bisweilen vollständigen Akkulturation verstanden werden als auch zur Verfestigung ethnischer Segmentation beitragen. Welchen Verlauf der Koloniebildungsprozess annimmt, hängt vor allem von der Verfasstheit der Mehrheitsgesellschaft ab und ihrem Anbieten von Partizipationsmöglichkeiten: „Bei Geschlossenheit der Mehrheitsgesellschaft, bei ethnischen Vorurteilen und der Exklusion der Migranten von gesellschaftlichen Chancen und Positionen ist mit stabilen Strukturen von ethnischer Selbstorganisation zu rechnen, weil andere Organisationsformen den Migranten nicht oder zu wenig zugänglich sind und Selbstorganisation als Chance erscheint, durch ethnische Mobilisierung unerwünschte Verhältnisse und Kräftekonstellationen zu ändern." (Heckmann 1997b, 7 f.)

Das Modell ethnischer Kolonien von Heckmann hat in der Migrationsforschung eine bemerkenswerte Karriere erfahren. Diskussionen und Ansätze, wie sie sich z. B. um die Begriffe „community formation", „Binnenintegration" oder „multikulturelle Gesellschaft" gebildet haben, können unmittelbar auf Heckmanns Analyse zurückgeführt werden. Bedenkt man dabei, dass diese Diskussion weit über das akademische Umfeld hinaus auch die gesellschaftlichen Debatten um Einwanderung und Integration beeinflusst hat, so kann man Heckmanns Modell einen bemerkenswerten Einfluss attestieren. Dennoch – oder gerade deshalb – sollte auf einige problematische Bezüge im Kolonie-Ansatz Heckmanns hingewiesen werden.

Heckmann interpretiert die Entstehung ethnischer Kolonien als institutionelle Antwort auf die Bedürfnisse der durch Marginalität und Desorientierung gekennzeichneten Migrations- und Minderheitensituation. Zwar erkennt Heckmann, dass viele Vermittlungsinstanzen zwischen Mehrheitsbevölkerung und Einwanderern existieren (rechtliches System, Arbeitsmarkt etc.), dennoch konstruiert er die Einwandererkolonie als ein relativ deutlich von der Mehrheitsgesellschaft abgrenzbares Sozialsystem (Pott 2002). Migranten werden von Heckmann generell als Mitglieder einer ethnischen Minderheit unter Ausblendung innerer wie äußerer Herrschaftsbeziehungen und interner Differenzierungen vereinheitlicht, und es werden von ihm von vornherein recht undurchlässige (kulturelle) Grenzen zwischen Aufnahmegesellschaft und Einwanderergesellschaft angenommen.

Zwar kann man Heckmanns Ansatz zuerkennen, auf die praktische Bedeutung ethnisch-nationaler Selbst- und Fremdidentifikationen im Migrationsverlauf hingewiesen zu haben (Berger 1990), unter welchen konkreten sozialen Verhältnisse aber diese Prozesse ablaufen können, blendet er zu einem großen Teil aus, indem er kategorisch von einem (kulturellen) Gegensatz von Mehrheits- und Minderheitsgesellschaft ausgeht und damit zusammenhängende Fragen, z. B. nach dem Gebrauchswert von ethnischer Identität in der Praxis der konkreten Lebensverhältnisse der Migranten, nicht beantwortet (vgl. Pott 2002).

Die gesellschaftlichen Bedingungen unter denen solche Größen wie Ethnizität in Wert gesetzt werden und ihre Bedeutung erst gewinnen, werden – im Gegensatz zu Heckmanns Anspruch – durch die Dichotomisierung von Einwanderer- und Aufnahmegesellschaft nicht in den Blick genommen. Im Endeffekt führt ein solches Verfahren zu einer Überbewertung kultureller Unterschiede und trägt mit dazu bei, dass das, was Gegenstand der wissenschaftlichen Untersuchung sein soll, erst von der Wissenschaft produziert wird; darauf weisen auch Dittrich und Radtke hin:

„Aber so wenig die Kategorie ‚Rasse' eine natürliche Entsprechung in der Wirklichkeit hat, so wenig sind ethnische Identität und ethnisches Bewusstsein natürliche Tatsachen, die jenseits historischer Konstruktionen bestehen oder gar konstitutiv für menschliches Leben wären. Sie sind entstanden in einer bestimmten historischen Konstellation als bestimmte historische Konstruktion eines sozialen Problems, an dem sich nach den Natur- nun die Sozial-Wissenschaften maßgeblich beteiligt haben. Nur in diesem Sinne haben sie Realität." (Dittrich, Radtke 1990, 23)

Identitätsprozesse spielen auch in einem neuen Ansatz der Migrationsforschung, der unter dem Namen „Transnationalismusansatz" bekannt geworden ist, eine bedeutende Rolle. Darauf soll im Weiteren eingegangen werden.

Transnationalismus und transnationale soziale Räume

Das folgende Kapitel beschäftigt sich mit einer neueren Konzeption in der Migrationsforschung, die unter den Begriffen „Transnationalismus" und „Transmigration" bekannt geworden ist. Ich beziehe mich hier hauptsächlich auf die Arbeiten des Soziologen Ludger Pries, der darum bemüht ist, dieses Gedankengebäude in den Sozialwissenschaften anschlussfähig zu machen.[2]

Ausgangspunkt des Transnationalismusansatzes ist die Beobachtung einer zunehmenden Bedeutung von zirkulären und temporären Arbeitsmigrationsprozessen. Während die internationalen Wanderungsströme seit den 60er Jahren als unidirektionale Migrationsbewegungen verstanden werden, nehmen Pendel-Migrationsprozesse ab den 80er Jahren vermehrt zu. Nicht mehr die Wanderung von A nach B, sondern von A nach B, von B nach A, von B nach C und wieder zurück geraten in den Mittelpunkt der Migrationsforschung.

---

2 Meinen Ausführungen in Becker 2002 wird hier weitgehend gefolgt.

Als wichtiges Phänomen erkennt der Transnationalismusansatz, dass Migranten im Wanderungsprozess verschiedene ökonomische, kulturelle, soziale und politische Beziehungen zu mehr als einem Nationalstaat entwickeln. Das klassische Muster der Migration als Auswanderung aus der Herkunftsgesellschaft und Einwanderung in die Aufnahmegesellschaft hat sich geändert. Statt uni- und bidirektional können Lebensläufe von Migranten nur noch multidirektional beschrieben werden. Es bilden sich „plurilokale Lebensführungen" und „plurilokale Wirklichkeiten".

Die Verfechter des Transnationalismusansatzes kritisieren, dass in der traditionellen Migrationsforschung die Problemstellungen im engen Bezugsrahmen zum Nationalstaat bzw. zur Nationalgesellschaft beschrieben werden. In diesem Zusammenhang wird der Migrationssoziologie ein jahrzehntelang betriebener „methodologischer Nationalismus" vorgeworfen. Hier bedarf es einer grundsätzlichen Neukonzeptualisierung, die sich nicht mehr an den engen Grenzen des Nationalstaates orientiert. Das Konzept des Transnationalismus verweist auf gesellschaftliche Strukturbildungen, die aus einer neuen Qualität und Quantität von Migrationen resultieren und die Entstehung von Netzwerken und Organisationen beinhalten, die nicht mehr primär territorial organisiert oder auf den Nationalstaat fixiert sind. Mit der Herausbildung transnationaler Gemeinschaften orientieren Migranten ihre Bindungen und Netzwerke translokal, so dass Fragen der Zugehörigkeit nicht mehr nur im Rahmen des Nationalstaates verstanden werden können.

Der Begriff „Transnationalismus" beschreibt eine Wanderungsrealität von simultanen Beziehungen der Arbeitswanderer zu zwei oder mehr Staaten/Nationen[3]. Die neuen Formen der Arbeitswanderung wer-

---

3 Bürkner (2004) weist darauf hin, dass in der deutschsprachigen Rezeption des Transnationalismusansatzes offensichtlich ein Missverständnis in Bezug auf den Bedeutungsgehalt des englischen Begriffs „national" vorliegt. Während im Englischen der Begriff sich auf den Nationalstaat als ordnungspolitische Kategorie bezöge, werde in der deutschen Sprechweise auf die Idee eines homogenen Nationalbewusstseins sowie auf entsprechende nationale und ethnische Selbstzuschreibungen abgehoben. Der englische Begriff „transnational" wäre also im Deutschen eher im Sinne von „transstaatlich" zu verstehen und bezöge sich nicht auf ethnische und nationale Identitätsprozesse. Im weiteren Verlauf der Diskussion des Transnationalismusansatzes wird man sehen, dass in der deutschsprachigen Rezeption die Fragen um nationale Selbstzuschreibungen und Identitätsbildungen durchaus einen besonderen Stellenwert einnehmen. Im Sin-

den ursächlich in Zusammenhang mit neuen Formen der Kapitalproduktion und -akkumulation in Gestalt von Flexibilisierung und Globalisierung gebracht. Das rasante Wachstum multinationaler Unternehmen und die Organisation der kapitalistischen Produktion im weltweiten Maßstab nehmen Einfluss sowohl auf Quantität und Qualität internationaler Wanderungen als auch auf die kulturellen Formen der Migration sowie auf die persönlichen Handlungszusammenhänge der Migranten (Mitchell 2000).

Zwischen Herkunfts- und Ankunftsregionen entwickeln sich neue, transnationale, de-lokalisierte soziale Wirklichkeiten. Die Konzeptualisierung von Migrantengesellschaften als transnationalen Communities knüpft unmittelbar an das Modell von Heckmann an, will aber über dieses hinausweisen, indem es die Idee der ethnischen Community als einer Übergangsform im Akkulturationsprozess aufgibt und stattdessen die entstehenden „transnationalen soziale Räume" als eigenständige Organisationsform neuer Migrationsprozesse versteht.

Die Verfechter des Transnationalismusansatzes gehen davon aus, dass unter den Bedingungen zunehmender Globalisierung neue Variationsmöglichkeiten der in der traditionellen Migrationsforschung angenommenen Assimilationsformen zu beobachten sind. Der nationalstaatliche Bezugsrahmen als die bisher prägende Bezugsgröße von Assimilation spielt dabei eine nur noch untergeordnete Rolle.

Die „eindimensionale" Sichtweise von Push- und Pull-Faktoren wird aufgegeben und es wird von einer „kumulativen" Verursachung von Wanderungen ausgegangen, wobei Migrantennetzwerke eine wesentliche und den Migrationsprozess verstärkende Rolle spielen. Schließlich ist die Entfaltung transnationaler sozialer Räume von der Existenz sozialer Netzwerke zwischen Migranten und Nicht-Migranten in verschiedenen Nationalstaaten abhängig.

Im Transnationalismusansatz spielen Migrantennetzwerke eine dominierende Rolle. Sie werden als soziale Einheiten aufgefasst, die das Problem der Vermittlung von Struktur und Handlung und der Frage des Zusammenhangs von Makro- und Mikroebene lösen. Auf der Meso-Ebene sollen Netzwerkforschungen mikrotheoretische Ansätze wie etwa Handlungstheorien, die individuelle Motive, Gründe und Ursachen von Migration erklären, mit makrotheoretischen Konzepten zusammenführen (Faist 1997).[4]

---

ne Bürkners wäre dann wohl von einem eher absichtsvollen Missverständnis zu sprechen.

4   Zur Rolle von Netzwerken als „intermediären Akteuren" vgl. auch Heckmann 1998.

In seiner idealtypischen Klassifizierung unterscheidet Pries vier Klassen von Migranten: Emigrant, Remigrant, Diaspora-Migrant und Transmigrant.

In der Community-Forschung und im Integrationsansatz wurden die alten Formen der Migration ausführlich untersucht. Im Integrationsansatz war die Untersuchung auf das tendenzielle Verschwinden der Differenz von Herkunfts- und Zielland orientiert. Der Diaspora- und der Community-Ansatz fragten umgekehrt nach den Mechanismen der Aufrechterhaltung dieser Differenz. Der Transnationalismusansatz hingegen geht von neuen Formen der Grenzziehung aus, die nicht mehr in den traditionellen Grenzen von Herkunfts- und Ankunftsregion liegen (Pries 2000, 61, Pries 2003, 29).

Transmigration beschreibt qualitativ neue soziale Wirklichkeiten jenseits gewohnter Ortsgebundenheiten von Ankunfts- und Zielregion. Vor allem soll die Bedeutung häufigen Ortswechsels für neue Identitätsbildungen beleuchtet werden (Treibel 1996, 30). Durch transnationale Migration entstehen neue und dauerhafte Formen von Selbstvergewisserung und sozialer Positionierung. Diesen Identitäten liegt nicht nur das Referenzsystem der Herkunfts- und der Ankunftsgesellschaft zugrunde, sondern sie nehmen Elemente der Herkunfts- und der Ankunftsregion auf und transformieren sie zu etwas Eigenem und Neuem (Pries 2000, 61).

Mit dem Konzept der Transmigration ist die Beobachtung verbunden, dass sich mit neuen Formen der Arbeitswanderung auch neue Formen räumlicher Organisation entwickeln. Die sich auf verschiedenen Ebenen ausbildenden Verflechtungszusammenhänge lassen eine neue soziale Realität entstehen, deren Bedeutung und Funktion weder allein im System des Herkunftslandes noch der Ankunftsregion liegt. Es bilden sich vielmehr qualitativ neue Zusammenhänge, die durch transnationale Beziehungen im Raum ermöglicht werden (Ahrens 2001, 147). Unter diesen als transnationale soziale Räume begriffenen räumlichen Vergesellschaftungsprozessen werden alltagsweltliche Lebenswirklichkeiten verstanden. Transnationale soziale Räume sind geographisch-räumlich diffus bzw. de-territorialisiert und weisen über den Sozialzusammenhang von Nationalgesellschaften hinaus (Pries 1996, 23).

Mit dieser Konzeption wird ein wesentlicher Bruch in der Geschichte gesellschaftlicher räumlicher Organisation konstatiert. Während sich die Kongruenz von sozialem Raum und Flächenraum bis in die 80er Jahre (des letzten Jahrhunderts) darstellt, deutet sich am „Ende dieses Jahrhunderts ein qualitativer Umbruch in Richtung einer zunehmenden

Entkoppelung von geographischem und sozialem Raum an."[5] (Pries 1997, 18)

Den neuen gesellschaftlichen Entwicklungen haben sich die Sozialwissenschaften und die Migrationsforschung insofern zu stellen, als sie Forschungsansätze und -paradigmen zu entwickeln haben, die die neuen Real-Entwicklungen ausreichend thematisieren und theoretisch gehaltvoll konzeptualisieren sollen. Die Perspektive des Zusammengehens von Flächen- und Sozialraum und die Fassung von Gesellschaft als territorial zusammenhängende und in der Regel nationalstaatlich verfasster Einheit hat die Soziologie lange Zeit bestimmt – so Pries (1997, 26). Die soziologische Migrationsforschung arbeitete in der Regel mit einem mehr oder weniger ausgearbeiteten Containerraum-Konzept, in dem von der Existenz einer „Herkunftsregion" und einer „Ankunftsregion" ausgegangen wurde. Migrationsbewegungen waren dann soziologisch von Interesse, wenn sie als Wechsel von einem nationalen Behälter in einen anderen stattfanden.

Pries vermutet, dass für eine adäquate Beschreibung und Analyse der Verhältnisse in der Vergangenheit diese Sicht der Dinge gar nicht unangemessen war, für die Gegenwart jedoch stößt das Container-Konzept an die Grenzen seiner Erklärungskraft (Pries 1997, 29). Das Konzept der transnationalen sozialen Räume verweist auf eine Neubestimmung des Verhältnisses von geographischem und sozialem Raum. Transnationale soziale Räume können dabei nicht nur als Entkopplung von sozialem und geographischem Raum begriffen werden, sondern sie schaffen etwas qualitativ Neues. Sie heben die Ortsbindung von sozialen Gruppen und Gemeinschaften auf und stellen damit die Erklärungsmöglichkeiten des Containerraum-Modells in Frage. Die im alten Raummodell vorherrschende Verschachtelung von sozialem und geogra-

---

5 Pries nimmt mit dieser Konzeption des Verhältnisses von Raum und Sozialem deutlich Bezug zur Strukturationstheorie von Giddens (z. B. 1995, 1999), siedelt allerdings das Auseinandergehen von Raum und Gesellschaft historisch wesentlich später an. Während Giddens und in seiner Folge Werlen (z. B. 1997, 2000) diesen Zeitpunkt an der aufkommenden Moderne festmacht, beginnt für Pries der Entkoppelungsprozess (bei Giddens/Werlen: Entankerung) erst in den 80er Jahren des letzten Jahrhunderts. Ich möchte allerdings in Frage stellen, ob es überhaupt sinnvoll sein kann – ob nun für vormoderne oder moderne Gesellschaften –, von einer Kongruenz von Räumlichem und Sozialem auszugehen. Dass auch traditionelle Gesellschaften keine räumlich selbstgenügsamen sozialen Gebilde darstellen müssen, beschreibt z. B. Felgentreff (1995, 2002) am Beispiel der Dorfgemeinschaft von Naikeleyaga (Fidschi).

phischem Raum wird zu einer „Aufstapelung unterschiedlicher sozialer Räume im gleichen Flächenraum und der Ausdehnung sozialer Räume über mehrere Flächenräume." (Ahrens 2001, 148 in Anlehnung an Pries 1997, 17)

Am Konzept des Transnationalismus wurde des öfteren Kritik geübt. So weist Mitchell darauf hin, dass Austauschbeziehungen und Arbeitsverhältnisse immer auch etwas mit Macht zu tun haben. Ohne diesen Umstand zu realisieren und in Empirie oder Theorie zu thematisieren, kann jede Form von transnationalem Kontakt nicht ausreichend verstanden werden. Mitchell weist in ihrer Kritik darauf hin, dass in einer Art Migrationsromantik von „celebratory representations of ‚new' transnational cultures and hybrid subject positions" die Marginalisierung von Arbeitsmigranten in den Aufnahmegesellschaften schlicht vergessen wird (Mitchell 1997, 108 f.). Goldring führt an, dass die Frage nach den ökonomischen Gründen von Migrationsprozessen nicht nur bei den Migranten selbst zu suchen sind – etwa in der Erforschung von Handlungsmotiven –, sondern die Nachfrage nach billigen Arbeitskräften einen wesentlichen Einfluss auf Art und Umfang von Migrationen nehmen (Goldring 1997). In eine ähnliche Richtung geht Jones' Kritik, wenn er fordert, dass transnationale Migration vor dem Hintergrund ihrer ökonomischen Funktionalität untersucht werden muss (Jones 1992).

Nach Bürkner kann die relativ späte Entdeckung transnationaler Migration dazu verleiten, Transnationalismus ausschließlich als spezifisches Globalisierungsphänomen zu begreifen. Es lassen sich jedoch historische Migrationsprozesse anführen, die bereits vor der aktuellen Globalisierung transnationale Züge aufweisen. Neu an den gegenwärtigen transnationalen Migrationen sind lediglich ihre Regelmäßigkeit und kurze Dauer, die dank einer verbesserten Verkehrs- und Kommunikationstechnik erst in jüngerer Zeit möglich geworden ist (Bürkner 2000, 303).

Auch Bommes (2002a) hat die Frage gestellt, ob das, was der Transnationalismusansatz als neues Phänomen in der realen Welt beschreibt, denn wirklich neu ist. Die Neuartigkeit der beschriebenen sozialen Phänomene kann tatsächlich in Zweifel gezogen werden. Selbst Verfechter dieses Ansatzes bestreiten nicht, dass es auch eine Vielzahl historischer Beispiele transnationaler Migrationen gibt. Transnationale Migration bleibt aber in der Vergangenheit marginal und in ihrem Umfang stark begrenzt (so etwa Portes et al. 1999).

Der Streit, ob mit dem Transnationalismusansatz nun neue oder alte Phänomene beschrieben werden, ist vielleicht auch gar nicht sinnvoll zu Ende zu führen, wenn man allein auf der Gegenstandsseite zu entscheiden sucht, ob soziale Phänomene, die in weltweiten Migrationsprozessen zu beobachten sind, theoretisch angemessen mit dem Begriff Transnationalismus zu bestimmen sind. Daher möchte ich im Folgenden einen Blick auf die Beobachterseite werfen und auf einige Voraussetzungen und Inkonsistenzen dieses Ansatzes eingehen. Zwei Punkte sollen dabei im Vordergrund stehen: einmal Fragen von Identitätsbildungsprozessen, zum anderen neuen Formen der räumlichen Organisation.

Identitätsbildung und Transmigration

Der Beschreibung des Transmigranten als sozialpsychologischer Typus von multiplen Identitäten liegt die Auffassung zugrunde, dass das wandernde Individuum das „geschlossene Referenzsystem der Herkunftsgesellschaft" verlässt, mit den kulturellen Werten und Normen der Ankunftsgesellschaft konfrontiert wird und aus dieser Konfrontation bei gleichzeitiger Rückversicherung etwas Neues schafft: die transnationale Identität.

Interessant ist zu untersuchen, welche stillschweigenden und nicht weiter thematisierten Grundannahmen einer solchen Konzeptualisierung vorausgehen. Da wird zunächst „Gesellschaft" bzw. „Nationalgesellschaft" als Einheit verstanden. Gesellschaft wird als ein von Staatsgrenzen umhegtes Gebilde angesehen, das durch Konsens oder ähnliche Gemeinsamkeiten seiner Mitglieder integriert ist und durch eine gewisse Einheitlichkeit der Lebensverhältnisse geprägt wird sowie von einer gewissen Homogenität und interner Bindungskraft gekennzeichnet ist (vgl. Nassehi 1999, 26). Demgegenüber ist einzuwenden, dass das gesellschaftliche Leben eben nur im politischen und rechtlichen Sinn an Staatsgrenzen halt macht und andere Teilbereiche von Gesellschaft von staatlichen Grenzziehungen nicht beeinflusst werden. Im Transnationalismusansatz hingegen werden Staatsgrenzen als Grenzen schlechthin begriffen. Grenzen werden als Mechanismen aufgefasst, die ganz unterschiedliche Welten voneinander trennen und ihre Bewohner mit einem mehr oder minder homogenen Identitätspotential ausstatten.

In der Zuordnung von Individuen zu Nationen bzw. Nationalgesellschaften wird „Nation" als ontologisch vorhandene Einheit behandelt. Demgegenüber ist einzuwenden, dass Nationen aber keine Entitäten an sich sind, sondern sie werden in immer neuen Aushandlungsprozessen nach außen und innen „gemacht". Der Blick des Forschers müsste sich demnach nicht auf die Frage des Nebeneinanders von Nationen oder ihrer partiellen Verschmelzung im Akkulturationsprozess oder ihrer partiellen Neuentstehung im Transnationalismus konzentrieren, sondern die Frage zu beantworten suchen, wie innerhalb und zwischen National-Gesellschaften nationale oder ethnisch-kulturelle Grenzen durch welche gesellschaftlichen Prozesse hergestellt werden. Der Transnationalismusansatz scheint sich für diese Fragestellung nicht interessieren zu wollen, sondern bleibt selbst einem gewissen nationalistischen/kulturalistischem Denken verhaftet, indem er Migranten hauptsächlich als Träger nationaler und kultureller Merkmale begreift.

Die äußerst voraussetzungsvollen Begriffe wie „Nation" und „nationale Identität" werden in Pries Transnationalismusansatz nicht diskutiert. Es wird nicht erörtert, ob dieses Begriffspaar einem analytischen oder normativen Konzept zugehört, noch wird auf dessen Ideengeschichte Bezug genommen.

Arbeitswanderer werden zu Trägern nationaler Identitäten, ohne zu fragen, wie denn diese Identität beschaffen ist und welche Bedeutung ihr im Alltagshandeln von Arbeitsmigranten zukommt. „Nationale Identität" und „kulturelle Identität" als Bezugsrahmen des Handelns von Arbeitsmigranten sollte nicht stillschweigend vorausgesetzt werden, sondern muss in je verschiedenen konkreten Situationen mit ihren jeweils unterschiedlichen Bedeutungen und Reichweiten thematisiert und erklärt werden. Eine theoretisch gehaltvolle Erklärung hat an diesen möglichen Situationen anzusetzen. Eine Untersuchung „nationaler" oder „transnationaler" Identitäten sollte sich von dem Begriffspaar „national/transnational" trennen und diejenigen Funktionen und Ebenen in den Blick nehmen, auf denen „nationale" und „transnationale Identität" Elemente sozialen bzw. politischen Handelns und gesellschaftlicher Kommunikation sind (vgl. Aschauer 1996, 13). Erst auf diesem Wege wird „nationale Identität" selbst zu einem Gegenstand, der erklärt werden kann, anstatt mit diesem äußerst voraussetzungsvollen und diffusen Begriff gesellschaftliche Verhältnisse erklären zu wollen.

Transmigration als neue räumliche Organisationsform

Dem Entstehungsprozess transnationaler Sozialräume liegt eine ähnliche Argumentationsstruktur zugrunde wie dem Entstehen transnationaler Identitäten. In Anlehnung an Glick Schiller et al. (1992) wird davon ausgegangen, dass transnationale Communities nicht einfach Verlängerungen ihrer lokalen Heimatgesellschaften sind, sondern sie werden als neue soziale Gruppen in neuen sozialen Feldern neu geformt. „These new social fields build upon both the new and the former regions. They connect these regions to each other, but are the same time more than just the sum of the two." (Pries 2001b, 12)

Aus der Konfrontation des einen (Raumausschnitt der Herkunftsgesellschaft) mit dem anderen (Raumausschnitt der Aufnahmegesellschaft) wird etwas Neues geformt: der transnationale soziale Raum. Der Nationalstaat wird im Transnationalismusansatz substituiert vom Begriff des transnationalen sozialen Raumes.

Auch im Konzept des transnationalen Sozialraumes wird recht unkritisch mit sehr voraussetzungsvollen Begriffen umgegangen. „Sozialer Raum" ist alles, was traditionell in der raumorientierten Soziologie oder in der Geographie zum Forschungsgegenstand gehört: die materiell-physischen Gegenstände der Gesellschaft wie Siedlungen, Verkehrswege und Kommunikationssysteme (Raum der physisch-materiellen Artefakte); die sozialen Praktiken, also die Interaktions- und Handlungsstrukturen, durch die Nutzung und Gestaltung von „Raum" erfolgt, so etwa Erwerbs-, Freizeit- usw. -Verhalten (Raum der Handlungsstrukturen); die institutionellen und normativen Regulationsweisen (Raum der Normen und Institutionen); und die mit dem materiellen Substrat verbundenen Zeichen- und Symbolsysteme (Raum als Zeichensystem). Neu ist lediglich, dass die transnationale Perspektive den Container des Nationalstaates verlässt, und sich dem transnationalen Sozialraum widmet, der sich – wie Pries schreibt – „pluri-lokal über verschiedene Nationalgesellschaften hinweg" aufspannt (Pries 2001a, 3).

„Raum" wird in einem solchen Verständnis zu allem und jedem, mit dem alles und jedes erklärt werden kann. Mir scheint auf eine solcherart formulierte Begriffsfassung das zuzutreffen, was Hard als einen „ontologischen slum" charakterisiert hat: „Der Begriff bläht sich kosmisch auf, er wird zu einem Behälter von allem, was es überhaupt gibt" (Hard 1992, 54). Mit einem solchen Verfahren gehen – auch darauf macht Hard aufmerksam – ziemlich regelmäßig Reifizierungen einher. Hier wird dann nicht mehr zwischen Begriff und Gegenstand unterschieden, sondern der Begriff selbst zum Gegenstand. Deutlich wird das bei Pries, wenn er darauf hinweist, dass das Container-Modell bis zur Entstehung von Transmigrationsprozessen seine Berechtigung hatte, das Container-Modell aber in heutigen Zeiten nicht mehr taugt. In der Gleichsetzung von Sozial- und Flächenraum im Container der durch Staatsgrenzen umfassten Nationalgesellschaft wird der Begriff „Container" zur Sache selbst. Gesellschaft wird als raumbezogene Einheit gedacht, die alles Mögliche enthalten kann. Der Begriff „transnationaler sozialer Raum" lässt dieses Denken nicht hinter sich, sondern transformiert es zu einem Container-Modell in dem die Container nur aufgestapelt, ansonsten aber nach althergebrachter Art gefüllt werden. Die Kongruenz von Raum und Sozialem wird dabei nicht aufgegeben.

In seinem räumlichen Denken operiert der Transnationalismusansatz mit den unterschiedlichsten in der Disziplingeschichte der Geographie zu verschiedenen Zeiten dominierenden Raumbegriffen. Mal wird der Container-Ansatz bemüht, dann wiederum bezieht sich Pries auf den relationalen Raum der Raumstrukturforschung (vgl. Pries 2001b, 11 f.), mal geht es um den Raum als Zeichensystem, mal um den Raum der Handlungsstrukturen – ein einigermaßen stringenter Gebrauch des Begriffs „Raum" ist nicht zu entdecken. So ist der abschließenden Bewertung von Pott zuzustimmen, dass die Konzeption von Raum im Transnationalismusansatz weitgehend diffus bleibt und sich aus der Idee transnationaler Räume keine sozialwissenschaftlich fruchtbare und für die Migrationsforschung einzusetzende Raumkonzeption ableiten lässt. (Pott 2002)

Systemtheorie und Migration

Konträr zu den bisher besprochenen Ansätzen der deutschsprachigen Migrationsforschung hat sich in den letzten Jahren eine der Systemtheorie Luhmannscher Prägung zuzuordnende Konzeption entwickelt, die wesentliche Annahmen der Integrationstheorien und des Transnationalismusansatzes in Frage stellt. Vor allem Bommes (1999, 2001, 2002a, 2002b, 2003) hat es sich zur Aufgabe gemacht, die Migrationsforschung um einen systemtheoretisch fundierten Ansatz zu ergänzen. Die wesentlichen Differenzen zu den eher traditionellen Konzeptionen – und in systemtheoretischer Perspektive gehört auch der Transnationalismusansatz zur soziologischen Tradition – lassen sich an folgenden zwei Punkten erläutern: Einmal am Verständnis des Verhältnisses von Individuum und Gesellschaft und an der Auffassung über die Bedeutung des Nationalstaats in der modernen Gesellschaft.

Unter dem ersten Punkt wird zusammengefasst, mit welchen Begriffen die Systemtheorie die Inanspruchnahme von Individuen durch Gesellschaft beschreibt und welche Bedeutung das systemtheoretische Konzept der Inklusion in spezifische funktionale Systeme für die Migrationsforschung haben kann. Im zweiten Abschnitt wird die Funktion des Nationalstaats als Organisationsform des politischen Funktionssystems in der Weltgesellschaft vorgestellt und das politische System als Moderator von Migrationsbarrieren beschrieben.

Individuum und Gesellschaft in systemtheoretischer Perspektive

In Abgrenzung zu den Annahmen der verschiedenen Integrationsansätze und in deutlicher Distanz zu den Vorstellungen des Transnationalismusansatzes gehen systemtheoretische Vorstellungen davon aus, dass jede Form von Migration mit Assimilationsprozessen einhergeht. Entscheidend ist deshalb nicht die Frage nach dem Problem von Assimilation und Integration, sondern Antworten auf die Frage zu finden, an wen oder was und in welcher Hinsicht die Angleichung in Form von Assimilation oder Integration erfolgt.

Anpassungsleistungen gehören darüber hinaus zu den Grundbedingungen der Lebensführung von Individuen in der modernen Gesellschaft (Bommes 2002b). Deshalb soll im Folgenden näher darauf eingegangen werden, in welcher Form das Verhältnis von Individuum und Gesellschaft in der Systemtheorie beschrieben wird und wie mit der Bestimmung dieses Verhältnisses gleichzeitig etwas über Assimilationsbedingungen in der modernen Gesellschaft ausgesagt wird.[6]

In systemtheoretischer Perspektive wird die Konzipierung des Verhältnisses von Individuum und Gesellschaft als Problemstellung der sozialen Integration der Individuen aus theoretischen Gründen aufgegeben und als ein Verhältnis von Inklusion in funktionale Systeme rekonstruiert.

Bommes argumentiert – und das zunächst überraschend, da die Annahme einer theoretischen Nähe von marxistischen Konzeptionen und Luhmannscher Systemtheorie nicht unbedingt zu den allgemein gültigen Sichtweisen in der Soziologie gehört –, dass sich die systemtheoretische Art des Zugriffs zur Bestimmung des Verhältnisses von Individuum und Gesellschaft erschließe, wenn man sich die Ähnlichkeit zu marxistischen Ansätzen vergegenwärtige. So könne Migration als durch die gesellschaftlichen Verhältnisse strukturiertes Phänomen betrachtet werden, insbesondere als durch die kapitalistische Form der Inanspruchnahme von Individuen als Ware in Form von Arbeitskräften. Die Abstraktion, die Marx in seiner Werttheorie vornimmt, Individuen als Anbieter von Arbeitskraft auf dem Arbeitsmarkt zu konzipieren, wird von der Systemtheorie in dem Sinne radikalisiert, indem sie diese Abstraktion nicht nur im funktionalen System der Ökonomie gelten lässt, sondern auch auf die übrigen Funktionssysteme der Gesellschaft überträgt: „In der Politik, im Recht, der Erziehung, der Gesundheit usw. werden Individuen dann als Wähler, als Rechtsparteien, Schüler oder Patienten einbezogen und unter

---

6 Hierzu und im weiteren vor allem Bommes 2003 und 1999.

Absehung von ihren sonstigen Eigenschaften beansprucht. Umgekehrt können die Individuen Teilnahmechancen nur unter Beachtung dieser Abstraktionen als Inklusionsvoraussetzungen realisieren." (Bommes 2003, 46)

Ähnliche Argumente findet man bei Stichweh zur Entfaltung der Begriffe „Inklusion" und „Exklusion". Anknüpfungspunkt für die Systemtheorie ist die Mehrdimensionalität von Exklusion und Inklusion. Durch die funktionale Differenzierung der modernen Gesellschaft ist Ausschluss und Inanspruchnahme von Individuen nicht „gesellschaftseinheitlich" geregelt, sondern jedes einzelne Funktionssystem entwickelt seine je eigenen Bedingungen und Formen. So ist auch Exklusion nicht mehr als „Phänomen eines uno actu erfolgenden Kompaktausschlusses aus der Gesellschaft" (Stichweh 1997, 5) zu betrachten.

In der Systemtheorie wird das Verhältnis von Individuum und Gesellschaft als wechselseitiges System-Umwelt-Verhältnis begriffen. Das Individuum steht insofern außerhalb der Gesellschaft, als es für die Gesellschaft Umwelt darstellt und die Gesellschaft Umwelt des Individuums ist.[7] Inanspruchnahme oder Ausschluss des Individuums wird mit der Unterscheidung Inklusion und Exklusion beschrieben. Die Art und Weise dieser Inanspruchnahme von Individuen durch soziale Systeme ist abhängig vom primären Differenzierungstyp von Gesellschaft. Für die Gesellschaft des funktional differenzierten Typs schreibt Luhmann zum Verhältnis von Individuum und Gesellschaft und in Abgrenzung zu historisch vorhergehende Gesellschaften:

„Die Einzelperson kann nicht mehr einem und nur einem gesellschaftlichen Teilsystem angehören. Sie kann sich beruflich/professionell im Wirtschaftssystem, im Rechtssystem, in der Politik, im Erziehungssystem usw. engagieren, und in gewisser Weise folgt der soziale Status den beruflich vorgezeichneten Erfolgsbahnen; aber sie kann nicht in einem Funktionssystem alleine leben. Da die Gesellschaft aber nichts anderes ist als die Gesamtheit ihrer internen System/Umwelt-Verhältnisse und nicht selbst in sich selbst als Ganzes nochmals vorkommen kann, bietet sie dem Einzelnen keinen Ort mehr, wo er als ‚gesellschaftliches Wesen' existieren kann. Er kann nur außerhalb der Gesellschaft leben, nur als System eigner Art in der Umwelt der Gesellschaft sich reproduzieren, wobei für ihn die Gesellschaft eine dazu notwendige Umwelt ist. Das Individuum kann nicht mehr durch Inklusion,

---

[7] Die in der Systemtheorie verwandten Begriffe sind oft nicht deckungsgleich mit denen in den traditionellen Sozialwissenschaften. Eine sehr lesenswerte Einführung in die Begrifflichkeit und das System der Systemtheorie geben Kneer, Nassehi 2000; ein Glossar, das die wichtigsten Begriffe der Systemtheorie erläutert, findet sich bei Baraldi et al. 1997.

ist. Das Individuum kann nicht mehr durch Inklusion, sondern nur noch durch Exklusion definiert werden." (Luhmann 1989, 158)

Die funktionale Differenzierung der modernen Gesellschaft greift in ihren zentralen Instanzen wie Recht, Ökonomie, Politik usw. also nicht mehr auf die ganze Person, auf das ganze Individuum zu (vgl. Nassehi 1997a), sondern nur noch partiell, nämlich situations- und rollenspezifisch. Individuelle Lebenslagen und die Individualität der Menschen bleiben gesellschaftlich insofern unterbestimmt, als das, was gemeinhin Liberalität und Pluralität der Lebensformen genannt wird, sozusagen in und zwischen den unterschiedlichen Rollen möglich ist und in verschiedenen Funktionssystemen stattfindet.

Funktionale Differenzierung errichtet eine grundsätzliche Distanz zwischen Individuum und sozialen Systemen, so dass gesellschaftliche Strukturen und Individuen „quer" zueinander stehen (Nassehi 1997b, 123). Überbrückt wird diese Distanz durch Inklusion, wobei allerdings nicht auf das ganze Individuum zugegriffen wird, sondern auf rollenbzw. inklusionsspezifische Teilaspekte von Personen (vgl. Pott 2002, 27).

Die Systemtheorie spricht in diesem Zusammenhang von selektiver Multiinklusion, die die Individuen in jeweils unterschiedlichen Rollen in unterschiedlichen Funktionen am gesellschaftlichen Leben teilhaben lässt. „Waren vormoderne Grenzziehungen zwischen Teilsystemen auch Grenzen zwischen ganzen Personen, zwischen typisierten Individuallagen, zwischen mehr oder weniger festgelegten Lebensformen, gehen die Teilsystemgrenzen in der funktional differenzierten Gesellschaft durch Individuen hindurch." (Nassehi 1997b, 125)

Systemtheoretisch gesehen sind Individuen kein Teil der Gesellschaft und damit auch nicht in Gesellschaft integriert oder integrierbar. Systemtheoretisch fundierte Migrationsforschung fragt folgerichtig nicht nach den Integrations- und Assimilationsbedingungen und -voraussetzungen der Migranten. Die Konzipierung des Verhältnisses von Individuum und Gesellschaft als Inklusionsverhältnis stellt die Frage nach den Teilnahmemöglichkeiten und -hindernissen von Migranten in den Funktionssystemen und ihren Organisationen. Dabei geht die Systemtheorie davon aus, dass die einzelnen Funktionssysteme und ihre Organisationen abhängig sind von der Teilnahme von Personen, nicht aber von der Teilnahme je konkreter einzelner Individuen. Daher können die Funktionssysteme spezifische Inklusionsmodi ausbilden, die die Teilnahme von Individuen spezifizieren und auch ihren möglichen Ausschluss regeln. „Sie setzen eine bestimmte Selbstdisziplinierung der Individuen voraus, verlangen ihnen systemspezifische Kompetenzen ab, muten ihnen entsprechende Formen der Selbstpräsentation zu und sehen auch Möglichkeiten ihrer Exklusion vor." (Bommes 2003, 47) Individuen sind umgekehrt für ihre psychische und physische Selbsterhaltung darauf angewiesen, in eine Vielzahl sozialer Systeme eingebunden zu werden.

Systemtheoretisch fundiert ist Migration folgerichtig als Mobilisierung von Individuen zur Realisierung von Inklusionsofferten anzusehen. Thema einer systemtheoretisch orientierten Migrationsforschung ist so, die sozialen Bedingungen und Folgen dieser Mobilisierung für die Strukturen der verschiedenen Funktionssysteme und ihrer Organisationen zu untersuchen. Migrationsforschung als Problem sozialer und/oder kultureller Ungleichheit anzulegen, wie es nach Meinung der Systemtheorie die Integrationsansätze vornehmen, wird durch die Schwerpunktsetzung auf die Analyse von In- und Exklusionsverhältnisse ersetzt. Dennoch soll das Thema Ungleichheit nicht gänzlich aufgegeben werden, sondern es wird an anderer Stelle wieder eingeführt:

„Mit dem Zugriff auf Migration über die Analyse der Inklusionsverhältnisse sozialer Systeme wird das Problem der Ungleichheit nicht zum Verschwinden gebracht, es wird aber im Rahmen der Theorie anders wieder eingeführt. Untersucht wird, in welcher Weise Differenzierungsformen, Inklusionsstrukturen in Funktions- und Organisationssystemen und Verteilungsstrukturen miteinander zusammenhängen. Dabei kann sich dann Ungleichheit als eine Bedingung für die Inklusionschancen von Migranten erweisen." (Bommes 2003, 48)

Bemerkenswert an dem hier wiedergegebenen Zitat ist die Art und Weise, in der das Thema „soziale Ungleichheit" in die Migrationsforschung aus systemtheoretischer Perspektive gefasst wird. Während die Integrationsansätze soziale Ungleichheit als Folge von Einwanderungsprozessen thematisieren, wird in der Systemtheorie Ungleichheit als mögliche Strukturvoraussetzung von (Arbeits-)Migration behandelt. Das scheint ein wesentlicher Gesichtspunkt zu sein, worin sich diese Ansätze unterscheiden.

Mit dem bisher gesagten ist deutlich geworden, dass die Systemtheorie Wanderungen nicht als Migration von einer Gesellschaft in eine andere versteht, sondern Migration als Realisierungsversuch von Inklusionschancen in funktionale Systeme rekonstruiert. Eine systemtheoretisch angelegte Migrationsforschung sollte dementsprechend – so fordert Bommes – ihren Blick auch nicht ausschließlich oder vorrangig auf die Inklusionsvoraussetzungen der wandernden Individuen richten, sondern die systemspezifischen Strukturbedingungen untersuchen, unter denen

Migranten und ihre Ausstattungen zur Geltung kommen (Bommes 2003).

Weltgesellschaft und Nationalstaat

Migranten müssen sich bei ihren Wanderungen unabhängig von ihren jeweiligen Absichten und Motivationen an den sozialen Anschlussmöglichkeiten orientieren, die die Funktionssysteme und ihre Organisationen in den Aufnahmeländern eröffnen. Ob dieser Anschluss gelingt, dafür ist die politische Moderation der Bedingungen von Zuwanderung durch die Nationalstaaten von ausschlaggebender Bedeutung (Bommes 2003).

Die Systemtheorie entdeckt nun in der Ausgestaltung und Steuerung von Migrationsprozessen durch das politische Funktionssystem einen zentralen sozialen Widerspruch in der modernen Gesellschaft. Argumentiert wird hier mit folgender Beobachtung:

- Migration ist als Versuch der Realisierung von Inklusionschancen an einem anderen geographischen Ort wahrscheinlich und erwartbar;
- (Arbeits-)Migration ist Teil einer mit der Institutionalisierung der Arbeitsmärkte durchgesetzten Form von Mobilität in der modernen Gesellschaft (ähnliches gilt z. B. für die Bildungsmigration oder andere Formen von Migration in anderen Funktionssystemen);
- in Bezug auf Binnenmigration ist diese Migration auch problemlos und wird gesellschaftlich nicht weiter thematisiert;
- problematisch wird Migration erst, wenn sie die Form Staatsgrenzen überschreitender Migration annimmt.

Diese Kennzeichnung der Migration als einer in der modernen Gesellschaft durchgesetzten normalen und alltäglichen Mobilitätsform in die unterschiedlichen Funktionssysteme auf der einen Seite und auf der anderen deren Steuerung durch das politische Funktionssystem rückt dessen Besonderheit in den Mittelpunkt des Interesses und muss ausgeführt werden (Bommes 1999).

Die grundlegende Annahme der Systemtheorie ist es dabei, den Nationalstaat als Organisationsform des politischen Funktionssystems in der Weltgesellschaft zu konzeptualisieren. „Gesellschaft ist nicht mehr etwas räumlich Begrenztes, sondern ein einziges den Erdball umspannendes Sozialsystem." (Stichweh 1997, 12, vgl. auch Bös 1997) Auch Luhmann verwendet einen Gesellschaftsbegriff, der nicht auf Staatsgrenzen Bezug nimmt, da die Grenzen der Sozialsysteme in der modernen Gesellschaft nicht mehr mit politischen Grenzen korrespondieren (Luhmann 1982). Allerdings räumt Luhmann auch ein, dass Staatsgrenzen auf die Entwicklung von Funktionssystemen Einfluss nehmen können. In diesem Zusammenhang wird zwischen primärer Differenzierung der modernen Gesellschaft in globale Funktionssysteme und sekundärer Differenzierung der Systeme unterschieden. Sekundäre Differenzierung kann dabei auch segmentäre Formen – etwa nach politischen Grenzen – annehmen (Luhmann 1975, vgl. auch Richter 1997).

Wenn die Systemtheorie die moderne Gesellschaft und ihre globalen Funktionssysteme als Weltgesellschaft auffasst, stellt sich fast zwangsläufig die Frage, welche Funktion darin der Nationalstaat haben kann, wieso der Nationalstaat in der Weltgesellschaft denn nicht seine Bedeutung verliert und als Institutions- und Organisationsform zu existieren aufhört? Stichweh gibt darauf eine überraschende, aber aus systemtheoretischer Perspektive plausible Antwort. Er geht davon aus, dass die Institutionalisierung des souveränen Nationalstaats selbst die grundlegende Voraussetzung des politischen Weltsystems ist. Für die Weltgesellschaft gilt insofern nicht, „dass eine Zersplitterung in eine Vielzahl von Nationalstaaten ihr – in irgendeinem Sinn zu bedauerndes – Problem ist. Viel richtiger scheint die Diagnose, dass gerade die Institutionalisierung des Nationalstaates die entscheidende Leistung der Weltpolitik ist." (Stichweh 1995, 24) Dieser Umstand wird als entscheidende Voraussetzung dafür gesehen, dass die einzelnen Staaten ihre nationalstaatliche Souveränität gegenseitig anerkennen können und als „konstitutive Bürger" innerhalb der Weltgesellschaft miteinander verkehren (ebd.).

Im systemtheoretischen Ansatz werden die Staaten der entwickelten Länder als nationale Wohlfahrtsstaaten verstanden. Nach innen werden sie als soziale Ausgleichsmechanismen aufgefasst, die ihre Beziehungen zur Staatsbevölkerung in den Dimensionen von Loyalität (als Loyalitätsbeziehung von der Bevölkerung zum Staat) und Leistung (als Leistungsbeziehung vom Staat zur Bevölkerung) betrachten. Nach außen sind sie bemüht, die Ungleichheit zwischen den nationalen Souveränen aufrecht zu erhalten (Bommes 2003). Auf diese Weise ist der Wohlfahrtsstaat die Form, in der im System der Weltgesellschaft Gleichheit und Ungleichheit institutionalisiert wird, und zwar in Form der Ungleichheit zwischen den Staaten und in Form der Gleichheit innerhalb des Staates (Stichweh 1998).

Migration wird nun als Überschreiten der „institutionalisierten Gleichheits/Ungleichheitsschwelle" (ebd. 69) verstanden und die Errichtung von Migrationsbarrieren durch den Versuch der politischen Regulierung und Moderation durch die Form des politischen Funktionssystems als nationaler Wohlfahrtsstaat erklärt. „Der nationale Wohlfahrtsstaat interveniert daher in die Migrationsformen in der modernen Gesellschaft unter dem Gesichtspunkt der Aufrechterhaltung der Loyalitäts- und Leistungsbeziehungen zu der Gemeinschaft der Staatsbürger. Orientiert an diesen Kriterien wird er zu einem Filter für die Versuche von Migranten, Inklusionschancen in die Funktionssysteme und ihre Organisationen durch geographische Mobilität zu realisieren." (Bommes 2003, 50)

Zusammenfassend ist festzuhalten, dass die Bedeutung des Nationalstaates für Migration sich in systemfunktionaler Sicht aus der politischen Moderation und Ausgestaltung der die politischen Grenzen des Nationalstaates bildenden Gleichheits/Ungleichheitsschwelle ergibt. Die Frage allerdings, nach welchen Kriterien diese politische Moderation sich vollzieht, kann nur empirisch beantwortet werden.

Zusammenfassung

Die Vorstellung und Diskussion der in der deutschsprachigen Migrationsforschung dominierenden Konzeptionen haben einige gravierende Unterschiede in der Konzeptualisierung ihres Gegenstandes aufgezeigt. An dieser Stelle wird noch einmal der Versuch unternommen, die unterschiedlichen Ansätze zusammenfassend und kursorisch gegenüberzustellen.

Die Integrationsansätze begreifen Migration – jeweils mit eigener Schwerpunktsetzung – als ein Übertreten von einer Nationalgesellschaft in eine andere. Soziale Ungleichheit wird als Ausgangspunkt eines Assimilationsprozesses betrachtet, die bei hinreichender Aufenthaltsdauer im Aufnahmeland und mit erfolgreicher Assimilation zum Verschwinden gebracht wird.

Essers Modell ist handlungstheoretisch fundiert und geht davon aus, dass Migranten an Assimilationsprozessen ein Eigeninteresse entwickeln – wie auch der Akt des Migrierens selbst handlungstheoretisch „auf gute Gründe" zurückzuführen ist – und diese in verschiedenen Stufen (Dimensionen der Assimilation) durchlaufen werden. Strukturelle Bedingungen der Migration im Herkunftsland werden – wie die strukturellen Bedingungen der Assimilation im Zielland – zu Umgebungsvariablen von individuellen Handlungsprozessen. An diesen Bedingungen von Migration und Assimilation ändern auch historisch neue Formen von internationalen Wanderungen grundsätzlich nichts. Bezugsgröße der Umgebungsvariablen bleiben – zumindest „im Kern" – die kulturelle Verfasstheit der Aufnahmegesellschaft und die Steuerung von Opportunitäten, Alternativen und Barrieren durch den Staat.

Hoffmann-Nowotnys Unterschichtungsmodell kann als eine Art Melange von Handlungs- und Strukturtheorie gelesen werden. Während die theoretischen Vorstellungen über die Ursachen von Migration mit der Anomie-Theorie einen handlungstheoretischen Rahmen erhalten, wird die Untersuchung der Folgen von Einwanderung für die Aufnahmegesellschaft in einen strukturtheoretischen Zusammenhang gebracht.

Heckmanns Modell der ethnischen Kolonien weist starke Ähnlichkeiten hinsichtlich der Dimensionen der Assimilation mit Essers Modell auf und hinsichtlich der Annahme, dass Assimilationsprozesse als Eingliederung in Statuslinien aufzufassen sind, mit Hoffmann-Nowotnys Ansatz. Mit der Berücksichtigung und Analyse von ethnischen Koloniebildungsprozessen setzt Heckmann allerdings einen wesentlichen Schwerpunkt auf die Eigenorganisation von Wanderungen durch die Migranten.

Der Transnationalismusansatz greift das Modell der Koloniebildung auf und erweitert es, indem „community-formation" nicht mehr unter dem Aspekt von Eingliederung und Assimilation betrachtet, sondern ihr eine eigenständige Form beigemessen wird. Das Modell der ethnischen Koloniebildung wird ersetzt durch den transnationalen Sozialraum, in dem multilokal angelegte Netzwerke eine wesentliche Rolle spielen. Soziale Ungleichheit wird in diesem Ansatz nicht weiter thematisiert. Auch Fragen nach den sozialen und ökonomischen Ursachen als Folge oder als Voraussetzung von Wanderungen bleiben im Transnationalismus unterbeleuchtet. Es interessieren hier nicht die Fragen nach dem „Warum" sondern nach dem „Wie". Wie laufen Wanderungsprozesse ab, welche neuen Organisationen und Strukturformen entwickeln sich?

Der systemtheoretische Ansatz gibt die Vorstellung von Integration in Gesellschaft auf und fasst Migration als geographische Mobilität zur Nutzung von Inklusionschancen in sozialen Systemen. Soziale Ungleichheit wird nicht als Problem aufgefasst, das durch Assimilationsprozesse gelöst wird, sondern als Ursache von staatenübergreifender Migration verstanden. Die Untersuchung der politischen Moderation und Steuerung durch Errichtung von Zutrittsbarrieren spielt eine herausragende Bedeutung.

In Bezug auf das konkrete Thema „temporäre Arbeitsmigration" lässt sich nun die Frage formulieren, welche Alternativen die unterschiedlichen Modelle bieten, das Phänomen der kurzfristigen Pendel-Migration zu erklären. Ich möchte mögliche Antworten zu folgenden Aussagen komprimieren:

- In Essers Grundmodell der Assimilation ist jede Form von Migration mit Assimilationsprozessen verbunden, so dass temporäre Arbeitsmigration keine Ausnahme bildet. Da aber der Zeithorizont von temporärer Migration sehr kurzfristig angelegt ist und auch das Bezugssystem in der Herkunftsgesellschaft verbleibt, ist die Motivation – als personale Variable – zu assimilativen Handlungen eher gering. Man könnte temporäre Arbeitsmigration in Essers handlungstheoretischem Modell als unterbrochene Assimilation bezeichnen.

- Auch das Unterschichtungsmodell von Hoffmann-Nowotny lässt sich auf temporäre Formen der Arbeitsmigration übertragen. Angesichts der geforderten Qualifikationsprofile der durchzuführenden Saisonarbeiten und der Höhe der Löhne liegt es nahe, von Unterschichtung sprechen zu können. Hofmann-Nowotnys Modell fasst temporäre Arbeitsmigration als eine spezifische Form von Unterschichtung.
- Heckmanns Modell der ethnischen Koloniebildung lässt sich nicht so einfach auf das Problem temporärer Arbeitsmigration transferieren. Koloniebildung ist bei Heckmann ein Phänomen der spezifischen Eigenorganisation der Wanderer im Zielland. Es spricht nichts dafür, dass temporäre Migranten gesellschaftliche Strukturen herausbilden, die denen von Langzeitmigranten entsprechen. Man kann aber davon ausgehen, dass Pendel-Migration als dauerhaftes Phänomen neue Strukturen in den Herkunftsländern („Pendellgesellschaften") etabliert. Daher könnte Heckmanns Modell als Koloniebildungsprozess im Herkunftsland aufgefasst werden.
- Der Transnationalismusansatz fasst temporäre Arbeitsmigration als multilokale Netzwerkformierung.
- Der systemtheoretische Ansatz fasst temporäre Arbeitsmigration als geographische Mobilität zur Nutzung von Inklusionschancen im Funktionssystem „Ökonomie".

Üblicherweise wird bei Arbeiten wie der vorliegenden nach der Besprechung der für den zu untersuchenden Gegenstand relevanten Theorieangebote ein bestimmter Ansatz ausgewählt. Seine Vorteile in Bezug auf die Fragestellung gegenüber den konkurrierenden Modellen werden herausgestellt, um anschließend das empirische Material hinsichtlich der aus dem theoretischen Ansatz gewonnenen Hypothesen durchzudeklinieren. Dieses Verfahren wird normalerweise als theoriegeleitetes empirisches Arbeiten verstanden.

Ich möchte in dieser Arbeit diesem Weg nicht folgen, sondern einen alternativen Weg einschlagen. Angesichts der noch völlig unzureichenden Kenntnislage über das empirische Phänomen polnischer Saisonarbeit in der Bundesrepublik Deutschland (es gibt z. B. keine gesicherten Erkenntnisse hinsichtlich der demographischen oder sozialstatistischen Charakterisierung der temporären Migranten) scheint es mir nicht angebracht, die vorhandenen Daten einer an einem bestimmten Paradigma ausgerichteten Hypothesentestung zu unterziehen. Die Arbeit ist als explorative Studie zu verstehen, die darauf angewiesen ist, ihre eigene empirische Datenbasis erst noch zu schaffen.

Die Besprechung des vorhandenen Theorieangebots soll also nicht dazu dienen, sich hier für einen bestimmten Ansatz zu entscheiden. Es geht vielmehr darum, nach der Entfaltung des empirischen Materials zu untersuchen, welche der hier vorgestellten Theorieansätze die empirischen Daten unter welchen Prämissen interpretieren können. Dass dabei die Anlage der empirischen Arbeit und ihre Durchführung nicht einfach theoriefrei der Wirklichkeit abgeschaut ist, sollte sich vor dem Hintergrund des bisher Gesagten von selbst verstehen.

TEMPORÄRE ARBEITSMIGRATION AUS POLEN NACH DEUTSCHLAND

Entsendeland Republik Polen

In der Einleitung zur vorliegenden Arbeit wurde darauf hingewiesen, dass die rezent zu verzeichnende temporäre Arbeitsmigration aus Polen in die Bundesrepublik Deutschland ihre historischen Vorläufer im Deutschen Reich hat. Ich hatte auf diesen Umstand hingewiesen um auszuführen, dass saisonale Arbeitsmigration schon sehr früh Gegenstand der wissenschaftlichen Betrachtung wurde und zeitlich befristete Migration insofern nicht unbedingt als ein neues Phänomen betrachtet werden kann. Derartige Vergleiche und historische Verweise dienen in der Diskussion der Ursachen und Wirkungen der Ost-West-Migration der 90er und folgender Jahre häufig auch einem anderen Zweck. Mit ihnen soll auf eine historische Kontinuität sozialer Prozesse oder Ereignisse hingewiesen werden, die eben durch den Hinweis auf Geschichte einen selbsterklärenden Anspruch realisieren sollen.

In der Beschäftigung mit der aktuellen Ost-West-Wanderung von Arbeitskräften führt ein solches Argument zu der Annahme, dass mit dem Wegfall gewisser Beschränkungen sich alte Migrationsmuster wieder ohne Restriktionen entfalten können. Aktuelle Entwicklungen werden so mit historisch weit zurückliegenden Ursachen in Verbindung gebracht, ohne dass im jeweils spezifischen Fall dazu ein Beweis erbracht werden müsste. Allein mit dem Bezug zum „geschichtlichen Hintergrund" oder dem „historischen Ursprung" soll schon die Sache selbst erklärt werden.[1]

Der Suggestivkraft solcherart historisierender Argumentationsmuster soll hier nicht gefolgt werden. Der Hinweis, dass schon 1910 polnische Saisonarbeiter am Niederrhein Spargel geerntet haben, erklärt nicht (jedenfalls nicht hinreichend), dass auch 100 Jahre später wieder Erntehelfer aus Polen sich auf den Weg machen, das „weiße Gold" des Niederrheins zu stechen.

Im Folgenden soll daher zwar ein Blick auf die Entwicklung des Migrationsgeschehens zwischen Polen und den westlichen Staaten im allgemeinen und der Bundesrepublik im besonderen geworfen werden, allerdings soll es hier genügen, sich mit der Phase, die der aktuellen Saisonarbeiterbeschäftigung unmittelbar vorausgeht, zu befassen. Zu untersuchen ist die Frage, ob temporäre Arbeitsmigration nach der Auflösung des sozialistischen Gesellschaftssystems und mit der Übereinkunft über Saisonarbeit zwischen der Bundesrepublik und der Republik Polen auf eine völlig neue politische und ökonomische Basis gestellt worden ist, oder ob die neue Migration in den 90er Jahren an die alte der sozialistischen Ära der 80er Jahre anknüpft. Konkret geht es in Bezug auf die Problemstellung der polnischen Saisonarbeit in der Bundesrepublik um die Frage, ob es Hinweise darauf gibt, in welcher Form die Wanderungen der Erntehelfer der 90er Jahre an die Migrationen der 80er Jahre anschließen.

Emigration aus Polen vor 1989

Ein wesentliches Problem bei der Beantwortung dieser Fragestellung wirft die Zuverlässigkeit der amtlichen Statistik zur Emigration aus Polen auf. Offensichtlich ist der Feststellung von Deichmann/Handerson zuzustimmen, dass die wesentlichen Faktoren der Migrationsentwicklung der offiziellen Statistik nicht zu entnehmen sind (Deichmann/ Handerson 2000, vgl. auch zur Problematik der Datenlage z. B. Korcelli 1996, Okólski 2000 und Pallaske 2001). So lassen allein die Datenreihen

---

[1] Als ein Beispiel unter mehreren sei hier auf Fassmann 1998 hingewiesen. Dort wird festgestellt, dass die meisten polnischen Einwanderer in Wien aus Südpolen, aus dem ehemals zu Österreich gehörenden Galizien stammen. Im Subtext dieser Aussage schwingt so etwas wie eine historische Logik mit, die unterstellt, dass hier alte Muster aus vergangenen Zeiten wiederholt werden; die Suche nach alternativen Erklärungsmöglichkeiten erübrigt sich dabei.

zur Emigration aus Polen Zweifel berechtigt erscheinen, dass diese Zahlen das Migrationsgeschehen realitätsnah wiedergeben.[2]

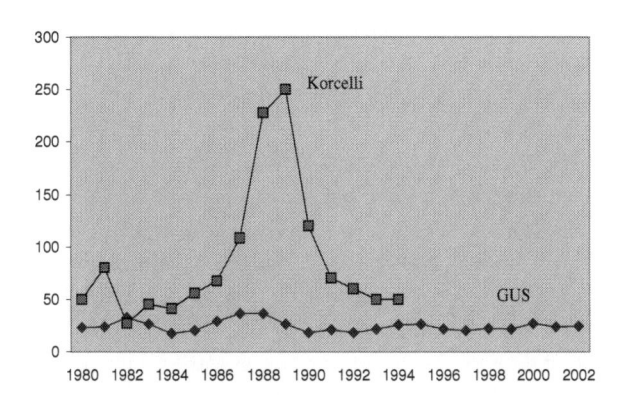

Abb. 1: Emigration aus Polen 1980 - 2002 (in Tausend)

Quelle: GUS 2004, Korcelli 1996

Das statistische Zentralamt Polens (GUS = Główny Urząd Statystyczny) geht für den betrachteten Zeitraum von 1980 - 2002 von einer relativ gleichförmigen Entwicklung aus (vgl. Abbildung 1). Danach wanderten zwischen 1980 und 2002 insgesamt 562 000 Personen aus Polen ab. Das jährliche Mittel für diesen Zeitraum lag bei ca. 24 400 Emigranten. Mit 36 400 bzw. 36 300 auswandernden Personen wird ein Höhepunkt 1987/1988 erreicht. Die wenigsten Auswanderer zählen die Jahre 1984

---

2   Das Problem scheint wohl darin zu liegen, dass ein großer Teil der Auswanderung während der 80er Jahre, aber auch noch in den ersten Jahren der 90er nicht registriert wurde. Die Beauftragte der Bundesregierung für Migration, Flüchtlinge und Integration schreibt dazu „Die Validität der offiziellen Migrationsstatistik wird von Experten jedoch entschieden angezweifelt. Insbesondere die Abwanderungsstatistiken unterschätzen die tatsächliche Zahl der abwandernden Personen enorm, was ein einfacher Vergleich mit den Zuwanderungszahlen Deutschlands zeigt [...]. Der Grund liegt in der oft fehlenden Abmeldung der Personen. Auch die Rückkehrmigration ist sehr schlecht bestimmbar, da oftmals bereits die Ausreise nicht registriert wurde und somit auch die Meldung der Wiedereinreise unterbleibt." (Beauftragte der Bundesregierung für Migration, Flüchtlinge und Integration 2003, S. 96)

(17 400), 1990 (18 400) und 1992 (18 100). Insgesamt geben die Zahlen der amtlichen Statistik eine relativ gleichmäßige Entwicklung auf relativ niedrigem Niveau wieder. Eine drastische Veränderung im Wanderungsgeschehen nach der Wende von 1989 kann nicht verzeichnet werden.

Korcelli (1996) und mit ihm andere Autoren (etwa Okólski 1999, Okólski/Stola 1999, Iglicka 2000, Pallaske 2001, Kępinska 2003) beziffern unter Bezugnahme der Einwanderungszahlen der Zielländer die Emigration aus Polen allein für die Jahre 1980 - 1989 auf knapp eine Million Fälle. Nach diesen Zahlen wird ein erster Höhepunkt der Ausreisewelle mit der Verhängung des Kriegsrechts in den Jahren 1980/81 erreicht. Für 1982 wird eine niedrigere Emigration als in der offiziellen Statistik angenommen. Mit der vollständigen Liberalisierung der Passgesetze und der Ausreisebestimmungen von 1987 wächst die Zahl der Emigrationen bis 1989 auf jährlich 250 000, um sich in den Jahren 1992 - 1994 auf jährlich ca. 50 000 einzupendeln. Auch für die folgenden Jahre ist davon auszugehen, dass die Anzahl der Fortzüge etwa doppelt so hoch ist wie in den Zahlen des statistischen Zentralamtes wiedergegeben, darauf lassen die Einwanderungsstatistiken der Hauptzielländer schließen (vgl. etwa Beauftragte der Bundesregierung für Migration, Flüchtlinge und Integration 2003, Okólski 1999).

Neben der Emigration, die auf Dauer angelegt war, existieren aber auch in den 80er Jahren schon Formen temporärer Migration. Hier wird zwischen kurzfristiger (unter einem Jahr) und langfristiger Migration (über ein Jahr Dauer) unterschieden. Für die 80er Jahre geht Okólski (1994) von einem Gesamtvolumen von ca. 2,25 Millionen nicht auf Dauer angelegter Migrationen aus. Iglicka (2001) ordnet dabei ca. 1,2 Millionen Fälle der langfristigen und ca. 1,05 Millionen der kurzfristigen Migration zu.

Die Diskrepanz zwischen offizieller Migrationsstatistik und anderen Datenquellen lässt sich auf die Besonderheiten der Ausreisebestimmungen in Polen und den Immigrationsmöglichkeiten in die Hauptzielländer erklären. Da die legalen Auswanderungsmöglichkeiten für die polnische Bevölkerung bis 1987 in relativ engen Grenzen gefasst waren, fand ein großer Teil der Emigrationen in einem von polnischer Seite undokumentierten Rahmen statt.[3] Möglich wurde diese Migration durch die Einreisebestimmungen in vielen westlichen Staaten. Migranten aus Polen fanden hier mit dem Status des „Ostblockflüchtlings" in der Regel politi-

---

3 Iglicka (2001, 26) geht für die Jahre 1984 - 1985 von einem Anteil der illegalen Migration an den gesamten Wanderungsvorgängen von 80 % aus.

sches Asyl. Eine andere bedeutende Möglichkeit zur Emigration in die Bundesrepublik Deutschland war die Berufung auf den Status des deutschen Aussiedlers.

Auch nach der Liberalisierung der Ausreisebedingungen 1987/88 wurde oftmals bei der Auswanderung formal ein Wohnsitz in Polen beibehalten, um einerseits sich die Möglichkeit der Rückkehr offen zu halten und andererseits den Bezug verschiedener Transferleistungen des Staates für zurückbleibende Verwandte zu sichern (Korcelli 1996).

Viele westliche Staaten reagierten auf die Ausreisewelle von 1988 und nachfolgender Jahre mit der Einführung der Visumspflicht für Einreisende aus den mittel- und osteuropäischen Staaten. In der Bundesrepublik wurde die Möglichkeit der Einwanderung für Aussiedler aus Polen – deren Anteil an der Gesamtemigration in den Jahren 1980 - 1990 ca. 80 % ausmachte (Pallaske 2001) –, mit der Einführung des Aussiedleraufnahmegesetzes von 1990 drastisch eingeschränkt (vgl. dazu Hofmann 1998).

Die Hauptzielländer der Auswanderung in den 80er Jahren waren die westlichen Staaten. Korcelli schätzt, dass im Zeitraum 1981 - 1988 55 % der Migranten in die Bundesrepublik, 20 % in die USA und 12 % nach Kanada emigrierten. Andere Zielländer waren neben Australien und Südafrika auch Österreich, Frankreich, Schweden und Italien (Korcelli 1996, 253 f., vgl. auch Okólski/Stola 1999).

Betrachtet man die soziale Zusammensetzung der Migranten in dieser Zeit, so fällt auf, dass vor allem überdurchschnittlich gut ausgebildete Personen ins Ausland gingen. Ca. 13 % der Migranten waren Hochschulabsolventen (Landesdurchschnitt 6,5 %) und 46 % besaßen die Mittlere Reife (Landesdurchschnitt 31 %). Berechtigterweise kann man für diesen Zeitraum von einem „brain drain" sprechen. In den 80er Jahren verloren die wissenschaftlichen Einrichtungen Polens über 25 % ihrer Mitarbeiter durch Auswanderung an das Ausland (Romaniszyn 1997). Auffallend ist auch der hohe Anteil von Frauen von mehr als 52 % (Iglicka 2000).

Wanderer aus den urbanen Zentren und den Verdichtungsräumen Polens waren überproportional vertreten, unterrepräsentiert waren hingegen Migranten aus ländlichen und weniger entwickelten Räumen (Okólski 1999).

Abbildung 2 macht deutlich, dass die Hauptauswanderungsregionen mit den Siedlungsgebieten der deutschen Minderheit in den südwestlichen Agglomerationen (Opole, Wroclaw, Katowice) und um Gdansk korrespondieren (Aussiedlermigration). Daneben sind als Herkunftsregionen die Verdichtungsräume Warszawa und Kraków überdurchschnittlich stark vertreten.

Neben der Ausreise aus Polen zum Zwecke einer dauerhaften Niederlassung im Ausland hatten sich auch schon in den 80er Jahren Ansätze eines Systems der Pendel-Migration entwickelt. Die Migranten reisten als Touristen aus, verkauften aus Polen mitgebrachte Waren (hier entstanden in der Bundesrepublik die so genannten Polenmärkte), nahmen illegal kurzfristig durchzuführende Arbeiten an und verkauften in Polen die Waren, die sie aus den westlichen Ländern eingeführt hatten. Ein wesentlicher Anreiz für dieses System der kurzzeitigen Migration bestand in dem enormen Kaufkraftgefälle zwischen einheimischer und den erworbenen westlichen Währungen.

Abb. 2: Herkunftsregionen der Emigranten 1981 - 1988 (in % der Gesamtbevölkerung in den Regionen)

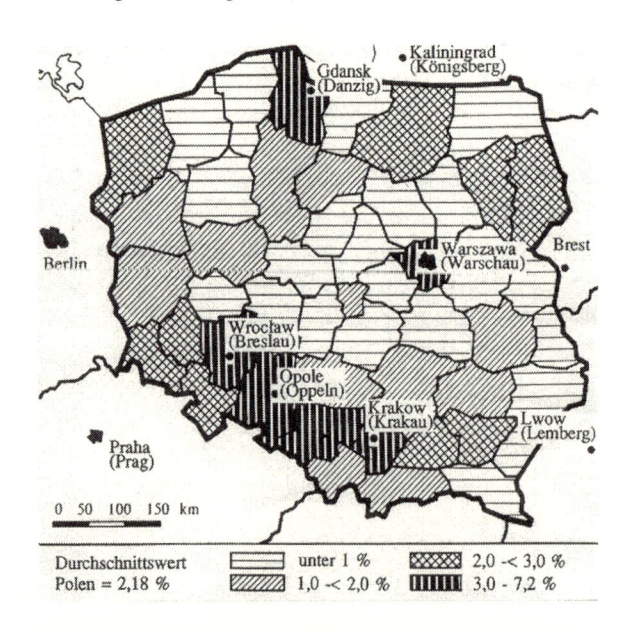

Quelle: Korcelli 1996, 257; die Regionen sind in den Verwaltungsgrenzen der alten Wojewodschaften vor der Gebietsreform von 1999 dargestellt

Mit Okólski/Stola (1999, 6 f.) kann man die folgenden fünf Migrationstypen unterscheiden, die für die 80er Jahre kennzeichnend waren. Der wichtigste Typus innerhalb der Gruppe der Auswanderer war der des Aussiedlers. Er belegte zahlenmäßig den weitaus größten Anteil am Migrationsgeschehen. Den zweiten Typus kann man als „Polonia-Migranten" bezeichnen. Er emigrierte in Länder mit einer großen und aktiven polnischen Diaspora. Hier kam vor allem die USA als Zielland in Frage. Den dritten Typus bildete der Asylsuchende, der, mit einem Touristenpass ausgestattet, Polen verließ und im Zielland als so genannter Ostblockflüchtling um politisches Asyl nachsuchte. Der vierte Typus wurde vom klassischen Kontraktarbeiter gebildet, der aufgrund zwischenstaatlicher Vereinbarungen (hauptsächlich mit den sozialistischen Ländern) einige Zeit im Ausland arbeitete. Kontraktarbeitsmigration in die westlichen Länder war in den 80er Jahren eine Randerscheinung (zum Thema Kontraktarbeiter in der DDR vgl. Kienast/Marburger 1994, Becker 1998).

Der fünfte Typus ist schließlich der (Klein-)Handelstourist und (in der Mehrzahl illegale) Arbeitstourist, der vor allem auf dem informellen Arbeitsmarkt Beschäftigung fand. Seine Migration war nicht auf Dauer angelegt, sondern als temporäre Wanderung konzipiert, die teilweise auch schon den Charakter von Pendel-Migration annahm. Ende der 80er Jahre, nach der vollständigen Liberalisierung der Ausreisebedingungen in Polen, scheint diese Gruppe einen sehr großen Anteil an der polnischen Emigration auszumachen. Die Volkszählung von 1988 weist ca. 500 000 Personen aus, die sich für einen befristeten Zeitraum im Ausland aufhielten (Korcelli 1996, 250). Vermutlich stammen aus dieser Personengruppe auch die Pioniere der in den 90er Jahren durch zwischenstaatliche Vereinbarungen legalisierten Saisonarbeit in der Bundesrepublik. Dieser Umstand ist auch ein wesentlicher Grund dafür, dass Polen auch heute noch den weitaus größten Anteil an den Saisonarbeitskräften in der Bundesrepublik inne haben. Zum Start der Saisonarbeitskräfteregelung 1991 waren von ihnen schon viele Positionen in den Arbeitskräfte nachfragenden Unternehmen besetzt.

Okólski fasst die Bedeutung der 80er Jahre für die Entwicklung des heutigen polnischen Migrationssystem folgendermaßen zusammen:

„... the 1980s were the period of [...] establishing new networks, and acquiring experience in international migration by large masses of the population of Poland. With immigration volume still rather negligible, emigration (both documented and undocumented) involved around 1.1 - 1.3 million persons. Undocumented short-term outflow might be estimated at some 1.0 - 1.1 million, and the documented outflow of migrant workers at around 700,000. In addition approx. one million people practised non-tourist circular movements usually contain within at most two months [...]. As survey results reveal from one-third to a half of households, depending on region, who were engaged in at least one of those forms of migration."[4] (Okólski 1999, 6)

Zusammenfassend ist festzuhalten, dass der Systemwechsel von 1989 in Polen zwar zu einem umfangreichen Umbau des politischen und ökonomischen Gesellschaftssystems geführt hat, eine grundlegende Wende im Migrationsgeschehen aber – wie noch aufzuzeigen sein wird – nicht induziert hat. Vielmehr entwickelten sich die wesentlichen Kennzeichen des Migrationssystems der 90er Jahre schon in dem Jahrzehnt zuvor.

Migration aus Polen in den 90er Jahren

Das Ende des sozialistischen Gesellschaftssystems und die damit einhergehende Öffnung zu den Marktwirtschaften der westeuropäischen Länder ließ den „Eisernen Vorhang", der die Grenzen zwischen bürgerlich-kapitalistischen und sozialistischen Gesellschaften über vier Jahrzehnte markiert hatte, zum Verschwinden bringen und wurde von einem „Goldenen Vorhang" ersetzt (Fischer 1994, Okólski 1994, Engfer/Seng 1997). Die westlichen Länder hatten auf die Liberalisierung der Ausreisebestimmungen der ehemaligen Warschauer-Pakt-Staaten ihrerseits mit einer Verschärfung der Einreisemöglichkeiten reagiert. Die bis dahin de facto geltende Freizügigkeit wurde abgeschafft und durch starke Reglementierungen ersetzt. In der Bundesrepublik führte diese Politik dazu, dass Einreisende aus Polen nicht mehr (nahezu automatisch) als sog. Ostblockflüchtlinge anerkannt wurden und die Möglichkeiten der deutschen Minderheit in Polen zur Übersiedlung nach Deutschland stark

---

4   Okólski bezieht sich hier auf die Ergebnisse einer Studie, die am ISS (Instytut Studiów Społecznych) der Universität Warschau durchgeführt worden ist und in bestimmten Regionen Polens eine sehr große Bedeutung temporärer Arbeitsmigration ins Ausland für die privaten Haushalte annimmt (vgl. dazu Jazwinska et al. 1997, Jazwinska/Okólski 1996 und vor allem den Sammelband von Frejka et al. 1998). Das Projekt „Social Consequences of Transition in Central Europe" (SOCO) vom Institut für die Wissenschaft vom Menschen in Wien kommt allerdings bei seinen Haushaltsbefragungen in Polen zu wesentlich niedrigeren Ergebnissen. Danach hatte mindestens ein Mitglied in einem von ca. 7 % der befragten Haushalte in Polen eine Beschäftigung im Ausland ausgeübt (vgl. Enfer/Seng 1997).

eingeschränkt wurden. Außerdem wurde eine generelle Visapflicht für Reisende aus Polen eingeführt.[5]

Das Migrationsgeschehen zwischen Polen und dem Ausland blieb von den politischen Veränderungen in Europa weitgehend – zumindest was den Umfang der Migrationsbewegungen betraf – unbeeinflusst. Weder hatte die vollständige Liberalisierung des Ausreiseverkehrs zu der im Westen befürchteten massiven Immigration geführt, noch konnten die Abschottungsmaßnahmen der westlichen Länder Migrationen nennenswert verhindern. Die (gesellschafts-)politischen Veränderungen der 90er Jahre hatten in Bezug auf die Wanderungsbewegungen gegenüber den 80er Jahren des letzten Jahrhunderts nicht so sehr das Volumen als vielmehr die Strukturen verändert (Iglicka 2001, Okólski 1998). Diese Strukturveränderungen lassen sich hinsichtlich der demographischen und sozialen Zusammensetzung der Migranten (Alter, Geschlecht, Bildungsstand), der Herkunftsregionen, aber auch in Bezug auf Dauer und Motivlage der Wanderungen darstellen.[6]

Tab. 1: Emigranten nach Geschlecht 1981 - 1997

Jahr	insgesamt	Männer abs.	Männer in %	Frauen abs.	Frauen in %
1981-1985	120148	54686	45,5	65462	54,5
1986-1990	146820	68668	46,8	78152	53,2
1991-1995	112716	56686	50,3	56030	49,7
1995	26344	13305	50,5	13039	49,5
1996	21297	10882	51,1	10415	48,9
1997	20222	10179	50,3	10043	49,7

Quelle: Iglicka 2000, 6, eigene Berechnungen

Nachdem in den 80er Jahren der Frauenanteil an der Emigration größer war als der der Männer (vgl. Tabelle 1), verändert sich dieses Verhältnis. In den 90er Jahren dominiert leicht der Männeranteil. Diese Verschiebungen deuten darauf hin, dass die aus der sozialistischen Zeit stammenden Muster der Emigration hinsichtlich des Geschlechterverhält-

---

5 Ab 1991 wurde die Visapflicht wieder schrittweise mit Hilfe zwischenstaatlicher Vereinbarungen abgeschafft. 1994 gab es eine Visapflicht für europäische Staaten nur noch für Island und die Türkei.

6 Auch hier bleibt das Problem der ungesicherten Datenlage bestehen. Die folgenden Aussagen zur Struktur der Emigration beziehen sich hauptsächlich auf amtliche Statistik und erfassen damit nur den legalen (registrierten) Teil der gesamten Emigration.

nisses nicht weiter fortexistieren. Der höhere Frauenanteil war hier vor allem dadurch zustande gekommen, dass Männer zu einem größeren Anteil illegal das Land verlassen hatten und die Frauen dann im Zuge der Familienzusammenführung legal folgten (Iglicka 2000).

Das Durchschnittsalter der Migranten ist in den 90er Jahren deutlich gestiegen. Während in den 80er Jahren vor allem die jüngeren Jahrgänge überproportional stark vertreten waren, dominieren in den 90er Jahren die Altersjahrgänge der 35-44 Jährigen (Iglicka 2000). Die Alterskohorten unter 15 und über 44 Jahren sind unterrepräsentiert, diejenigen zwischen 15 und 44 Jahren sind überrepräsentiert (Okólski 1998). Dieser Umstand lässt darauf schließen, dass in den 90er Jahren Migrationen von Familien bzw. die Familiennachzüge an Bedeutung verlieren und mit der relativen Zunahme der Migration der beruflich aktiven Altersklassen die Arbeitsmigration an Bedeutung gewinnt.

Auf die temporäre Migration scheinen die hier wiedergegebenen Beobachtungen allerdings nur bedingt zuzutreffen. Von den insgesamt 786 000 vom Zensus 2002 erfassten temporären Migranten waren 53,8 % Frauen, was etwa dem Anteil des Durchschnitts der 80er Jahre entspricht. In der Altersklasse der über 64jährigen haben die Frauen gar einen Anteil von 62,6 %.

In Bezug auf den Altersaufbau gelten jedoch für die temporäre die gleichen Beobachtungen wie für die dauerhafte Migration: die erwerbsfähigen Altersklassen nehmen einen überdurchschnittlich hohen Anteil an der Migration ein. Im Verhältnis zur Gesamtbevölkerung sind die jüngeren und die älteren Jahrgänge unterrepräsentiert (vgl. Tabelle 2).

Tab. 2: Hauptaltersgruppen temporärer Migranten im Vergleich zur polnischen Bevölkerung 2002 (in tausend)

Altersklasse	polnische Bevölkerung insges.		temporäre Migranten	
	abs.	in %	abs.	in %
0-14	6804,3	17,8	60,6	7,7
15-64	26526,6	69,4	689,8	87,8
65 u. älter	4887,6	12,8	35,6	4,5
insgesamt	38218,5	100,0	786	100,0

Quelle: GUS 2006, Kępinska 2003, 46, eigene Berechnungen

Die Veränderungen der Struktur der Migration in den 90er Jahren lassen sich sehr gut am Bildungsstand der Wanderer aufzeigen. In den 80er Jahren waren Migranten mit höchstem Bildungsabschluss eindeutig überrepräsentiert. Während nach dem Bevölkerungszensus von 1978 nur 7 % der Polen über 15 Jahren einen Hochschulabschluss anstrebten, hatten 55 % ihre schulische Laufbahn mit der Grundschule[7] abgeschlossen. Im Gegensatz dazu hatten 14 % der Migranten (sowohl der registrierten als auch der nicht-registrierten) einen Hochschulabschluss und nur 12 % der männlichen und 21 % der weiblichen Migranten hatten einen Grundschulabschluss vorzuweisen. Auch die soziale Selektivität der Wanderungen kommt hier deutlich zum Ausdruck.

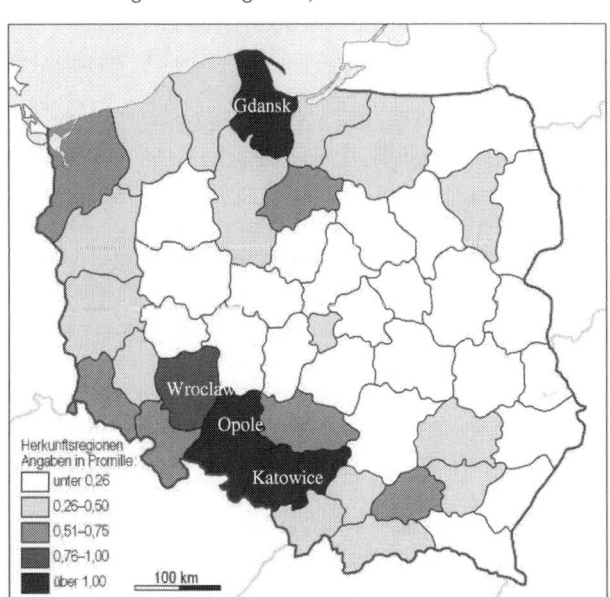

Abb. 3: Herkunftsregionen polnischer Emigranten 1997 (in Promille der Gesamtbevölkerung in den Regionen)

Quelle: GUS 2001, eigene Darstellung, Kartographie: Ute Dolezal

In den 90er Jahren verändert sich das Bildungsniveau der Migranten. Waren in dem Jahrzehnt zuvor hauptsächlich gut ausgebildete Wanderer am Migrationsgeschehen beteiligt, so stellen jetzt die schlechter ausgebildeten Schichten den Hauptteil der Migranten. Bei den Frauen nimmt der Anteil der Personen mit Hochschulabschluss zwischen 1988 und

---

7 In der sozialistischen Ära betrug die Dauer der Grundschulzeit acht Jahre und konnte mit einem Schulabschluss beendet werden; heute beträgt die Grundschulzeit sechs Jahre und ist eher mit der Grundschule in der Bundesrepublik vergleichbar.

1998 von 6,2 % auf 1,5 % ab, während der Anteil mit Grundschulbildung als höchstem Bildungsabschluss von 30,0 % auf 53,5 % steigt. Bei den Männern ist in dieser Hinsicht eine noch stärkere Entwicklung festzustellen. Hier nehmen die Personen mit Hochschulabschluss 1988 noch einen Anteil von 11,7 % ein, der dann bis 1998 auf 1,4 % zurückgeht. Entsprechend entwickelt sich der Anteil der männlichen Personen mit einem Grundschulabschluss. Der lag 1988 bei 23,6 % und 1998 bei 59,8 % (Kępinska 2003, Okólski 1999, Jaźwińska/Łukowski/Okólski 1997).

Vergleicht man die Hauptherkunftsgebiete der Emigranten der 90er Jahre mit denen der 80er Jahre, so fällt auf, dass nach wie vor die gleichen Wojewodschaften dominieren. Auch in den 90er Jahren kommen die relativ meisten Emigranten aus Opole (2,55 Promille), Wroclaw (0,73 Promille), Katowice (1,82 Promille) und Gdansk (1,10 Promille). Allerdings verlieren die Verdichtungsräume Warschau und Krakau ihre Bedeutung für die Emigration. Ihre Stelle nehmen die Wojewodschaften Tarnow und Szczecin ein. Bei dem Vergleich der beiden Jahrzehnte muss allerdings berücksichtigt werden, dass es sich hier um registrierte Dauer-Emigration handelt. Im Folgenden wird man sehen, dass die Migration der kurzzeitigen Saisonarbeiter von diesen räumlichen Mustern erheblich abweicht.

Auch wenn die Datenlage keine genaueren Zahlenangaben zulässt, so scheint ein Trend für die 90er Jahre doch relativ eindeutig bestimmbar zu sein: die kurzfristige Migration nimmt zu. Dies hängt einerseits mit den Ursachen der Migration zusammen; die Migration in den 80er Jahren war zu einem großen Teil entweder politisch oder ethnisch (Aussiedler) motiviert und in diesem Zusammenhang auf Dauer angelegt. In dem darauf folgenden Jahrzehnt treten vor allem ökonomisch motivierte Migrationen auf; wobei die mit der Migration verbundenen ökonomischen Ziele auch durch kürzere Aufenthalte im Zielland verwirklicht werden können bzw. durch die vorhandenen Zutrittsbarrieren zu den nationalen Arbeitsmärkten auch gezwungenermaßen verwirklicht werden müssen.[8] Iglicka (2001) hält diesen Trend zu kürzeren Aufenthaltszeiten im Zielland für ein wesentliches Kennzeichen des Migrations-

---

8 Auch mit dem Beitritt Polens zur Europäischen Union 2004 bestehen die Zutrittsbarrieren zum Großteil der nationalen Arbeitsmärkte weiterhin. Zu Beginn der Mitgliedschaft hatten nur Irland, Großbritannien und Schweden die für die alten Mitgliedsländer der EU gültige Freizügigkeit auch den Arbeitern aus den neuen EU-Erweiterungsländern gewährt. Seit 2006 gehört auch Finnland zu dieser Staatengruppe. Die Bundesrepublik hat 2006 die Nicht-Gewährung der Freizügigkeit verlängert.

verhaltens der 90er Jahre. Von ihr werden folgende Formen der Migration nach ihrer Dauer unterschieden:

- Pendel-Migration: hier dauert ein Aufenthalt im Ausland nicht länger als drei Monate;
- kurzfristige Migration: mindestens drei Monate Aufenthalt im Zielland, aber kürzer als ein Jahr;
- langfristige Migration: Mindestaufenthaltsdauer ein Jahr;
- Dauermigration: Niederlassung im Ausland ohne Rückkehroptionen.

(Iglicka 1998)

Pendel- und Dauermigration bleiben mit einem Anteil von 35 % und 27 % in den 80er bzw. 36 % und 30 % in den 90er Jahren weitgehend stabil. Größere Veränderungen sind zwischen den Anteilen von langfristiger und kurzfristiger Migration zu verzeichnen. Während in den 90er Jahren das Verhältnis 10 % zu 24 % beträgt, war es in dem Jahrzehnt zuvor 26 % zu 12 %. In diesem Zeitraum findet eine Verdrängung der langfristigen zugunsten der kurzfristigen Wanderungen statt.

Łukowski (1998) führt diese Veränderungen in der engeren zeitlichen Befristung des Migrationsverhaltens auf den Umstand zurück, dass zwischen den 80er und den 90er Jahren eine Umorientierung der Motivlagen zeitlich befristeter Migration zu verzeichnen ist. Während in den 80er Jahre Akkumulation und Investition der im Ausland erworbenen Geldmittel in eine selbständige wirtschaftliche Existenz im Vordergrund der ökonomischen Überlegungen der Migranten stand, werden die in den 90er Jahren erzielten Löhne vornehmlich für den Konsum ausgegeben. Das enorme Kaufkraftgefälle, das in den 80er Jahren zwischen den sozialistischen und kapitalistischen Staaten zu verzeichnen war und bis Mitte der 90er Jahre auf ein hundertstel des ursprünglichen Wertes zusammenschmolz[9], ließ die Migranten der 80er Jahre versuchen, möglichst viel Geld anzuhäufen und bei der Rückkehr z. B. in die Erneuerung landwirtschaftlicher Geräte zu investieren. Für die 90er Jahre hingegen kann man registrieren, dass zwar immer noch ein großes Lohngefälle existiert, das Kaufkraftgefälle aber durch die Einbindung in den kapitalistischen Weltmarkt nicht mehr die frühere Bedeutung hat, und

---

9 Łukowski verdeutlicht diesen Umstand am folgenden Beispiel: „One dollar bought approximately one ton of coal. Today a ton of coal costs 100 dollars. If, therefore, we use the purchasing power of one dollar in relation to the price of coal as a criterion for change, it has fallen by 100 times in Poland. In other words, 60,000 ‚old' dollars are the equivalent of 600 ‚new' dollars." (Łukowski 1998, 147)

die im Ausland verdienten Löhne zunehmend zu Konsumzwecken ausgegeben werden, um den Lebensstandard zu sichern.

Den Vergleich des Migrationsgeschehens zwischen den 80er und den 90er Jahren zusammenfassend kann folgendes festgehalten werden: Mit dem Systemwechsel in Polen entwickelt sich kein völlig neues Migrationssystem, neue Strukturen knüpfen vielmehr an alte an, verändern sich allerdings in engen Grenzen. Politische Emigrationen und Aussiedlungen von Mitgliedern der deutschen Minderheit finden durch entsprechende Maßnahmen in den Zielländern kaum noch statt. Hinsichtlich der sozialen Struktur der an den Wanderungen beteiligten Personen zeichnet sich ab, dass in den 90er Jahren die Teilnahme von weniger gebildeten Schichten zunimmt und die städtischen Agglomerationen um Warschau und Krakau als Herkunftsgebiete von Migrationen an Bedeutung verlieren. In Bezug auf die Altersstruktur überwiegen diejenigen Jahrgänge, die sich im erwerbsfähigen Alter befinden. Die kurzzeitige Migration dominiert die langfristige; zusammen mit der Pendel-Migration nimmt diese Form der Wanderung einen Anteil von 60 % der gesamten Migrationen ein.

Zum Schluss der Ausführungen über das Entsendeland Polen kann noch ein genauerer Blick auf die Herkunftsregionen der polnischen Saisonarbeiter – dem eigentlichen Untersuchungsgegenstand der vorliegenden Arbeit – geworfen werden. Hier sollen in einem ersten Schritt Unterschiede und Besonderheiten gegenüber dem allgemeinen Migrationsgeschehen festgemacht und die Frage beantwortet werden, ob diejenigen Kräfte, die in der Migrationsforschung normalerweise als strukturelle „Push-Faktoren" (vgl. etwa Bähr/Jentsch/Kuls 1992, Heller/Bürkner 1995) für ökonomisch motivierte Migrationen identifiziert werden, auch bei der Saisonarbeitsmigration von Polen nach Deutschland verursachend wirken.

Die Abbildung 4 zeigt auf, dass sich die Hauptherkunftsregionen der Saisonarbeiter von denen der Dauermigranten unterscheiden (vgl. Abbildung 3). Zwar kommt ein relativ großer Anteil auch der Saisonarbeiter aus Regionen, in denen die Siedlungsgebiete der deutschen Minderheit liegen, andere Regionen gewinnen hier aber an Bedeutung; etwa Konin mit einer Saisonarbeitsmigrationsrate von 20,29 ‰, Zamość (12,12 ‰) oder Kielce (11,73 ‰).

Es lassen sich für die Saisonarbeitsmigration unschwer Regionen erkennen, in denen diese Form der Migration besonders stark stattfindet. So kommen über 50 % der Saisonarbeiter (110 542 von insgesamt 217 688) aus nur 16 von insgesamt 49 Wojewodschaften. Ein Zusammenhang von Migrationsrate und bestimmten strukturellen Eigenschaften, die die Migration beeinflussen könnten, sind aber nur schwer zu erkennen. Ein Versuch wird mit der Arbeitsmarkttypisierung unternommen, wobei davon auszugehen ist, dass je mehr sich eine Region mit problematischen Entwicklungsprozessen konfrontiert sieht (hohe Arbeitslosigkeit, geringe durchschnittliche Lohnhöhe, hoher Anteil des primären Sektors), desto größer müsste auch die zu messende Migration sein. Zur Kennzeichnung der verschiedenen Regionen in ihrer sozioökonomischen Entwicklung wurden die Wojewodschaften in unterschiedliche Arbeitsmarkttypen gegliedert. Orientiert wird sich dabei an der Typisierung, wie sie von Kühne (2000) vorgeschlagen wurde:

Abb. 4: Herkunftsregionen polnischer Saisonarbeiter 1997/1998 (gemittelter Durchschnittswert in Promille der Gesamtbevölkerung von 1997)

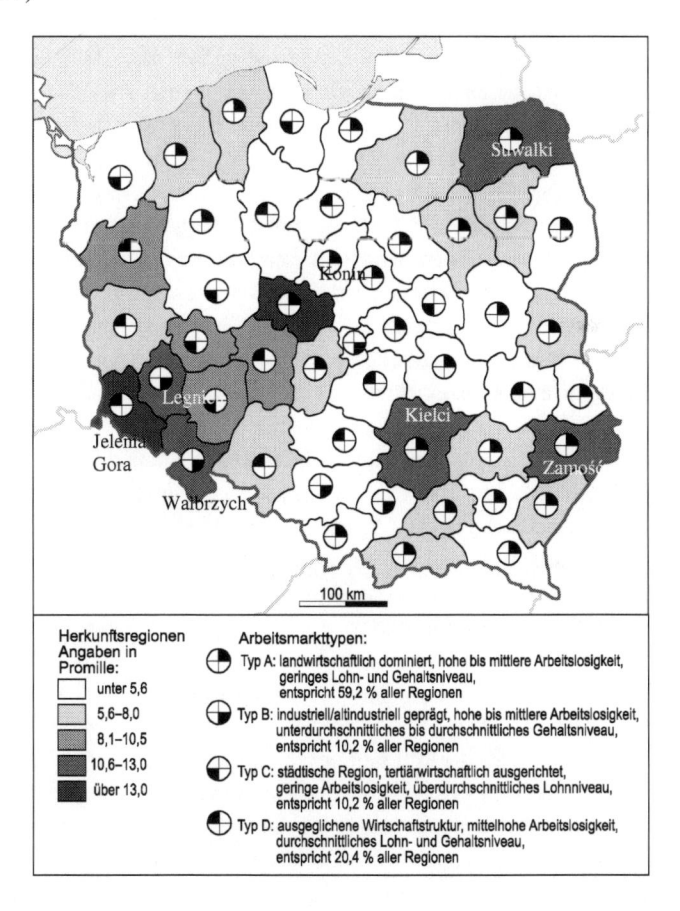

Quelle: Krajowy Urząd Pracy 2000, eigene Darstellung, Kartographie: Ute Dolezal

- Typ A: landwirtschaftlich dominiert, hohe bis mittlere Arbeitslosigkeit, geringes Lohn- und Gehaltsniveau,
- Typ B: industriell/altindustriell geprägt, hohe bis mittelhohe Arbeitslosigkeit, unterdurchschnittliches bis durchschnittliches Gehaltsniveau,
- Typ C: städtische Region, tertiärwirtschaftlich ausgerichtet, geringe Arbeitslosigkeit, überdurchschnittliches Lohnniveau,
- Typ D: ausgeglichene Wirtschaftsstruktur, mittelhohe Arbeitslosigkeit, durchschnittliches Lohn- und Gehaltsniveau.

Als Ergebnis lässt sich festhalten, dass von den 16 Wojewodschaften mit den höchsten Saisonarbeitsmigrationsraten neun Regionen dem Arbeitsmarkttyp A, zwei dem Typ B, eine Region dem Typ C und vier dem Typ D zuzuordnen sind. Überrepräsentiert ist damit der Regionstyp A keineswegs, da sein Anteil an den Regionen insgesamt sehr hoch ist (für alle 49 Regionen gelten folgende Verhältnisse: Typ A 59,2 %, Typ B 10,2 %, Typ C 10,2 %, Typ D 20,4 %; für die 16 von Saisonarbeitsmigration am stärksten Regionen: Typ A 56,3 %, Typ B 12,5 %, Typ C 6,2 %, Typ D 25,0 %).

Nach den vorliegenden Zahlen muss man davon ausgehen, dass die Regionen mit den höchsten Migrationsraten sich nicht nur einem Arbeitsmarkttyp zuordnen lassen, sondern andere Regionstypen in ähnlicher Weise beteiligt sind, dass also ein enger Zusammenhang zwischen der spezifischen Struktur des regionalen Arbeitsmarktes und der Höhe der Migrationsraten nicht existiert.

Dieses eher diffuse Bild bestätigt sich, wenn man neben der nicht sehr stark differenzierten Variable „Arbeitsmarkttyp" auch andere Größen in die Betrachtung mit einbezieht. Auch die Variablen „Arbeitslosigkeit", „Höhe des durchschnittlichen Bruttolohnes" und „Beschäftigte im primären Sektor" haben nur einen geringen Einfluss auf die Migrationsraten in den verschiedenen Regionen. Zwischen der Höhe des durchschnittlichen Bruttolohnes und der Migrationsrate in den verschiedenen Wojewodschaften sowie zwischen der Anzahl der Beschäftigten im primären Wirtschaftssektor und der Migrationsrate besteht kein statistisch signifikanter Zusammenhang. Zwischen der Höhe der Arbeitslosigkeit und der Höhe der Migrationsrate in den Regionen besteht ein geringer bis mittelschwacher positiver Zusammenhang von $r = 0,383$ (auf einem Signifikanzniveau von 5 %). Statistisch gesehen ist ein Zusammenhang zwischen den untersuchten unabhängigen Variablen und der abhängigen Variable „Migrationsrate" mit den vorhandenen Werten nicht nachzuweisen. Allenfalls besteht eine geringe Korrelation zwischen den Variablen „Arbeitslosigkeit" und „Migrationsrate". Damit scheinen die klassischen „Push-Faktoren" von Staatsgrenzen überschreitender Wanderung für die Saisonarbeitsmigration zwischen der Bundesrepublik Deutschland und der Republik Polen keine oder nur eine geringe Bedeutung aufzuweisen. Welche Ursachen – inhaltlicher wie auch möglicherweise methodischer Art – hierfür verantwortlich sein können, soll weiter unten vor dem Hintergrund detaillierterer empirischer Ergebnisse diskutiert werden. Hier soll zunächst einmal der Hinweis genügen, dass ein direkter Zusammenhang zwischen der Höhe der Arbeitslosigkeit und der Lohnhöhe auf der einen und der Migrationsrate auf der anderen Seite in den Regionen Polens nicht nachzuweisen ist.

Zielland Bundesrepublik Deutschland

Politische und rechtliche Grundlagen der Saisonbeschäftigung

Arbeitskräfte, die weder die deutsche Staatsangehörigkeit besitzen noch aus einem der zur Europäischen Union gehörenden Länder stammen oder aus einem Mitgliedstaat der EU kommen, für deren Bürger die Freizügigkeit auf dem Arbeitsmarkt noch nicht gewährt wird, benötigen zur Ausübung einer legalen Beschäftigung auf dem bundesdeutschen Arbeitsmarkt grundsätzlich eine Erlaubnis der Bundesagentur für Arbeit. Die Rechtsgrundlage für die Erteilung der allgemeinen Arbeitserlaubnis bildet das Sozialgesetzbuch III in Verbindung mit der Arbeitserlaubnisverordnung. Gesetz und Verordnung sehen vor, dass über eine allgemeine Arbeitserlaubnis nach Lage und Entwicklung des Arbeitsmarktes unter der Berücksichtigung der Verhältnisse des jeweiligen Einzelfalles entschieden wird.

Neben der arbeitsrechtlichen Dimension der Ausländerbeschäftigung ist auch der aufenthaltsrechtliche Status zu berücksichtigen. Aufenthalts- und Arbeitsrecht waren bis zur Einführung des Zuwanderungsgesetzes zwei voneinander relativ unabhängige Rechtskreise. Diese Zweiteilung des Ausländerrechts führte im Bereich der Saisonarbeit in der Landwirtschaft zur von den Unternehmen oft beklagten Überbürokratisierung und zu Behinderungen bei der zügigen Anwendung ausländischer Arbeitskraft, da die Unternehmen sowohl für die arbeitsrechtliche Genehmigungen bei der Arbeitsbehörde wie auch für die ausländerrechtliche Genehmigung bei der Ausländerbehörde Sorge zu tragen hatten.

Das im Industrialisierungsprozess des Deutschen Reiches Anfang des 20. Jahrhunderts erst relativ spät durchgesetzte Inländerprimat auf dem Arbeitsmarkt wurde auch angesichts eines erneuten „Leutemangels" in der Landwirtschaft nicht angetastet, sondern weiter aufrecht erhalten. Allerdings wurde das rechtliche Instrumentarium trotz des grundsätzlichen Festhaltens an dem seit 1973 für ausländische Arbeitskräfte bestehenden Anwerbestopps im Hinblick auf neu entstandene Bedürfnisse nach bestimmten Arbeitskräften einer genauen Überprüfung unterzogen und für unterschiedliche Bereiche flexibilisiert.

Nach den gesetzlichen Bestimmungen ist die Erteilung einer Arbeitserlaubnis nach dem Überschreiten einer gewissen Garantiegröße abzulehnen, wenn bevorrechtigte Arbeitnehmer vermittelt werden können. Zu diesem Personenkreis zählen neben Arbeitskräften mit deutscher Staatszugehörigkeit EU-Arbeitnehmer und andere Ausländer, die aufgrund einer langjährigen Beschäftigung oder eines langfristigen legalen Aufenthalts in der Bundesrepublik ein Arbeitsmarktzugangsrecht erworben haben. An diesen rechtlichen Verhältnissen hat sich auch nach dem Inkrafttreten des lange Zeit im Gesetzgebungsverfahren blockierten Zuwanderungsgesetzes nichts geändert.

Die das Gesetzgebungsverfahren beratende Unabhängige Kommission Zuwanderung hatte ausdrücklich empfohlen, die Regelungen für Saisonarbeitskräfte fortzuführen, um die Wettbewerbsfähigkeit in den betroffenen Wirtschaftssektoren zu erhalten. Sie regte an, eine ständige Anpassung an neuere Entwicklungen des Arbeitsmarktes und den absehbaren Folgen der EU-Erweiterung zu ermöglichen. Die Kommission empfahl dem Gesetzgeber, die maximale Beschäftigungsdauer „entsprechend dem praktischen Bedarf" auf sechs Monate (nach der Anwerbestoppausnahmeverordnung dürfen polnische Saisonarbeiter in der Regel nur drei Monate – seit 2005 vier Monate – im Jahr in der Bundesrepublik arbeiten) zu verlängern. Die Kommission schlug weiterhin vor, dass das von den Saisonarbeitskräften insgesamt geleistete Arbeitsvolumen nicht ausgeweitet werden dürfe, und im weiteren Gesetzgebungsverfahren müsse darauf geachtet werden, dass sich der rechtliche Status der Arbeitskräfte durch eine längere Beschäftigungsdauer nicht ändere. Ebenso sollte ausgeschlossen bleiben, dass zusätzliche Ansprüche gegenüber den deutschen sozialen Sicherungssystemen auf Seiten der Saisonarbeiter entstünden (Bundesministerium des Innern 2001). Der Empfehlung der Kommission, bewährte Formen der Zuwanderung ohne große Änderungen in das neue Ausländerrecht zu übernehmen, wurde im Gesetzgebungsverfahren Folge geleistet. Daher wurde die Anwerbestoppausnahmeverordnung (ASAV), das für die Regelung der ausländischen Saisonarbeit in der Bundesrepublik wichtigste Instrument, nicht in das Zuwanderungsgesetz integriert, sondern als Sonderregelung beibehalten.

Zwar gehört seit Mai 2004 die Republik Polen zur Europäischen Gemeinschaft, jedoch genießen ihre Arbeitnehmer nicht die in der EU üblichen Freizügigkeitsrechte, d. h. der Arbeitsmarkt in Deutschland ist für polnische Staatsbürger weiterhin nicht frei zugänglich. Bei der EU-Erweiterung im Mai 2004 sahen die Übergangsregelungen eine Einschränkung der Arbeitnehmerfreizügigkeit im so genannten 2+3+2-Modell vor. Die Bundesrepublik Deutschland hat dieses Modell angewandt und zunächst für zwei Jahre die Freizügigkeit für Arbeitskräfte aus Polen auf dem bundesdeutschen Arbeitsmarkt verwehrt. Im März 2006 hat die Bundesregierung beschlossen, auch für einen Zeitraum von weiteren drei Jahren den freien Zugang zum Arbeitsmarkt nicht zu erlauben. Es ist damit zu rechnen, dass Deutschland die vollen sieben Jahre der Übergangsfrist in Anspruch nehmen wird.

Der EU-Beitritt Polens und die Ablösung der alten ausländerrechtlichen Bestimmungen durch die Einführung des Zuwanderungsgesetzes haben an den rechtlichen Grundlagen, die polnische Saisonarbeit in Deutschland möglich machen, im wesentlichen nichts verändert. Nach wie vor ist die Anwerbestoppausnahmeverordnung das wichtigste Instrument zur Steuerung der Saisonarbeit. Ich möchte auf diese Verordnung im Folgenden näher eingehen.

Ausländer aus Nicht-EU-Staaten können nur zum Arbeiten in die Bundesrepublik einreisen, wenn eine Ausnahme nach der seit 1991 geltenden Anwerbestoppausnahmeverordnung (ASAV) gegeben ist. Im Sinne der ASAV bestehen Ausnahmen u. a. bei der Aus- und Weiterbildung, bei Werkvertragsarbeitnehmer-Vereinbarungen, bei Grenzgängern und Gastarbeitern und eben auch bei Saisonarbeitern. Hierzu führt die 1998 in einigen Teilen überarbeitete Verordnung aus:

„§4 Zeitlich begrenzte Erwerbstätigkeit
1 Die Arbeitserlaubnis kann Ausländern für eine Beschäftigung von mindestens 30 Stunden wöchentlich bei durchschnittlich mindestens sechs Stunden arbeitstäglich in der Land- und Forstwirtschaft, im Hotel und Gaststättengewerbe, in der Obst- und Gemüseverarbeitung sowie in Sägewerken bis zu insgesamt drei Monaten im Kalenderjahr erteilt werden, wenn der Arbeitnehmer auf Grund einer Absprache der Bundesanstalt für Arbeit mit der Arbeitsverwaltung des Herkunftslandes über das Verfahren, die Auswahl und die Vermittlung vermittelt worden ist. Der Zeitraum für die Beschäftigung von Arbeitnehmern nach Satz 1 ist für einen Betrieb auf sieben Monate im Kalenderjahr begrenzt. Satz 2 gilt nicht für Betriebe des Obst-, Gemüse-, Wein-, Hopfen- und Tabakanbaus." (Verordnung über Ausnahmeregelungen 1998)

Mit der zeitlich befristeten Erwerbstätigkeit nach der Anwerbestoppausnahmeverordnung werden keine weiter gehenden Rechte bezüglich des Aufenthalts in der Bundesrepublik erworben. Vielmehr wird der Aufenthalt in der Bundesrepublik direkt an eine bestimmte Tätigkeit gebunden. Die polnischen Saisonarbeiter erhalten einen befristeten Arbeitsvertrag, in dem die auszuübende Tätigkeit und das beschäftigende Unternehmen festgelegt sind. Die Arbeiter haben nicht das Recht, die Tätigkeit, den Betrieb oder die Region zu wechseln. Nach Beendigung des Arbeitsverhältnisses hat der Migrant das Land wieder zu verlassen. Auch ein Familiennachzug ist für die Dauer des Aufenthalts ausgeschlossen.

Mit dieser Regelung wurde erstmals in der Geschichte der Ausländerbeschäftigung der Bundesrepublik ein Rückkehrzwang etabliert. Hier wurde an Traditionen angeknüpft, die unmittelbar ihre Vorbilder in den staatlichen Vorschriften zur „Polenbeschäftigung" des deutschen Reiches zu Beginn des letzten Jahrhunderts haben.

Die in §4 ASAV genannten Absprachen hat die Bundesrepublik mit mehreren mittel- und osteuropäischen Staaten (Polen, Rumänien, Ungarn, Slowakei, Tschechien, Kroatien, Slowenien, Bulgarien) in Form von Regierungsvereinbarungen Anfang der 90er Jahre getroffen. In den Verträgen wurden Verfahrensfragen der Arbeitskräfteanwerbung und -entsendung in groben Zügen festgelegt. Es wurden z. B. nur Arbeitskräfte zugelassen, die von der deutschen Arbeitsverwaltung auf Grund von Vereinbarungen mit der Arbeitsverwaltung des Herkunftslandes vermittelt werden. Dadurch sollten Beschäftigungen unter dem üblichen Standard des Ziellandes ausgeschlossen und eine den Interessen der Herkunftsländer zuwiderlaufende Anwerbung von Arbeitern verhindert werden. Damit wurde auch der Versuch unternommen, unerwünschte Tätigkeiten privater Arbeitsvermittler auszuschalten (Antwort des Parlamentarischen Staatssekretärs Vogt vom 30. Oktober 1990).

In der Regierungsvereinbarung zwischen der Republik Polen und der Bundesrepublik Deutschland vom Dezember 1990 wurde herausgestellt, dass die Arbeit polnischer Arbeitskräfte in Deutschland der gegenseitigen Annäherung, der beruflichen und sprachlichen Weiterbildung und der Förderung zwischenmenschlicher Kontakte dienen soll (vgl. Korczynska 2001). Neben diesen eher philanthropischen Absichten der Arbeitskräfteentsendung wurden allerdings auch politische und ökonomische Gründe benannt, die sowohl für die polnische als auch für die deutsche Seite die Vereinbarung dieses Abkommens haben sinnvoll erscheinen lassen.

Der Europarat z. B. hat darauf hingewiesen, dass die Vereinbarungen mit dazu beitrügen, die Staaten Mittel- und Osteuropas in ihrem Transformationsprozess zu unterstützen und die Entsendung von Arbeitskräften auch ein Mittel sei, die Volkswirtschaften Mittel- und Osteuropas an die üblichen sozialen und ökonomischen Standards der Marktwirtschaften heranzuführen. Daneben mindere die Etablierung eines temporären Migrationssystems den Migrationsdruck hinsichtlich

permanenter Wanderungen (Council of Europe o. J., vgl. auch OECD 1998, Hönekopp 1997).
Werner (1996a, 40 f., 1996b, 7 f.) führt unterschiedliche Interessen sowohl im Aufnahme- wie im Herkunftsland auf, die dazu geführt haben, dass die Vereinbarungen getroffen worden sind. Es werden jeweils verschiedene Interessenfelder differenziert, die sich auf den Arbeitsmarkt, die beschäftigenden Unternehmen oder auch auf die Volkswirtschaft als Ganzes beziehen. Für das Zielland lassen sich demnach folgende Bereiche unterscheiden:

- Beseitigung von Arbeitskräfteengpässen. Zur Deckung des Arbeitskräftebedarfs, der durch saisonale Schwankungen hervorgerufen wird, wird auf ein Arbeitskräftereservoir in anderen Ländern zurückgegriffen. Zahl und Qualifikation der nachgefragten Arbeitskraft kann dabei flexibel den Nachfrageerfordernissen angepasst werden.
- Verringerung der Arbeitskosten. Durch die vorübergehende Beschäftigung billigerer Arbeitskräfte wird die Konkurrenzfähigkeit der einzelnen Unternehmen und der Volkswirtschaft insgesamt gesteigert.
- Anpassung an die jeweilige Arbeitsmarktsituation. Durch die befristete Beschäftigung und den Einsatz unterschiedlicher Steuerungsinstrumente wie Arbeitsmarktprüfung durch die Arbeitsverwaltung, Kontingentierungen von Zulassungen ausländischer Arbeitskräfte und regionaler und sektoraler Beschränkungen oder Ausweitungen können Nachfragesituation und Arbeitskräfteangebot mit dem Ziel der Vermeidung von Verdrängungseffekten auf dem inländischen Arbeitsmarkt angepasst werden.
- Gleiche Zugangsmöglichkeiten zur Beschäftigung von Saisonarbeitern für die Betriebe. Zur Vermeidung von Konkurrenznachteilen werden den nachfragenden Unternehmen einheitliche Zugangsmöglichkeiten zur Beschäftigung von Saisonarbeitern bereitgestellt.
- Reduzierung illegaler Zuwanderung. Durch die Ermöglichung temporärer Arbeitsmigration und zur Vermeidung der mit illegaler Beschäftigung einhergehenden gesellschaftlichen Auswirkungen soll der Migrationsdruck kanalisiert und verringert werden.
- Vermeidung sozialer Folgekosten der Zuwanderung. Da der Aufenthalt im Aufnahmeland direkt an die Arbeitstätigkeit der Saisonarbeiter geknüpft ist und darüber hinaus der Familiennachzug untersagt ist, entstehen für das Zielland keine weitergehenden Kosten (etwa Transferzahlungen durch Arbeitslosigkeit, Krankenbehandlung von Familienmitgliedern etc.).

Auch das Entsendeland verknüpft mit der temporären Entsendung von Arbeitskräften verschiedene positive Effekte:

- Verringerung der Arbeitslosigkeit. Es wird davon ausgegangen, dass die mit der Umstrukturierung der ehemals sozialistisch geplanten Ökonomien zu Marktwirtschaften einhergehende hohe Arbeitslosigkeit durch temporäre Arbeitsmigration abgemildert werden kann. Das im Ausland erzielte Einkommen und die erworbenen Kenntnisse sollen zu Gründungen von Unternehmen beitragen und damit auch einen Beschäftigungseffekt im Entsendeland auslösen.
- Erwerb von beruflichen Kenntnissen. Das Heimatland verknüpft mit der Entsendung von Arbeitskräften die Erwartung, dass der Aufenthalt im Zielland dazu genutzt wird, Kenntnisse und Know-how zu erwerben, das nach der Rückkehr im Heimatland einsetzbar ist.
- Lohntransfer. Die höheren Einkommensmöglichkeiten in den Zielländern führen zu einer Erhöhung der Kaufkraft in den Entsendeländern. Durch den Transfer von Verdiensten wird der Devisenzufluss gestärkt.
- Kontrollierte Abwanderung. Durch die Abkommen mit den Aufnahmestaaten hat das Entsendeland die Möglichkeit, Art und Höhe der Abwanderung zumindest in Teilen zu kontrollieren. Es kann durch die Vereinbarungen bestimmte Mindeststandards z. B. der Entlohnung festlegen und es kann Einfluss nehmen auf den Qualifizierungsgrad der abwandernden Arbeitskräfte, um einen „braindrain" zu vermeiden, was angesichts der Erfahrungen aus den 80er Jahren gerade für Polen von großer Wichtigkeit ist.

Für die Republik Polen bedeutet die zeitlich befristete Entsendung von Arbeitskräften nicht nur eine gewisse Entlastung auf dem einheimischen labilen Arbeitsmarkt, sondern auch einen Transfer von Einkommen in nicht unerheblichem Ausmaß. Hönekopp (1997, 20, 1999, 4) geht für die 90er Jahre von einem Einkommenstransfer in einem Umfang von jährlich zwischen 652 und 665 Millionen DM[10] aus, was in diesem Zeit-

---

10 Hier ist anzumerken, dass die Höhe der Einkommenstransfers nur vage Schätzungen darstellen, die entweder auf Hochrechnungen von Ergebnissen aus Befragungen von Migranten beruhen oder gänzlich nur als Modellrechnungen vorliegen. So geht die Landesregierung von Baden-Württemberg in ihrer Berechnung für die Saisonarbeiter in diesem Bundesland von einem Devisentransfer von 50 bis 75 Millionen DM für 1998 aus (Saisonarbeitskräfte in der Landwirtschaft 1999). Übernimmt man diesen Ansatz für die gesamten Bundesländer, so ergibt sich ein Devisentransfer von

raum ca. 5 % des gesamten Exportvolumens Polens nach Deutschland entsprach (GUS). Die Einkommensübertragungen erreichen damit eine Größenordnung, die von einigem volkswirtschaftlichen Interesse sein können, da sie in Polen kaufkräftige Nachfrage erzeugen und wirtschaftliches Wachstum induzieren.

Für die Gewerkschaft Bauen-Agrar-Umwelt haben sich die Motivationen der an der temporären Migration beteiligten Akteure weniger komplex dargestellt. Im Vordergrund stand für sie die Interessenlage der unmittelbar Betroffenen, nämlich die der Unternehmen und die der migrierenden Arbeitskräfte. Die Wanderarbeiter träfen danach auf einen Arbeitsmarkt, der einerseits durch einen aufgrund des agrarstrukturellen Wandels entstandenen Mangels an lokalen und einheimischen Arbeitnehmern gekennzeichnet sei und auf dem die inländischen Arbeitslosen hinsichtlich Motivation, Qualifikation und Mobilität nicht den betrieblichen Anforderungen entsprächen. In dieser Lücke hätten sich die polnischen Arbeitskräfte zu bewähren. Für die Unternehmen sei die Beschäftigung polnischer Saisonarbeiter darüber hinaus deshalb interessant, weil durch die Befristung der Tätigkeiten es den Unternehmen leichter fiele,

---

ca. 315 Millionen DM in 1998 und kommt somit zu einem wesentlich niedrigeren Ergebnis als die Untersuchung Hönekopps. Diese unbefriedigende Datenlage scheint symptomatisch für den Bereich Saisonarbeit und internationale Wanderungen. Der Wirtschafts- und Sozialausschuss der Europäischen Union bemängelte, dass die Datenlage über landwirtschaftliche Wanderarbeit sowohl in quantitativer wie qualitativer Hinsicht weiterhin ungenügend sei. Die Erfassung der Wanderarbeit geschehe auf einzelstaatlicher Ebene nur in Ansätzen. Differenzierte Auswertungen seien kaum vorhanden. Eine Zusammenführung auf europäischer Ebene erfolge nicht (Wirtschafts- und Sozialausschuss 2000). Welche Ursachen diese unbefriedigende Situation hat, darüber kann nur spekuliert werden. Offensichtlich hat sich bisher kein hinreichend großes Bedürfnis artikuliert, hier Abhilfe zu schaffen. Meine Erfahrungen bei der Bearbeitung dieser Studie haben gezeigt, dass auch die (nicht vorhandene) Bereitschaft verschiedener Institutionen zur Zusammenarbeit zu dieser misslichen Situation beitragen kann. Eine Vereinbarung mit der örtlichen Arbeitsagentur Wesel über die Nutzung der dort im Verwaltungsvollzug anfallenden sozial- und arbeitsmarktsstatistischen Daten zur polnischen Saisonarbeit kam auf Intervention der Zentrale in Nürnberg nicht zustande. Dort wurde argumentiert, es bestehe kein öffentliches Interesse an einer solchen Untersuchung. Im übrigen würde sich schon das eigene wissenschaftliche Institut (IAB, Institut für Arbeitsmarkt- und Berufsforschung) mit dem Thema Saisonarbeit beschäftigen.

ihre Arbeitsanforderungen durchzusetzen. Außerdem könnten teilweise zusätzliche Sozialabgaben (etwa tarifliche Zusatzversorgungen) eingespart werden (Industriegewerkschaft Bauen-Agrar-Umwelt o. J).

Die ASAV und die zu ihr gehörigen Verordnungen und Verfahrensregeln sind seit 1991 mehrmals verändert worden. Während zunächst die Anwerbung für verschiedene Sektoren der Ökonomie möglich war, wurde die Beschäftigung von Saisonarbeitern im Laufe der Zeit auf wenige Branchen beschränkt. Heute (2006) ist der größte Nachfrager die Landwirtschaft und der Gartenbau, gefolgt von der Tourismusindustrie. Für den Bereich Tourismus gab es von Seiten der Politik immer wieder Bestrebungen, die Beschränkungen der Beschäftigungsdauer auf sieben Monate im Jahr aufzuheben. Vor allem die FDP hat dazu einige Initiativen gestartet. Interessant sind in diesem Zusammenhang die unterschiedlichen Koalitionen und temporären Bündnisse der verschiedenen parteipolitischen Lager. So schloss sich die CDU-Fraktion im niedersächsischen Landtag der FDP-Linie in dieser Frage der weiteren Liberalisierung der Saisonarbeiterbeschäftigung an, während die CDU-Bundestagsfraktion sich als entschiedener Gegner einer Ausweitung der Beschäftigungsmöglichkeiten aussprach (vgl. etwa Ausweitung der Arbeitserlaubnis 2003).

Obwohl der EU-Beitritt Polens keine wesentlichen Veränderungen der arbeitsrechtlichen Voraussetzungen der Saisonarbeitsbeschäftigung mit sich gebracht hat, ist eine nicht unerhebliche rechtliche Veränderung im System der Saisonarbeiterbeschäftigung dann doch auf den EU-Beitritt Polens zurückzuführen. Die Verordnung VO (EWG) 1408/71 zur Anwendung der Systeme der sozialen Sicherheit in der Europäischen Union hat für einige Unruhe in Verbänden und Politik gesorgt (Entschließung des Bundesrates 2005). Während bis Juni 2005 in Fragen der Sozialversicherungspflicht für die Saisonarbeitskräfte die Bestimmungen nach deutschem Recht im Rahmen der Regelungen zur geringfügigen bzw. kurzfristigen Beschäftigung galten, müssen seit Juli 2005 diejenigen Saisonarbeiter, die in Polen versicherungspflichtig beschäftigt sind und die Saisonarbeit während ihres Urlaubs ausüben, nach den polnischen Rechtsvorschriften versichert werden. Eine vergleichbare sozialversicherungsfreie Beschäftigung (bei kurzfristiger Beschäftigung unter 50 Tagen) wie in der Bundesrepublik besteht in Polen nicht. Die die polnischen Saisonarbeiter beschäftigenden Betriebe in Deutschland müssen die Sozialbeiträge direkt mit den polnischen Versicherungsträgern abrechnen. Dadurch entstehe für die landwirtschaftlichen Unternehmen „ein nicht absehbarer, zusätzlicher, langwieriger und unzumutbarer Bürokratieaufwand für Anträge, Nachweise und Kontrollen sowie eine enorme Kostensteigerung", so die baden-württembergische Landesregierung (Initiative Baden-Württembergs 2006), die sich hier als direkter Anwalt der ökonomischen Interessen des Gartenbaus und der Landwirtschaft versteht und die sich in dieser Funktion auch nicht scheut, sich in die inneren Angelegenheiten eines anderen Staates einzumischen. Mit der Initiative Baden-Württembergs im Bundesrat sollte die Bundesregierung aufgefordert werden, „in Verhandlungen mit der polnischen Regierung darauf hin zu wirken, dass für Saisonarbeiter aus Polen im polnischen Sozialversicherungsrecht eine Regelung für geringfügig Beschäftigte, angelehnt an die in Deutschland geltenden Bestimmungen, eingeführt wird." (ebd., vgl. auch Entschließung des Bundesrats zur Sozialversicherungsregelung 2006)

Die für den Agrarsektor zuständige Gewerkschaft (IG Bauen-Agrar-Umwelt) zeigte für ein solches Vorhaben wenig Verständnis. Der stellvertretende Gewerkschaftsvorsitzende Wilms forderte, dass geltendes Recht „ohne wenn und aber eingehalten werden" müsse. Wer „nicht zahlt, darf eben keine Saisonarbeiter beschäftigen, so einfach ist das", fügte er polemisch hinzu und im Hinblick auf den von Baden-Württemberg kritisierten Bürokratieaufwand: „Wenn es um das Ausfüllen von Subventionsanträgen geht, können die Bauern doch auch lesen und schreiben." Für die Gewerkschaft ging es in dieser Auseinandersetzung nicht darum, die von der Europäischen Union geforderte Umstellung wieder abzuschaffen, sondern lediglich darum, mit Polen „Regelungen über die Nachzahlung der fälligen Sozialabgaben zu treffen." (Sozialversicherungspflicht für Saisonarbeiter, vgl. auch Wyputta 2006a, Wyputta 2006b)

Die konkrete Praxis des Anwerbeverfahren ist vielfach von Seiten der Unternehmen und Unternehmensverbände als bürokratisch und unflexibel kritisiert worden (vgl. z. B. Zentralstelle für Arbeitsvermittlung 1998) und hat seit seiner Einführung 1991 auch einige Modifikationen erfahren, wobei allerdings durch Einführung von Quoten und vielfachen Ausnahmeregelungen eher eine Verkomplizierung als eine Vereinfachung zu verzeichnen ist.

Die jüngste Eckpunkteregelung und Quotierung zur beginnenden Erntesaison 2006, mit der die Anzahl der polnischen Saisonarbeiter begrenzt und durch inländische Arbeitskräfte ersetzt werden sollen, hat zu einigen Protesten der Unternehmen, die auch teilweise aus der Politik Unterstützung fanden, geführt. Durchgesetzt werden soll für das Jahr 2006, dass die Saisonarbeitskräfte beschäftigenden Unternehmen nur noch 80 % ihres im Vorjahr genehmigten Kontingents an ausländischen Arbeitskräften von der Arbeitsverwaltung zugewiesen bekommen. Der darüber hinaus gehende Bedarf soll durch inländische Arbeitskräfte, vornehmlich durch Arbeitslose, ersetzt werden (Merkblatt für Arbeitgeber 2005, Eubel/Rosenfeld 2005, Müntefering will Arbeitslose 2005, Arbeitslose statt polnische Erntehelfer 2005). Eine ähnliche Regelung hatte schon 1997/98 für politische Auseinandersetzungen gesorgt, die darin mündeten, dass die Quotierungen wieder zurückgenommen wurden und die Beschäftigtenzahlen polnischer Saisonarbeiter weiter ansteigen konnten.

Dabei bewegten sich die Diskussionen zwischen den unterschiedlichen Polen der Sicherstellung einer ausreichenden Zufuhr von ausländischen Arbeitskräften zur Saisonarbeit in Landwirtschaft, Wein-, Gemüse- und Gartenbau auf der einen Seite und der Heranziehung einer möglichst großen Anzahl von inländischen Arbeitslosen auf der anderen. Nach den damaligen Koalitionsbeschlüssen der die Bundesregierung tragenden Regierungsparteien und den Weisungen und Verordnungen des Bundesarbeitsministeriums sollten zur Entlastung des Arbeitsmarktes verstärkt inländische Arbeitskräfte in die Saisonbeschäftigung vermittelt werden. Hierzu wurde eine zehnprozentige Reduzierung der Arbeitserlaubnisse für ausländische Saisonarbeiter gegenüber dem Jahr 1996 angestrebt. Allerdings sollten bei der Neuregelung der Vermittlungsverfahren auch die Besonderheiten des landwirtschaftlichen Arbeitsmarktes berücksichtigt werden. Nach der damaligen Einschätzung der bayerischen Landesregierung müssten Saisonarbeitskräfte in der Landwirtschaft rasch und zuverlässig zur Verfügung stehen, „damit Existenzgefährdungen bäuerlicher Betriebe vermieden werden" (Plenarprotokoll 13/100 v. 19.02.98). Da diese Arbeitskräfte auf dem inländischen Arbeitsmarkt aber nicht in ausreichender Zahl zur Verfügung standen, sollte auch die Möglichkeit der Anwerbung von Arbeitskräften aus dem Ausland nicht zu stark eingeschränkt werden.

Die Einschränkungen bei der Anwerbung wurden nicht nur von den landwirtschaftlichen Unternehmen und Gartenbaubetrieben kritisiert, sondern auch von den Agrarministern der Bundesländer. Auf der Agrarministerkonferenz vom September 1998 forderten sie die Bundesregierung auf, die Kontingentierungen wieder rückgängig zu machen und die alten Regelungen in Kraft zu setzen (Erfahrungen mit der Neuregelung für Saisonarbeitskräfte in der Landwirtschaft). Die FDP forderte im Landtag Rheinland-Pfalz, die „Überregulierungen" der Landwirtschaft endlich zurückzunehmen und deren Interessen, die Ernte „frisch, sachgerecht und zeitgemäß" einbringen zu können, nicht einem „Feigenblatt der Sozialpolitik" zu opfern („Einsatz von Langzeitarbeitslosen als Erntehelfer" auf Antrag der Fraktion der F.D.P.), da die Arbeitsmarkteffekte der Kontingentierungen nur von sehr untergeordneter Bedeutung sein könnten.

Die landwirtschaftlichen Betriebe waren nicht nur unzufrieden damit, dass ein weiterhin steigender Bedarf nach Saisonarbeitskräften nicht mehr auf dem bewährten Weg der Zunahme der Auslandsanwerbungen befriedigt werden sollte, sondern sie hatten sich auch über die Qualität der Arbeitsvermittlung inländischer Saisonarbeitskräfte beklagt. Hier wurde die Abwesenheit der für den Arbeitsprozess notwendigen Flexibilität und hohen Einsatzbereitschaft moniert. Von den Arbeitsämtern vermittelte inländische Arbeitslose seien häufig den Arbeitsanforderungen nicht gewachsen. Diese Klagen aus den Unternehmen rief wiederum die Politik auf den Plan.

Schon 1989 – also lange vor der Verabschiedung der Anwerbestoppausnahmeverordnung – gab es Anlass für den damaligen Bundestagsabgeordneten Dreßler nach den Absichten der Bundesregierung zu fragen, Änderungen im Recht der Zumutbarkeit nach dem Arbeitsförderungsgesetz vorzunehmen, um Arbeitslose stärker zur Aufnahme von gering bezahlten Saisonbeschäftigungen zu bewegen (Geschäftsbereich des Bundesministers für Arbeit und Sozialordnung 1989). Diese Frage wurde in der Debatte einige Jahre später wieder aufgegriffen. Diskutiert wurden die Möglichkeiten von Verwaltung und Politik, Bezieher von Arbeitslosengeld oder Arbeitslosenhilfe in die Saisonarbeit zu vermitteln. Dabei wurde von einem Teil der Diskutanten der Generalverdacht ausgesprochen, dass diese Personengruppe nicht gewillt sei, als Saisonarbeiter zu arbeiten: „Es ist doch die Crux, dass von 50 angemeldeten Langzeitarbeitslosen in der Regel noch nicht einmal einer, aber maximal einer übrigbleibt, der dann auch auf dem Feld erscheint. Mir hat neulich ein Landwirt erzählt: Der wird am zweiten Tag von der Katze gebissen, die zwar noch nie einen gebissen hat, und fehlt dann auch, und dann bleibt keiner mehr übrig", so der Landtagsabgeordnete der CDU Billen im Landtag von Rheinland-Pfalz („Einsatz von Langzeitarbeitslosen als Erntehelfer" auf Antrag der Fraktion der F.D.P., 4684).

Es wurde nach Möglichkeiten gesucht, die Vermittlung von Arbeitskräften in die offensichtlich für Inländer wenig attraktiven saisonalen Arbeit in der Landwirtschaft zu erhöhen. Zwei Wege, diesem Ziel näher zu kommen, wurden dazu als gangbar erachtet. Auf der einen Seite sollte der Druck auf Arbeitslose über die Möglichkeit der restriktiveren Auslegung der Zumutbarkeitsregelungen erhöht werden[11], auf der ande-

---

11 Diese Anstrengungen mündeten in teilweise recht phantasievollen Aktivitäten der örtlichen Arbeitsverwaltungen. So führte ein Arbeitsamt in Bayern eine Aktion mit niedergelassenen Ärzten durch, in denen die Ärzte die saisonale Arbeit in den landwirtschaftlichen Betrieben kennen lernen soll-

ren sollten Wege gefunden werden, die Arbeitsbedingungen attraktiver zu gestalten. Die Qualifizierung von Arbeitslosen, die Einrichtung von Beschäftigungsgesellschaften und die Überprüfung der Möglichkeiten zur Einführung flexibler Arbeitszeitmodelle bis hin zu Maßnahmen der Imageverbesserung der beruflichen Tätigkeit in der Landwirtschaft im allgemeinen schienen hierzu die geeigneten Instrumente (Mündliche Anfrage des Abg. Arnold Tölg CDU – Arbeitsverweigerung von Erntehelfern in der Landwirtschaft, Mündliche Anfrage des Abgeordneten Dieter Schmitt (CDU) – Erfahrungen mit der Neuregelung für Saisonarbeitskräfte in der Landwirtschaft, Erntehilfe als Aufgabe sozialer Beschäftigungsgesellschaften).

Rückblickend sind die Anstrengungen aus den Jahren 1997/98, mehr Inländer in die saisonale Beschäftigung zu vermitteln, als gescheitert anzusehen. Die Vermittlungszahlen[12] legen diese Einschätzung nahe. Warum die Bundesregierung acht Jahre später dennoch wieder mit dem gleichen Instrumentarium versuchte, verstärkt Inländer für die Saisonarbeit zu rekrutieren, war nicht unbedingt einsehbar und stieß auch bei den Unternehmensverbänden auf wenig Verständnis. Die Argumente, die ausgetauscht wurden, waren ebenfalls diejenigen aus den 90er Jahren. Die Landwirtschaftsverbände behaupteten immer noch, dass Arbeitslose als landwirtschaftliche Saisonarbeiter ungeeignet und die Quotierungen und Beschränkungen der Ausländerbeschäftigung ein untaugliches Mittel seien, die Zahl der Arbeitslosen in Deutschland zu senken (Landwirte: Arbeitslose als Erntehelfer ungeeignet.). Auch die Länder sahen sich wieder aufgefordert, beim Bund zu intervenieren, und Baden-Württemberg brachte eine Entschließung in den Bundesrat ein, in der die Bundesregierung aufgefordert wurde, die Eckpunkteregelung durch die Einführung von Öffnungsklauseln zu entschärfen (Entschließung des Bundesrates zur Sozialversicherungsregelung für Saisonarbeitskräfte aus Polen). Der Bevollmächtigte der Landesregierung Baden-Württembergs beim Bund warf der Bundesregierung vor, dass die beabsichtigte starre

---

ten, um sie auf diese Weise von zu schnellem „Krankschreiben" inländischer Saisonarbeiter abzuhalten.

12 Hier liegen allerdings nur sehr wenige Vergleichszahlen vor. In Baden-Württemberg z. B. wurden 554 Personen in 1998, in Rheinland-Pfalz 815 Personen in 1997 vermittelt (vgl. Erntehilfe als Aufgabe sozialer Beschäftigungsgesellschaften, Einsatz von Saisonarbeitskräften). Für die neuen Bundesländer scheinen die Vermittlungszahlen höher zu liegen. Hier wurden 1997 in Brandenburg 1430 inländische Saisonkräfte vermittelt, ein nach Einschätzung der Landesregierung allerdings „insgesamt noch völlig unbefriedigendes" Ergebnis (Frage 935).

und restriktive Regelung eindeutig an den Erfordernissen der Betriebe vorbeigehe, sie gar deren Weiterentwicklung be- und den Strukturwandel in der Landwirtschaft verhindere (Bundesrat 2006). Zu vermuten ist, dass die Bundesregierung davon ausging, dass mit den Reformen des Arbeitsmarktes und den sog. Hartz-Gesetzen, die die Zumutbarkeitsregeln drastisch verschärft und die Sanktionsmöglichkeiten gegenüber „arbeitsunwilligen" Leistungsempfängern erweitert haben, eine Mobilisierung von Arbeitslosen eher gelingen würde als einige Jahre zuvor. Es bleibt abzuwarten, wie sich die Vermittlungszahlen vor diesem Hintergrund entwickeln werden.

Auch ein anderes, im März 2006 vom Bundestag verabschiedete Gesetz könnte Einfluss nehmen auf den Teilarbeitsmarkt der Saisonbeschäftigung. Die SPD- und CDU-Fraktion hatten einen Gesetzentwurf in den Bundestag eingebracht, der die Förderung ganzjähriger Beschäftigung und die Verstetigung der Beschäftigungsverhältnisse in Bau- und Saisonbetrieben zum Ziel hat. Zwar ist dieses Gesetz vornehmlich für die Bauwirtschaft konzipiert, aber eine Ausdehnung auf andere Wirtschaftsbereiche – ausdrücklich wurde die Landwirtschaft erwähnt – soll möglich werden. Auch hier gilt es abzuwarten, welche Umstrukturierungen mit diesem Gesetz in der ausländischen Saisonarbeiterbeschäftigung verknüpft sein werden, ob es z. B. möglich sein wird, durch den Einsatz flexibler Arbeitszeitmodelle eine ganzjährige Beschäftigung zu erreichen und so – wie beabsichtigt – inländische Belegschaften an die landwirtschaftlichen Betriebe zu binden (SPD. Die Bundestagsfraktion 2006, Entwurf eines Gesetzes zur Förderung ganzjähriger Beschäftigung).

Für die Bundesrepublik Deutschland wurden mit der Einführung der Anwerbestoppausnahmeverordnung Praktiken legalisiert, die schon seit einigen Jahren in einem zum Teil rechtlich nicht abgesicherten und prekären Rahmen bestanden hatten. Aufgrund der im Vergleich zu anderen sozialistischen Staaten relativ liberalen Ausreisebedingungen in Polen hatte sich seit Mitte der 80er Jahren ein zwar fragiles, aber dennoch kontinuierliches temporäres Migrationssystem zwischen der Bundesrepublik und Polen entwickelt. Bevorzugtes Beschäftigungsfeld waren die Land- und die Bauwirtschaft. Für diesen Zeitraum liegen allerdings keine Statistiken vor, die es erlauben würden, die temporäre Arbeitsmigration in dieser Phase zu quantifizieren. Für den landwirtschaftlichen Sektor geht die Gewerkschaft Bauen-Agrar-Umwelt für die 80er Jahre von einer Anzahl von 20 000 bis 50 000 Beschäftigungsverhältnissen aus (vgl. Spahn 1999). Einen Hinweis auf das Ausmaß dieses halblegalen bis illegalen Systems gibt der Umstand, dass von den 1991, also im ersten Jahr nach den Vereinbarungen mit Polen und der Einführung der Anwerbestoppausnahmeverordnung von der Arbeitsverwaltung vermittelten 78 594 Saisonarbeiter 74 600 namentlich von den Betrieben angefordert wurden und damit diesen in der Mehrzahl schon vorher bekannt sein mussten.

Die Problematik der illegalen Beschäftigung von polnischen Saisonarbeitern ist mit den Möglichkeiten, die die Anwerbestoppausnahmeverordnung eröffnet, keineswegs aus der Welt geschafft. Die Gewerkschaft Bauen-Agrar-Umwelt schätzt, dass auf jeden legal beschäftigten Saisonarbeiter eine illegal arbeitende Saisonkraft kommt (Industriegewerkschaft Bauen-Agrar-Umwelt o. J.b). Die Regionaldirektion Nordrhein-Westfalen der Arbeitsagentur berichtete 2002, dass bei einer Überprüfung 40 % der ausländischen Arbeitskräfte über keine Arbeitsgenehmigung verfügten (vgl. Cyrus 2005).

Auch der Wirtschafts- und Sozialausschuss der Europäischen Union sieht in dem massenhaften Vorkommen von illegalen Beschäftigungsverhältnissen ein bedeutendes Problem der landwirtschaftlichen Wanderarbeit. Illegale Saisonarbeit wird als inhuman, sozial gefährlich und wirtschaftlich destabilisierend verstanden (Wirtschafts- und Sozialausschuss der Europäischen Union 2000).

Der Agrarwissenschaftler Hess ermittelt das Ausmaß der illegalen Saisonarbeit über den errechneten Bedarf an Saisonarbeitsstunden für den gesamten Landwirtschafts- und Gartenbaubereich. Hierzu wurde von ihm eine Auswahl von 126 als besonders arbeitsintensiv eingeschätzten Einzelkulturen zusammengestellt. Im zweiten Schritt wurden für diese 126 Einzelkulturen anhand von Flächen- und Ertragsdaten eine Hochrechnung der anfallenden Saisonarbeitsstunden ermittelt. Unter der Annahme einer durchschnittlichen Wochenarbeitszeit von 50 Stunden und einer durchschnittlichen Kontraktdauer von 10 Wochen nimmt Hess für 1994 einen Bedarf an Saisonarbeitskräften von ca. 280 000 an, der bis 2001 durch Flächenausweitungen und Intensivierungen des Anbaus langsam aber kontinuierlich auf einen errechneten Bedarf von 317 000 Saisonkräften anwächst. Diesen Rechenwerten kann man die Vermittlungszahlen der Arbeitsagenturen gegenüberstellen und kommt so zu einem illegalen Arbeitskräftepotential, das 1994 bei ca. 150 000 und 2001 bei ca. 60 000 Personen lag. Durch die Ausweitung der Vermittlungstätigkeit nimmt die illegale Beschäftigung von Saisonarbeitskräften in dem beobachteten Zeitraum von 1994 - 2001 nach diesen Berechnungen deutlich ab (Hess 2004).

Neben illegalen sind auch halblegale Praktiken und ständige Verstöße gegen unterschiedliche rechtliche Bestimmungen der Saisonarbeitskräftebeschäftigung von großer Bedeutung. So werden häufig die Vorschriften zur Unterbringung der Saisonarbeiter missachtet, gegen die tariflichen Vereinbarungen verstoßen oder die Saisonarbeiter zu anderen, nicht genehmigten Arbeiten herangezogen usw. Doppelverträge, nicht regelkonformer Akkordlohn, unbezahlte Mehrarbeit, Verstöße gegen die Arbeitszeitregeln, untertarifliche Bezahlung und Steuerhinterziehung sind weit verbreitete Praxis (Cyrus 2005, Koch o. J., Ünal o. J.).

Schon vor der Einführung der Anwerbestoppausnahmeverordnung gab es Möglichkeiten für die landwirtschaftlichen Unternehmen Saisonarbeiter aus Polen legal zu beschäftigen. Dabei bestanden für die Arbeitserlaubnisverfahren auch in den 80er Jahren bundeseinheitliche Regeln nach dem Arbeitsförderungsgesetz und der Arbeitserlaubnisverordnung. Voraussetzung für die Erteilung einer Arbeitserlaubnis war der legale Aufenthalt in der Bundesrepublik. Über die Arbeitserlaubnis war – wie heute – nach Lage und Entwicklung des Arbeitsmarktes unter der Berücksichtigung der Verhältnisse des jeweiligen Einzelfalles zu entscheiden. Die Arbeitserlaubnis sollte nur erteilt werden, wenn kein inländischer Arbeitnehmer nach Prüfung durch die Arbeitsverwaltung vermittelt werden konnte (Antwort des Parlamentarischen Staatssekretärs Vogt vom 28. Oktober 1988). Auf der Grundlage dieser Gesetze und ihrer entsprechenden Verordnungen wurden „Staatsangehörigen aus Ostblockstaaten, die vorübergehend Verwandte im Bundesgebiet besuchen oder sich im Bundesgebiet niederlassen, ohne einen Asylantrag zu stellen", den so genannten „Arbeitstouristen", die Arbeitserlaubnis gewährt. Im Jahr 1983 wurde diesem Personenkreis 3300 Arbeitserlaubnisse erteilt (Antwort des Parlamentarischen Staatssekretärs Vogt vom 28. Februar 1984, Antwort des Parlamentarischen Staatssekretärs Dr. Waffenschmidt vom 28. Februar 1989). Diese Zahlen scheinen dann in den folgenden Jahren rasch anzusteigen. Allein die Arbeitsamtsdienststelle Geldern im Arbeitsamtsbezirk Wesel erteilte 1987 200 polnischen Staatsangehörigen Arbeitsgenehmigungen für landwirtschaftliche Betriebe (Gespräch im Arbeitsamt Geldern).

Die politischen Auseinandersetzungen um die Saisonbeschäftigung von Ausländern waren auch vor 1991 durch unterschiedliche Interessenartikulationen geprägt. So forderte etwa die Innenministerkonferenz weitergehende Ausnahmen zur Beschäftigung von Ausländern in der Landwirtschaft (Deutscher Bundestag 13. April 1988). Die Bundesregierung jedoch wollte von dem Vorrang der Vermittlung inländischer Arbeitskräfte nicht abrücken und nur in Ausnahmefällen auf die Bedürfnisse der landwirtschaftlichen Betriebe nach einer Ausweitung der Beschäftigungsmöglichkeiten für ausländische Saisonarbeiter reagieren. Noch im Mai 1990 bekräftigte der damalige Parlamentarische Staatssekretär beim Bundesminister für Arbeit und Sozialordnung Seehofer für die Bundesregierung an dem seit 1973 bestehenden Anwerbestopp festhalten zu wollen (Deutscher Bundestag 9. Mai 1990). Ein Jahr später trat eine Verordnung in Kraft, die weitgehende Ausnahmen vom Anwerbestopp umsetzte und in deren Gefolge sich ein umfangreiches temporäres Arbeitsmigrationssystem zwischen der Bundesrepublik Deutschland und der Republik Polen entwickeln konnte.

Mit der Entwicklung eines legalen und zahlenmäßig stark ausgeweiteten temporären Migrationssystems zwischen Polen und Deutschland wurde die Arbeitskräftezufuhr staatlicherseits reguliert, für die offensichtlich ein kontinuierlicher und in seinem Ausmaß nicht unbedeutender Bedarf vorhanden war. Vor allem die Unternehmerverbände hatten immer wieder eine Legalisierung und Ausweitung gefordert, um die Zuführung einer ausreichenden Anzahl von Arbeitskräften sicher zu stellen und um Wettbewerbsverzerrungen innerhalb der Unternehmerschaft durch Anwendung illegaler Arbeitskraft vorzubeugen.

Die Bedeutung der polnischen Saisonarbeit für den Arbeitsmarkt in der Bundesrepublik

Das Arbeitserlaubnisverfahren für die polnischen Saisonarbeiter wird von der Bundesagentur für Arbeit und ihrer Partnerorganisation in Polen (Krajowy Urząd Pracy) durchgeführt. Der einstellende Betrieb muss für den einzelnen Arbeiter einen Vermittlungsantrag, die sog. „Einstellungszusage" bei der örtlich zuständigen Arbeitsagentur stellen. Bei Antragstellung ist eine Bearbeitungsgebühr von 60 EUR pro Antrag zu entrichten. Insgesamt fallen Transaktionskosten von ca. 170 EUR pro Saisonarbeiter an (Merkblatt für Arbeitgeber 2005, vgl. auch Krüger 2001, 29). Die zuständige Arbeitsagentur prüft nach Antragstellung, ob bevorrechtigte Arbeitskräfte für die Vermittlung zur Verfügung stehen. Fällt die Prüfung negativ aus, wird der Antrag an die Zentralstelle für Arbeitsvermittlung (ZAV) der Bundesagentur für Arbeit in Bonn weitergeleitet.[13] Diese prüft, ob und für welchen Zeitraum die zu vermittelnde Person sich noch beworben hat, bzw. ob für sie weitere Einstellungszusagen vorliegen. Wesentliche Aufgabe der ZAV ist es, die Obergrenze der Beschäftigungsdauer für den einzelnen Saisonarbeiter zu kontrollieren. Nach der Prüfung leitet die ZAV das Stellenangebot an die polni-

---

13 Auch dieses Verfahren ist seit 1991 mehrmals revidiert worden. Für die Saison 2006 gilt die Regel, dass 80 % der polnischen Arbeitskräfte, die 2004 in dem anfordernden Unternehmen gearbeitet haben, ohne Arbeitsmarktprüfung vermittelt werden, 10 % nach Prüfung und die restlichen 10 % der Stellen mit bevorrechtigten inländischen Arbeitnehmern besetzt werden.

sche Arbeitsverwaltung weiter. Von dort gelangt die Einstellungszusage an die polnischen Saisonarbeiter, die mit dieser Zusage ein Arbeitsvisum bei der deutschen Botschaft oder einem deutschen Konsulat beantragen. Das Vermittlungsverfahren kennt neben der namentlichen Vermittlung, bei dem das Unternehmen die einzustellende Person direkt angibt auch das anonyme Verfahren. Hier wird ein Auswahlverfahren entweder durch die polnische Arbeitsverwaltung oder bei der Anforderung eines größeren Kontingents durch die Bundesagentur für Arbeit in Polen durchgeführt.

Die von den landwirtschaftlichen Unternehmen und ihren Verbänden oftmals beklagten bürokratischen und zu komplexen Verfahrensregeln halten die Unternehmen und Betriebe dennoch nicht davon ab, polnische Arbeitskräfte anzuwerben und zu beschäftigen. Dies zeigt die Entwicklung der Arbeitserlaubnisverfahren.

Im Zeitraum von 1991, dem Beginn der Saisonarbeiterregelung zwischen der Bundesrepublik und Polen, bis 2004 ist die Zahl der vermittelten polnischen Arbeitskräfte von 78 600 auf 286 600 Personen angestiegen (vgl. Abb. 5). Den wachsenden Vermittlungszahlen liegt ein Jahr für Jahr kontinuierlich wachsender Bedarf an polnischen Saisonarbeitskräften in der Landwirtschaft zugrunde. Daneben spielt der Umstand eine Rolle, dass vormals illegale Beschäftigungsverhältnisse mit dem neuen Instrumentarium, welches das nunmehr rechtlich abgesicherte Anwerbeverfahren zur Verfügung gestellt hat, legalisiert weitergeführt wurden. Auf diesen Umstand weist der große Anteil der „namentlichen" Vermittlungen hin. Schon zu Beginn des Vermittlungsverfahrens 1991 wurden von den insgesamt 78 594 beschäftigten Saisonarbeitern nur 1654 Personen „anonym" vermittelt. Die anderen Arbeitskräfte waren den Arbeitgebern aus vorhergehenden Beschäftigungsverhältnissen schon bekannt gewesen.[14]

---

14 In diesem Umstand ist auch der Hauptgrund dafür zu sehen, warum polnische Saisonarbeiter den weitaus größten Anteil an den gesamten Saisonarbeitsverfahren mit den mittel- und osteuropäischen Staaten innehaben. Zu Beginn der Saisonarbeitsregelung hatten polnische Arbeitskräfte in den nachfragenden Betrieben viele Positionen besetzt. Dieser zeitliche Vorsprung vor den Konkurrenten aus den anderen MOE-Staaten setzte sich durch das entstehende Selbstrekrutierungssystem fort. Die einzelnen MOE-Staaten hatten in den Jahren 1991 - 2004 folgende Anteile an den Arbeitsvermittlungen: Polen 87,0 %, Rumänien 4,4 %, Slowakei 2,8 %, Kroatien 2,1 %, Ungarn 1,7 %, Slowenien 0,3 % und Bulgarien 0,2 % (Zentralstelle für Arbeitsvermittlung 2005).

Bis Juni 1993 konnten alle Branchen am Saisonarbeitnehmerverfahren teilnehmen. Danach wurde die Vermittlung auf die Branchen Land- und Forstwirtschaft, Hotel- und Gaststättengewerbe, Obst- und Gemüseverarbeitung sowie auf das Schaustellergewerbe eingeschränkt. 90 % bis 95 % der Verfahren wurden auf Anforderung landwirtschaftlicher Betriebe durchgeführt. Durch Umstellungen in der Statistik können ab 1998 die Vermittlungen ausschließlich in die Landwirtschaft erfasst werden.

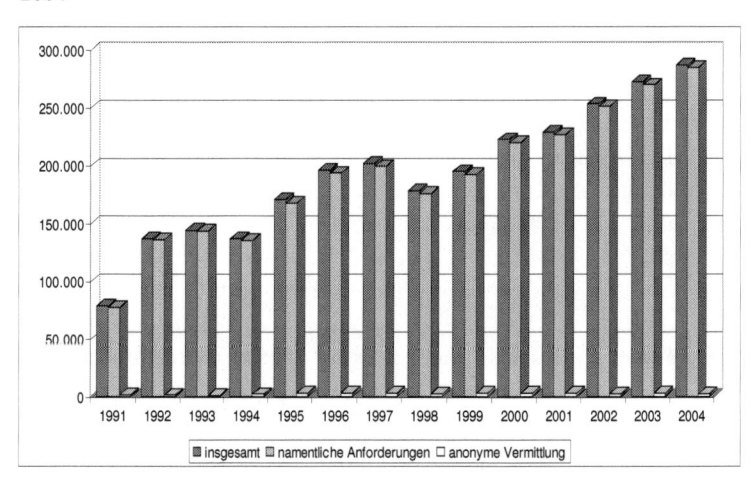

Abb. 5: Arbeitserlaubnisverfahren für polnische Saisonarbeiter 1991 - 2004

Quelle: Zentralstelle für Arbeitsvermittlung 2005, eigene Berechnungen (die Zahlen geben die Höhe der Bruttovermittlungen wieder und berücksichtigen keine möglichen Stornierungen)

Der Rückgang der erteilten Arbeitserlaubnisse in den Jahren 1994 und 1998 gegenüber dem jeweils vorangehenden Jahr ist lediglich auf Veränderungen im Erhebungsverfahren zurückzuführen und bedeutet nicht, dass hier insgesamt die Nachfrage nach polnischen Arbeitskräften nachgelassen hat. Die „anonyme" Vermittlung spielt gegenüber der „namentlichen" auch 2004 noch immer eine sehr untergeordnete Rolle. Das Verhältnis von „anonymer" und „namentlicher" Vermittlung gibt gleichzeitig einen wichtigen Hinweis auf die Art und Weise, in der neue polnische Saisonarbeiter angeworben werden. Die wichtigste Form der Vermittlung ist die Empfehlung durch bereits beschäftigte Saisonarbeiter. Die Betriebe können darauf hin den Arbeitsagenturen die Namen von neu einzustellenden Saisonarbeitern mitteilen, die weder bis dahin auf dem Betrieb gearbeitet haben noch den Unternehmern selbst persönlich bekannt waren. Die Saisonarbeiterbeschäftigung hat sich damit zu einem Selbstrekrutierungssystem entwickelt, in dem auf Empfehlung bereits Beschäftigter neue Saisonarbeiter eingestellt werden.

Der in der Abbildung 5 wiedergegebene Anstieg der vermittelten Saisonarbeitskräfte sagt für sich genommen noch wenig aus über die Bedeutung der Beschäftigung polnischer Saisonarbeiter für den Arbeitsmarkt insgesamt. Zwar ist unschwer zu erkennen, dass ihre Bedeutung in dem beobachteten Zeitraum zugenommen hat; eine sinnvolle Aussage lässt sich aber erst formulieren, wenn vergleichende Betrachtungen angestellt werden. Hierzu sollten Vergleichszahlen auf sektoraler und regionaler Ebene herangezogen werden.

Die Bundesagentur für Arbeit misst der saisonalen Beschäftigung polnischer Arbeiter nur eine geringe arbeitsmarktpolitische Bedeutung zu. Die Regionaldirektion Nord (ehemaliges Landesarbeitsamt Nord) teilte in diesem Zusammenhang auf Anfrage folgendes mit: „Nach den Jahreswerten für 1999 in Höhe von 13 796 AN (Arbeitnehmern, J.B.) ergibt sich auf das ganze Jahr bezogen nur ein relativ geringer Beschäftigungsfaktor. Die durchschnittliche Beschäftigungsdauer der 13 796 AN pro Kalenderjahr beträgt nur etwa 2 Monate (die maximale Dauer beträgt 3 Monate) – dies sind 1/6 eines Jahres – somit ist auch die Zahl 13 796 durch 6 zu dividieren, um dann auf rd. 3.000 Vollzeitjahreskräfte zu kommen." (Landesarbeitsamt Nord 2000)[15] Überträgt man dieses Rechenmodell auf die Bundesrepublik, so ist davon auszugehen, dass die 286 623 beschäftigten Saisonarbeiter in 2004 ein Beschäftigungsäquivalent von ca. 48 000 Jahresvollzeitstellen darstellen. Setzt man nun diese Zahl in Beziehung zu den fast 36 Millionen Erwerbstätigen – was einem Anteil von 0,13 % entspricht – oder zu den rd. 26,5 Millionen Sozialversicherungspflichtig Beschäftigten – entspricht einem Anteil von 0,18 % –, so ist der Einschätzung der Regionaldirektion Nord leicht zu folgen, dass die Arbeit der polnischen Saisonkräfte in der Bundesrepublik insgesamt keinen großen Beschäftigungsfaktor darstellt.

In räumlicher Hinsicht konzentriert sich die Beschäftigung polnischer Saisonarbeitskräfte auf wenige Regionen. 2004 wurden über 50 % der Saisonarbeiter in nur 19 von insgesamt 177 Arbeitsamtsbezirke vermittelt (vgl. Tabelle 3). Sie werden hier überwiegend bei der Obst- und Weinernte und im Gemüse- und Zierpflanzenbau, im Hopfenanbau und

---

15 Hier ist der Regionalagentur offensichtlich ein Rechenfehler unterlaufen. Dividiert man die Anzahl der beschäftigten Saisonarbeiter durch den angegebenen Umrechnungsfaktor so ergibt sich ein Wert von ca. 2300 Vollzeitarbeitskräften.

bei der Pflege und Ernte von Sonderkulturen eingesetzt: im Lüneburger Raum (Arbeitsamtsbezirk Lüneburg), am Niederrhein (Arbeitsamtsbezirk Wesel), im Oldenburger Münsterland und an der Weser (Arbeitsamtsbezirke Vechta und Nienburg), im Raum Potsdam und Cottbus (Arbeitsamtsbezirke Potsdam und Cottbus), im Vorgebirge und Rheinebene bei Bonn (Arbeitsamtsbezirk Bonn), in den Weinanbaugebieten Mosel (Arbeitsamtsbezirk Trier), Rheinhessen, Wein- und Bergstraße (Arbeitsamtsbezirke Mainz, Ludwigshafen, Landau und Darmstadt), Heilbronn (Arbeitsamtsbezirk Heilbronn) und Kaiserstuhl (Arbeitsamtsbezirk Freiburg), am Bodensee (Arbeitsamtsbezirk Ravensburg) und in der Hallertau (Arbeitsamtsbezirke Landshut und Ingolstadt).

Tab. 3: Polnische Saisonarbeiter in ausgewählten Arbeitsamtsbezirken 2004

Bundesland	Arbeitsamtsbezirk	Beschäftigte polnische Saisonarbeiter	
		absolut	in % [1]
Niedersachsen	Vechta	8469	3,6
	Nienburg	5927	2,5
	Lüneburg	4719	2,0
Brandenburg	Potsdam	4758	2,0
	Cottbus	3403	1,4
Nordrhein-Westfalen	Bonn	7162	3,0
	Wesel	6431	2,7
	Krefeld	4812	2,0
	Mönchengladbach	3350	1,4
Hessen	Darmstadt	5861	2,5
Rheinland-Pfalz	Ludwigshafen	12369	5,2
	Landau	8746	3,7
	Mainz	7566	3,2
	Trier	5260	2,2
Baden-Württemberg	Freiburg	7556	3,2
	Ravensburg	6650	2,8
	Heilbronn	4332	1,8
Bayern	Landshut	7768	3,3
	Ingolstadt	3771	1,6

Quelle: Zentralstelle für Arbeitsvermittlung 2004, eigene Berechnungen;
[1] *die Prozentangaben beziehen sich auf die Gesamtheit der in der Bundesrepublik beschäftigten polnischen Saisonarbeiter, 2004 waren das 286 623 Personen;*

Werden sowohl die regionale als auch die sektorale Konzentration der Saisonarbeiter auf dem Arbeitsmarkt berücksichtigt, so wird die Frage nach der arbeitsmarktpolitischen Bedeutung polnischer Saisonarbeit in Deutschland anders als von der Regionaldirektion Nord in ihrer Modellrechnung beantwortet werden müssen.

Tab. 4: Polnische Saisonarbeiter und sozialversicherungspflichtig Beschäftigte in Landwirtschaft und Gartenbau nach ausgewählten Arbeitsamtsbezirken 2004

Arbeitsamtsbez.	Saisonarbeiter	Vollzeitkräfte untere Variante	Vollzeitkräfte obere Variante	SV-Beschäftigte	Anteil der Saisonarbeiter in % untere Variante	Anteil der Saisonarbeiter in % obere Variante
Lüneburg	5895	983	1474	1054	48,2	58,3
Nienburg	6872	1145	1718	958	54,5	64,2
Vechta	10029	1672	2507	1369	55,0	64,7
Cottbus	3834	639	959	3130	17,0	23,4
Potsdam	5845	974	1461	2672	26,7	35,4
Bonn	9179	1530	2295	1628	48,4	58,5
Krefeld	5452	909	1363	1845	33,0	42,5
Mönchenglad.	3834	639	959	1584	28,7	37,7
Wesel	7274	1212	1819	5276	18,7	25,6
Darmstadt	11210	1868	2803	1201	60,9	70,0
Ludwigsh.	17125	2854	4281	1798	61,4	70,4
Mainz	9109	1518	2277	1457	51,0	61,0
Landau	10034	1672	2509	1094	60,5	69,6
Trier	5943	991	1486	765	56,4	66,0
Freiburg	10354	1726	2589	1055	62,1	71,0
Heilbronn	5571	929	1393	1181	44,0	54,1
Ravensb.	8513	1419	2128	680	67,6	75,8
Ingolstadt	4636	773	1159	1025	43,0	53,1
Landshut	10907	1818	2727	334	84,5	89,1

Quelle: Bundesagentur für Arbeit 2005, eigene Berechnungen

Dazu können für die regionalen Arbeitsmärkte in den Bundesländern verschiedene Überlegungen angestellt werden. Zunächst kann man an Hand des Rechenmodells der Regionaldirektion Nord der Arbeitsagentur für die in den einzelnen Arbeitsamtsbezirken beschäftigten Saisonarbeitskräfte die Werte für die entsprechenden Vollzeitjahreskräfte ermitteln (untere Variante). Da dieses Rechenmodell aber nach meinen Erfahrungen von einem zu geringen Beschäftigungsvolumen pro Saisonarbeiter ausgeht und auch verschiedene Untersuchungen zeigen, dass zum einen die durchschnittliche Beschäftigungsdauer länger als zwei Monate beträgt (wovon das Rechenmodell der Arbeitsagentur ausgeht), und zum anderen die Wochenarbeitszeit der polnischen Saisonarbeiter gewöhnlich über der tariflichen Regelarbeitszeit liegt (Hinweise dazu z. B. bei Mehrländer 1996, Gerdes 2000, Korczynska 2001), sollte in einem Alternativmodell von einer höheren Arbeitsleistung pro beschäftigten Saisonarbeiter ausgegangen werden. Dieses Modell legt einen Arbeitsumfang von insgesamt drei Monaten zugrunde (obere Variante).

Die Werte für die modellhaft errechneten Vollzeitkräfte können in einem zweiten Schritt den sozialversicherungspflichtig Beschäftigten im Pflanzen- und Gartenbau gegenübergestellt werden und so der Anteil der Saisonarbeit polnischer Saisonkräfte am Gesamtumfang des Arbeitsvolumens im Pflanzen- und Gartenbau berechnet werden.

Abb. 6: Anteile polnischer Saisonarbeitskräfte an der Gesamtbeschäftigung im Pflanzen- und Gartenbau in ausgewählten Arbeitsamtsbezirken 2004 (in Prozent)

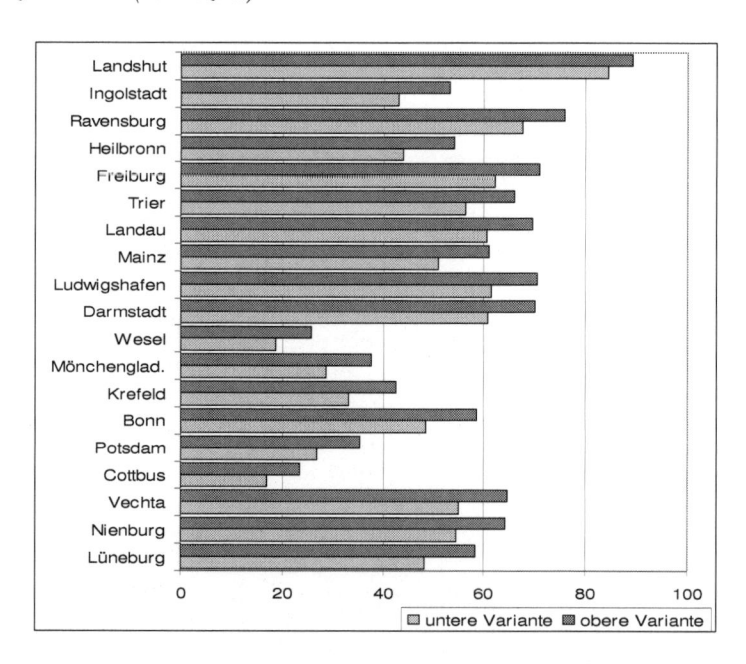

Quelle: Bundesagentur für Arbeit 2005, eigene Berechnungen

Die Ergebnisse der Berechnungen zeigen, dass zwar je nach Rechenmodell und Region die Bedeutung der polnischen Saisonarbeit für das Gesamtarbeitsvolumen im Pflanzenbau der Landwirtschaft und im Gartenbau[16] unterschiedlich ausgeprägt ist, für die hier untersuchten 19 Regionen, in denen 50 % der in Deutschland arbeitenden polnischen Saisonkräfte beschäftigt werden, jedoch von einer erheblichen Bedeutung ausgegangen werden kann.

Legt man das Rechenmodell der Arbeitsagentur zugrunde, so sind die niedrigsten Werte mit einem Anteil von 17 % bzw. 18,7 % in den Arbeitsamtsbezirken Cottbus und Wesel zu verzeichnen, folgt man dem Alternativmodell, so sind die höchsten Anteile mit 89,1 % im Arbeitsamtsbezirk Landshut und mit 75,8 % in Ravensburg zu verzeichnen. Auffallend sind auch die durchgängig hohen Werte in Rheinland-Pfalz mit den Arbeitsamtsbezirken Ludwigshafen, Mainz, Landau und Trier. Außer in Ostdeutschland stellen die polnischen Saisonarbeiter die Mehrzahl der beschäftigten Arbeitskräfte im Pflanzen- und Gartenbau dar (eine Ausnahme bildet der Arbeitsamtsbezirk Wesel).

Vor dem Hintergrund dieser Berechnungen ist der Regionaldirektion Nord der Bundesarbeitsagentur in seiner Einschätzung der arbeitsmarktpolitischen Bedeutung der polnischen Saisonarbeit in der Bundesrepublik nur eingeschränkt zuzustimmen. Zwar sind von der Angebotsseite her betrachtet die 48 000 (untere Variante) bzw. 72 000 (obere Variante) Vollzeitarbeitskräfte, die die polnischen Saisonarbeiter rechnerisch darstellen, angesichts von 36 Millionen Erwerbstätigen eine kaum ins Gewicht fallende Größe. Für die Nachfrageseite spielt sie aber in Bezug auf bestimmte Segmente des Arbeitsmarktes und in Bezug auf bestimmte Regionen eine überragende Rolle.

Saisonarbeiterbeschäftigung und struktureller Wandel in der Landwirtschaft

Die große Bedeutung polnischer Arbeitskräfte für bestimmte Subsektoren der Landwirtschaft und des Gartenbaus wird auch in einem Interview mit dem Vorsitzenden des Provinzialverbandes Rheinischer Obst- und Gemüsebauern deutlich „Ich schätze, daß rund 95 Prozent dessen, was an Obst und Gemüse beispielsweise bei der UGA in Straelen[17] über

---

16 Die Unterscheidung der Kategorien „Pflanzenbau in der Landwirtschaft" und „Gartenbau" hat vor allem statistische Gründe und ist darauf zurückzuführen, welchen Verbänden die polnische Saisonarbeitskräfte beschäftigenden Unternehmen zuzuordnen sind: entweder den Landwirtschaftskammern oder den unterschiedlichen Gartenbauverbänden.

17 Die UGA – Union gartenbaulicher Absatzmärkte GmbH mit Hauptsitz im niederrheinischen Straelen – fusionierte 1999 mit der Niederrheinischen Blumenvermarktung und ist mit einem Umsatz von 698 Millionen Euro in

die Versteigerungsuhr läuft, (von polnischen Erntehelfern, J.B.) geerntet wurde." (Helmes 1997) Und er führt in dem Interview weiter aus, dass einheimische Arbeitskräfte für den Arbeitseinsatz während der Erntezeit nur schwer zu gewinnen seien und zwar aus zwei Gründen: einmal wegen der hohen Arbeitsbeanspruchung und zum zweiten wegen der relativ niedrigen Löhne. Die Leute „müssen hart 'ran. Ob strömender Regen oder 35 Grad Hitze, es muß geerntet werden. Manchmal 12 Stunden am Tag." (ebd.) Neben dem geringen Image, unter dem landwirtschaftliche Tätigkeit insgesamt in Deutschland leide, wirke der Lohn von gut acht Mark netto die Stunde auf einheimische Arbeitskräfte nicht gerade wie ein Magnet. „Das ist bei Polen ganz anders. Beispielsweise war jetzt ein Mann bei uns, der drüben Hausmeister ist. Dafür bekommt er umgerechnet 170 Mark im Monat, bei uns verdient er etwa 2000. Entsprechende gute Arbeit leisten die Leute auf den Feldern." (ebd.)

In dem hier angeführten Interview werden die wesentlichen Gründe genannt, die den Einsatz polnischer Saisonarbeitskräfte geraten erscheinen lassen: Verfügbarkeit, Flexibilität, Schlagkräftigkeit, Kontrollmöglichkeit und die Lohnhöhe sind die wesentlichen Argumente, die für die Anwerbung polnischer Saisonarbeiter sprechen.

Auch wenn der Einsatz polnischer Saisonarbeitskräfte mit gewissen Transaktionskosten verbunden ist und bestimmte bürokratische Regularien zu beachten sind, so steht hier ein ungleich größeres Reservoir an Arbeitskräften zur Verfügung als auf dem inländischen Arbeitsmarkt zu mobilisieren ist. Hinzu treten Eigenschaften, die nicht so sehr mit der Quantität der zur Verfügung stehenden Arbeitskraft zu tun hat, sondern sich eher auf deren Qualitäten beziehen. Polnische Arbeitskräfte sind für die Agrarwirtschaft in einer sehr flexiblen und schlagkräftigen Weise zu rekrutieren. Je nach Erntezeit, Witterungsverhältnissen oder auch nach den je unterschiedlich sich abzeichnenden Bedürfnissen des Großhandels sind sie einsetzbar. Arbeitsstockungen, also Zeiten, in denen nicht gearbeitet wird, sind für die Unternehmen in der Regel nicht mit Kosten verbunden, sondern werden einfach auf die Arbeitskräfte abgewälzt, die keinen Verdienst erzielen, wenn sie nicht arbeiten.

Hinzu kommt, dass bei der Art der zu verrichtenden Tätigkeiten größere Investitionen in Ausbildung oder beim Anlernen entfallen, weil polnische Saisonarbeiter in der Regel wenig qualifizierte Arbeiten ausführen. Die Kontrollprobleme sind im Vergleich mit inländischen Arbeitskräften geringer, weil polnische Arbeitskräfte eine starke Selbstdisziplin aufweisen. Das große Lohngefälle zum polnischen Arbeitsmarkt

---

2004 eine der größten Vermarktungsorganisationen für Obst, Gemüse und Zierpflanzen in der Bundesrepublik.

und die in Deutschland wesentlich höheren Löhne führen bei den polnischen Saisonarbeitern zu einer Motivationslage, die sie in Bezug auf Einsatzwille, Engagement, Fleiß und Duldsamkeit ihren inländischen Konkurrenten weitaus überlegen machen. Die Möglichkeit der Unternehmen bei nicht zufrieden stellendem Arbeitseinsatz die Arbeiter in der nächsten Saison nicht wieder anzufordern, erhöht darüber hinaus deren Leistungsbereitschaft.

Schließlich ist auch die Lohnhöhe ein wesentlicher Grund zum Einsatz von polnischen Saisonarbeitern. Gerdes (2000) hat die unterschiedlichen Arbeitskosten je nach Art des Arbeitsverhältnisses zusammengestellt. Sie vergleicht die Lohnhöhe der ständig beschäftigten Arbeitskraft mit der der sozialversicherungspflichtig bzw. nicht sozialversicherungspflichtig beschäftigten Saisonarbeitskraft und schließlich mit der des illegal Beschäftigten. Das Lohnarbeitsverhältnis der Dauerbeschäftigung dient ihr dabei als Referenzgröße. Wie man der Tabelle 5 entnehmen kann, variiert die Lohnhöhe in Abhängigkeit der Art des Beschäftigungsverhältnisses sehr stark. Nicht sozialversicherungspflichtig Beschäftigte (dies ist die Hauptbeschäftigungsform legal vermittelter polnischer Saisonarbeiter) verursachen lediglich 61 % der Arbeitskosten einer dauerhaft beschäftigten Arbeitskraft.

Tab. 5: Arbeitskosten in der Landwirtschaft in Abhängigkeit vom Beschäftigungsverhältnis

	Ständig besch. Arbeitskräfte	Saisonarbeitsk. sozialversicherungspfl.	Saisonarbeitsk. sozialversicherungsfrei	Schwarzarb.
Bruttostundenlohn in DM/Std.	10,92	9,10	9,10	8,25
Kosten für den Arbeitgeber pro gearbeiteter Stunde	15,52	11,09	9,47[1]	8,25
in v.H. des Referenzlohnes[2]	100	72	61	53

Quelle: Gerdes 2000, 70; [1] *Neben dem Bruttostundenlohn kommen hier Kosten für Unfall- und private Krankenversicherung für die Saisonkräfte hinzu.* [2] *Die Referenzkosten sind die Gesamtkosten des Arbeitgebers für die ständig beschäftigten Arbeitskräfte (neben dem Bruttostundenlohn kommen noch die Beiträge für Renten-, Kranken- und Arbeitslosenversicherung und für die Berufsgenossenschaften hinzu).*

Die Arbeit auf den Feldern durch eine höhere Entlohnung für Inländer attraktiver zu gestalten, ist nach Auffassung der Obst- und Gemüsebauer kein möglicher Weg, da eine Lohnerhöhung aus Konkurrenzgründen nicht zu realisieren sei. Dazu noch einmal der Vorsitzende des Provinzialverbandes Rheinischer Obst- und Gemüsebauern: „Unsere Produktpreise stehen unter dem enormen Druck des Einzelhandels. Eine Lohnerhöhung von nur einer Mark würde unseren Gewinn zunichte machen." (Helmes 1997) In der Tat stehen die Gewinne im Gartenbau unter einem enormen Realisierungsdruck. Trotz Flächenausweitung und Produktivitätssteigerungen sind die durchschnittlichen Gewinne der Unternehmen des Gemüsebaus zwischen den Wirtschaftsjahren 2000/01 und 2004/05 von 46 249 EUR auf 35 174 gefallen. Im gleichen Zeitraum sank der Gewinn pro gärtnerischer Nutzfläche von 7708 EUR auf 4138 EUR (-46,3 %) (Agrarpolitischer Bericht 2006).

Die Gewerkschaft IG Bauen-Agrar-Umwelt scheint sich der Argumentation des Preisdiktats durch den Großhandel angeschlossen zu haben und in ihrer Tarifpolitik die geschilderte Konkurrenzsituation auf dem Agrarmarkt berücksichtigen zu wollen. So hat sie der Einrichtung von Tarifgruppen speziell für Erntehelfer bzw. Saisonkräfte zugestimmt. Die Entlohnung in diesen Lohngruppen ist zwischen 11 % (für Landarbeiter) und 23 % (im Erwerbsgartenbau) geringer als in der nächst höheren Tarifgruppe (vgl. Lohntarifvertrag für den Erwerbsgartenbau 1999, Vereinbarung über die Löhne für Landarbeiter 1999).

Berücksichtigt man die besonderen Bedingungen der Arbeitsorganisation und der Tarifentlohnung in Landwirtschaft und Gartenbau, kann man zu der Auffassung gelangen, dass auf dem inländischen Arbeitsmarkt selbst mit dem Instrument der Lohnsubventionierung durch die Arbeitsverwaltung (die Bundesagentur für Arbeit zahlt bevorrechtigten Arbeitnehmern einen Lohnzuschuss) eine ausreichende Zahl von Arbeitskräften nicht mobilisiert werden kann und die Unternehmen auf die Saisonarbeitskräfte aus dem Ausland angewiesen bleiben.

Vor diesem Hintergrund ist auch die in der Arbeitsmarktforschung übliche Frage nach möglichen Substituts- oder Komplementärbeziehungen des Einsatzes ausländischer Arbeitskräfte zu beantworten. Bei einer Substitutsbeziehung zwischen polnischen Saisonarbeitern und inländischen Arbeitskräften führt die Erhöhung des Arbeitskräfteangebots zum Sinken der Löhne und zur Erhöhung der Arbeitslosigkeit, eine komplementäre Beziehung führt zur Ausweitung von Produktion und Beschäftigung. Obwohl die Situation für den landwirtschaftlichen Arbeitsmarkt nicht ganz eindeutig zu bewerten ist, spricht vieles dafür, dass die Beschäftigung von polnischen Saisonarbeitern als komplementäre Beziehung zu verstehen ist: Saisonkräfte stehen auf dem einheimischen Arbeitsmarkt nicht ausreichend zur Verfügung; die Produktion in bestimmten Segmenten der Landwirtschaft dehnt sich aus und führt nicht nur zu einem größeren Produktionsvolumen, sondern auch zu einer größeren Zahl von Dauerarbeitsverhältnissen.

Will man die Frage nach möglichen Substituts- oder Komplementäreffekten beantworten, ist allerdings auch der Einwand der Gewerkschaften nicht von der Hand zu weisen, dass landwirtschaftliche Unternehmen dazu übergehen, auch dauerhaft beschäftigte Arbeitskräfte durch Saisonarbeiter aus Polen zu ersetzen. Daher muss eingeräumt werden, dass auch die Substitution von ständig beschäftigten Arbeitskräften zumindest in Teilbereichen möglich ist. Darüber hinaus kann nicht ausgeschlossen werden, dass die landwirtschaftlichen Unternehmen und Gartenbaubetriebe eine Kombination aus der Substitution von ständigen Arbeitskräften durch flexiblere und billigere Saisonarbeitskräfte aus Polen und vermehrtem Kapitaleinsatz und höheren Investitionen in Sachkapital verfolgen. In welchem Umfang sich welche Strategien bisher in den landwirtschaftlichen Subsektoren durchgesetzt haben, ist unbekannt. Hier wären genauere Untersuchungen durchzuführen.

Die Entwicklung der Anzahl der Betriebe und der Anzahl der Beschäftigten am Niederrhein (Arbeitsamtsbezirk Wesel) stützen jedoch die These, dass es sich bei der Ausweitung der Saisonarbeiterbeschäftigung eher um Komplementäreffekte handelt. In den Jahren 1987 - 2000 wächst die Anzahl der Betriebe im Gartenbau von 1398 auf 1710.[18] Dies entspricht einem Wachstum von ca. 22 % (vgl. Tabelle 6). Im Zeitraum 1995 - 2000 weitet sich auch die Beschäftigung von dauerhaft beschäftigten Arbeitskräften aus. In der Kreisstelle Kleve wächst die Beschäftigung um 4,2 %, in der Kreisstelle Wesel um 15,6 %. Für das Gebiet des Arbeitsamtsbezirks Wesel ist ein Beschäftigungsplus von insgesamt 7,8 % zu verzeichnen.

Vergleicht man die Flächenproduktivität eines Gartenbaubetriebes mit der eines durchschnittlichen Betriebes, so wird man feststellen können, dass mit der Spezialisierung ein enormer Zuwachs an Produktivität verbunden ist. Folgende Vergleichszahlen können diesen Sachverhalt näher beleuchten: Von den Gartenbauunternehmen in der Bundesrepublik wird auf 1,2 % der landwirtschaftlichen Fläche rd. die Hälfte der Bruttowertschöpfung des gesamten Agrarbereichs erwirtschaftet (Hessischer Landtag 1998). Dieser Umstand führt dazu, dass ehemals traditionell wirtschaftende Landwirtschaftsbetriebe auch zunehmend Gartenbau betreiben (Mischbetriebe) oder neue Gartenbauunternehmen gegründet werden. Hierbei spielt von Anfang an der Einsatz polnischer Saisonar-

---

18 Allerdings ist nicht bekannt, ob es sich dabei ausschließlich um Neugründungen handelt, oder ob landwirtschaftliche Betriebe auch die Produktion von gartenbaulichen Erzeugnissen aufgenommen haben. Das spielt aber insofern keine Rolle, als dass bei beiden arbeitsintensiven Betriebsformen die Verfügbarkeit von Arbeitskräften von Bedeutung ist.

beiter eine große Rolle. So kann man das im Folgenden geschilderte Beispiel vom Niederrhein als durchaus typisch ansehen.[19]

Die Gründung des Gartenbaubetriebs erfolgt in der Sparte Zierpflanzenbau im Frühjahr 1991. Neben dem Eigentümer und der mithelfenden Ehefrau werden 10 polnische Saisonarbeiter beschäftigt, jeweils – produktionsbedingt – im Zeitraum April bis Juni und Juli bis Oktober.

Tab. 6: Entwicklung der Gartenbaubetriebe am Niederrhein 1987 - 2000

		Kleve	Wesel
1987			
	Betriebe (Anzahl)	1.035	363
	Anbaufläche (ha)	2.108,5	731,1
	Freiland	1.825,2	664,7
	Gewächshaus	283,3	66,4
	Arbeitskräfte (AK)	nicht erfaßt	nicht erfaßt
1995			
	Betriebe (Anzahl)	1.165	397
	Anbaufläche	3652,6	808,5
	Freiland	3.280,6	724,4
	Gewächshaus	372,0	84,1
	Arbeitskräfte (AK)	4.207	1.941
2000			
	Betriebe (Anzahl)	1.205	505
	Anbaufläche	4601,9	1.245,0
	Freiland	4.194,6	1.160,3
	Gewächshaus	407,3	84,7
	Arbeitskräfte (AK)	4.384	2.245
Veränderungen 1987 - 2000 (in %)			
	Betriebe	16,4	39,1
	Anbaufläche	118,2	70,2
	Freiland	129,8	74,5
	Gewächshaus	43,8	27,5
	Arbeitskräfte (1995 - 2000)	4,2	15,6

Quelle: Landwirtschaftskammer Rheinland 2000, eigene Berechnungen; die Kreisstellen Kleve und Wesel der Landwirtschaftskammer Rheinland entsprechen dem Arbeitsamtsbezirk Wesel. Eine Arbeitskrafteinheit (AK) entspricht einer ständig beschäftigten Vollzeitarbeitskraft (über drei Monate im Jahr).[20]

---

19 Quelle der folgenden Schilderung ist ein Expertengespräch, das ich mit dem Betriebsinhaber eines Gartenbaubetriebes im November 2001 geführt habe.

20 In der Agrarstatistik wird zwischen ständigen und nichtständigen Arbeitskräften unterschieden, wobei unter ständigen Arbeitskräften alle Personen, die in einem unbefristeten oder auf mindestens drei Monate befristeten Arbeitsverhältnis zum Betrieb stehen, verstanden werden. Nichtständige

Der Betriebsinhaber legte in dem Gespräch dar, dass ohne die Beschäftigung von polnischen Saisonarbeitern weder die Gründung des Betriebes noch die Ausweitung der Betriebsflächen und der Produktion möglich gewesen wäre.

1991 startet der Betrieb mit der Produktion von 700 000 Pflanzen; 2001 werden 6 Millionen Pflanzen produziert. Während die Produktion insgesamt sich ausweitet, nimmt auch die Produktionsfläche unter Glas in den 10 Jahren deutlich zu. Gehören 1991 1 200 qm Fläche im Gewächshaus zum Betrieb, so sind es 2001 schon 7 200 qm. Mit der verstärkten Flächenerweiterung werden zunehmend auch Fremdarbeitskräfte[21] auf Dauer eingestellt: 1995 erfolgt die Einstellung eines ersten Festangestellten als geringfügig Beschäftigter und die (finanziell geförderte) Einstellung eines behinderten Mitarbeiters mit einer Arbeitszeit von 30 Stunden in der Woche. 1998 wird ein Ausbildungsplatz „Gärtnerei" eingerichtet und auch im gleichen Jahr besetzt. 1999 erfolgt die Einstellung eines Auszubildenden des Gartenbauhandwerks. Im Juli 2001 wird eine Gärtner-Meisterin im Betrieb angestellt, die neben der normalen einfachen Arbeit auch qualifizierte Funktionen der Arbeitsvorbereitung und -anleitung übernimmt.

Dieses Beispiel vom Niederrhein macht deutlich, dass der Einsatz von polnischen Saisonarbeitern in dem vorgestellten Gartenbaubetrieb nicht nur keine inländischen Arbeitskräfte aus einem bestehenden Arbeitsverhältnis verdrängt, sondern zur Schaffung ständiger und unbefristeter Arbeitsverhältnisse beiträgt und durch die zunehmende innerbetriebliche Arbeitsteilung auch die Einrichtung höher qualifizierter Arbeitsplätze zur Folge hat. Allerdings sollte eine Generalisierung dieses Beispiels mit der gebotenen Vorsicht vorgenommen werden. Ich habe schon Argumente aufgezeigt, die durchaus gegen eine Verallgemeinerung vorgebracht werden können.

Ähnliche Entwicklungen wie am Niederrhein sind auch in anderen Teilen der Bundesrepublik zu beobachten. In Brandenburg ist für den Zeitraum 1994 bis 2005 ein Flächenzuwachs der gärtnerischen Nutzfläche von 22,5 % zu verzeichnen (Anstieg von 9 900 ha auf 11 970 ha), während die Größe der gesamten landwirtschaftlich genutzten Fläche in der Bundesrepublik stagniert. Im gleichen Zeitraum wächst die Beschäf-

---

Arbeitskräfte sind in diesem Sinne Personen, die in einem weniger als drei Monate befristeten Arbeitsverhältnis zum Betrieb stehen.

21 In der Statistik der Agrarwirtschaft wird zwischen den zur Familie des Inhabers zählenden Arbeitskräften und familienfremden Arbeitskräften unterschieden.

tigung im Gartenbau um 29,4 % (Landesbetrieb für Datenverarbeitung und Statistik Brandenburg 2006).

In Baden-Württemberg ist im Zeitraum 1994 - 2005 eine Flächenausdehnung um 19,3 % auf 35 700 ha gärtnerischer Nutzfläche zu registrieren (Statistisches Landesamt Baden-Württemberg 2005a).

Tab. 7: Anbauflächen ausgewählter Gemüse- und Obstsorten in der Bundesrepublik 1992 und 2005 (in ha)

	1992	2005	Veränd. 1992 - 2005 in %
Spargel	7346	21088	187,1
Möhren u. Karotten	7058	9858	39,7
Frischeerbsen	3663	5141	40,3
Gurken	2752	3020	9,7
Erdbeeren	6262	18827	200,7
Gemüse insgesamt	79764	128110	60,6
Landwirtschaftsfläche insgesamt	17021400	17004600	-0,1

Quelle: Statistisches Bundesamt, Fachserie 3, Reihe 3.1.3, verschiedene Jahrgänge

Tabelle 7 macht deutlich, dass zwischen 1992 und 2005 für einige arbeitsintensiven Obst- und Gemüsesorten die Anbaufläche massiv ausgedehnt worden ist. Die Anbaufläche von Erdbeeren wächst für diesen Zeitraum um 200 %, die für Spargel um 187 %, während die Flächen für den Gemüsebau insgesamt um 60 % zunehmen.

Für die Bundesrepublik Deutschland legt der Agrarpolitische Bericht 2006 Zahlen vor, die auch auf eine Ausdehnung der Beschäftigung im Gartenbau hinweisen. So steigt die durchschnittliche Zahl der Arbeitskräfte (ständig Beschäftigte) im Zeitraum zwischen den Wirtschaftsjahren 1997/98 und 2004/05 pro Betrieb im Gemüsebau von 3,0 auf 5,2 Arbeitskräfte, im Zierpflanzenbau von 3,6 auf 4,2 und im Weinbau von 2,1 auf 2,5. Nur im Obstbau ist für die gleiche Zeit eine Stagnation auf durchschnittlich 3,1 Arbeitskräfte pro Betrieb zu verzeichnen.

Allerdings bieten diese Zahlen keinen Beleg für die für den Niederrhein im Zeitraum zwischen 1985 und 2000 zu machende Beobachtung der Erhöhung der Zahl der gartenbaulichen Betriebe. In Baden-Württemberg geht mit der Flächenausweitung und der Zunahme der Beschäftigung im Gartenbau ein deutlicher Konzentrationsprozess einher. Sind 1994 noch 12 997 Betriebe mit Anbau von Gartenbauerzeugnissen[22] gezählt worden, so sind es 2005 nur noch 9 600 (Rückgang von 26,1 %). Im Zuge des Strukturwandels stellt damit jeder vierte Gartenbaubetrieb die Produktion im Zeitraum zwischen 1994 und 2005 ein.

Tab. 8: Betriebe mit Anbau von Gartenbauerzeugnissen nach Größenklassen der gärtnerischen Nutzfläche in Baden-Württemberg 2005 und 1994

gärtnerische Nutzfläche von ...bis unter ... ha	2005 Betriebe insgesamt	2005 Gärtnerische Nutzfläche in ha	1994 Betriebe insgesamt	1994 Gärtnerische Nutzfläche in ha
unter 0,5	1815	608	3322	1162
0,5 - 1	2340	1643	3450	2394
1 - 2	1923	2695	2551	3498
2 - 3	898	2207	1214	2905
3 - 5	905	3479	1067	4036
5 - 10	892	6243	884	6093
10 - 20	547	7598	377	5163
20 und mehr	281	11213	132	4657
insgesamt	9601	35685	12997	29909

Quelle: Statistisches Landesamt Baden-Württemberg b, S. 4

Der Konzentrationsprozess kommt besonders in der Entwicklung der durchschnittlichen Betriebsgröße zum Ausdruck. Die gärtnerische Nutzfläche steigt von 2,3 ha 1994 auf 3,7 ha 2005 an. Nur noch diejenigen Betriebe der Größenklasse mit mindestens 5 ha gärtnerischer Nutzfläche haben einen Zuwachs bei den Betriebszahlen zu verzeichnen (vgl. Tabelle 8). 2005 weisen 1720 Betriebe (17,9 %) diese Größenklasse auf, 1994 gehörten ihr 1400 Betriebe (10,7 %) an. Mit über 25 100 ha (1994: 15 900 ha) bewirtschaften sie weit mehr als zwei Drittel (70,2 %) der gärtnerischen Nutzfläche Baden-Württembergs (1994: 53,2 %) (Statistisches Landesamt Baden-Württemberg a, b).

Zusammenfassend kann man festhalten, dass die verstärkte Beschäftigung polnischer Saisonarbeitskräfte in bestimmten Subsektoren der Landwirtschaft dazu führt, dass arbeitsintensive Bereiche der Landwirt-

---

22 Hierunter sind sowohl „klassische" Gartenbaubetriebe als auch landwirtschaftliche Betriebe mit Gartenbau (Mischbetriebe) zu verstehen.

schaft und des Gartenbaus wachsen können, während andere Sektoren relative oder auch absolute Produktionsrückgänge zu verzeichnen haben. Die Ausweitung bestimmter Produktionsrichtungen ist auf eine verbesserte Wettbewerbsfähigkeit durch die Anwendung polnischer Arbeitskraft zurückzuführen. Neben der Kostenersparnis durch zwar tarifliche, aber geringere Entlohnung führt vor allem die flexible Verfügbarkeit von Arbeitskraft in den arbeitsintensiven Segmenten der Landwirtschaft zu einer erheblichen Stärkung der Wettbewerbsfähigkeit und fördert so den strukturellen Wandel in der Landwirtschaft. Vor allem größere Betriebe können das Kostensenkungspotential dazu nutzen, Erweiterungsinvestitionen durchzuführen, die zu einem erhöhten Betriebsgrößenwachstum führen. Zwar ist der Anteil der Beschäftigung polnischer Saisonarbeiter an der sektoralen Bruttowertschöpfung in der Landwirtschaft insgesamt nicht genau zu quantifizieren, aber es ist davon auszugehen, dass dieser nicht unbedeutend ist. Die Anwendung polnischer Arbeitskraft trägt so in einem erheblichen Umfang dazu bei, die Basis der Kapitalakkumulation in der Landwirtschaft zu erweitern.

Landwirtschaftliche Betriebe und polnische Saisonarbeiter – Ergebnisse einer Betriebsbefragung

In den vorhergehenden Kapiteln wurde mit Hilfe der Aufarbeitung sekundärstatistischen Materials der Frage nach der Bedeutung der Beschäftigung polnischer Saisonarbeitskräfte für bestimmte Subsektoren der Landwirtschaft und in bestimmten Regionen der Bundesrepublik nachgegangen. Die Ergebnisse dieser Analysen haben verdeutlicht, dass die Saisonarbeiterbeschäftigung auf die Entwicklung und den strukturellen Wandel in verschiedenen Teilen der Landwirtschaft einen großen Einfluss ausübt. Im Folgenden soll mit Hilfe der Ergebnisse einer Betriebsbefragung die aus der sekundärstatistischen Analyse gewonnenen Erkenntnisse vertieft werden.

Wesentliches Ziel der Befragung war es, genauere Einsichten in den Zusammenhang von betrieblichen Entwicklungsstrategien und der Beschäftigung von polnischen Saisonarbeitern zu erlangen. Darüber hinaus sollte die Bedeutung des Einsatzes polnischer Saisonarbeitskräfte aus Sicht der beschäftigenden Betriebe beschrieben werden können.

Die Auswahl der Befragungsregionen (Brandenburg und Niederrhein) ließ sich von dem Gedanken leiten, dass hier eine gewisse Nachfrage nach polnischen Saisonarbeitskräften besteht, sich die Struktur der nachfragenden Betriebe aber in wesentlichen Faktoren unterscheidet.

Diese Annahme beruht auf der unterschiedlichen historischen Entwicklung der Landwirtschaft in den beiden Befragungsgebieten. Die Kollektivierung der Landwirtschaft in der DDR hat auch heute noch wirkende Strukturen in den landwirtschaftlichen Unternehmen der neuen Bundesländer hinterlassen, etwa in Bezug auf die Größe, auf das Verhältnis des Beschäftigungsumfangs von Familienarbeitskräften und Fremdarbeitskräften etc. Aus diesem Grund schien es lohnend diese unterschiedlichen Bedingungen mit in die Untersuchung einzubeziehen.

Die Befragung wurde als standardisierte schriftliche Befragung im Sommer 2002 durchgeführt. Für die Form der schriftlichen Befragung sprachen auf der einen Seite arbeitsökonomische Gründe, andererseits bietet diese Form der Befragung auch methodische und inhaltliche Vorteile, die vor allem bei „sensiblen" Fragen nach betrieblichen Entscheidungsgründen, persönlichen Einschätzungen etc. zur Geltung kommen können.

Die Auswahl der befragten Betriebe in Brandenburg beruhte auf der Zufallsauswahl aus einer Adressenliste des Landesverbandes Gartenbau Brandenburg e.V. in Bergholz-Rehbrücke. Das Auswahlverfahren für den Niederrhein beruhte auf einer Kombination der Zufallsauswahl aus einer Adressenliste des Landesverbandes Gartenbau Rheinland e.V. und der Anwendung des „Schneeballverfahrens" während der am Niederrhein durchgeführten Expertengespräche (mit Verbandsvertretern, Gewerkschaften, Agentur für Arbeit, Betriebsinhabern). In der Region Niederrhein wurden 95 Betriebe angeschrieben, in Brandenburg 86. Die Rücklaufquote betrug 53 bzw. 58 %. Damit konnten jeweils 50 Fragebögen für die beiden Regionen ausgewertet werden.

Ein Anspruch auf Repräsentativität der Stichprobe ist mit der Konzeption der Befragung nicht verbunden, vielmehr sollte die Möglichkeit geschaffen werden, die in der sekundärstatistischen Analyse erzielten Erkenntnisse zu vertiefen und besonders den Zusammenhang von betrieblichen Entscheidungen und Entwicklungen und der Beschäftigung polnischer Saisonarbeiter eingehender auszuleuchten. Darüber hinaus sollte die Befragung Auskunft darüber geben, welche Ziele und Absichten in den Betrieben mit dem Einsatz polnischer Saisonarbeitskräfte verknüpft werden.

Den Untersuchungszielen der Befragung entsprechend wurde der vierseitige teilstandardisierte Fragebogen strukturiert. In einem ersten Block werden allgemeine Fragen zur Charakterisierung und genaueren Einordnung des befragten Betriebes gestellt (Sparte des Betriebes, Gründungsjahr, Größe etc.) Diesem Block schließen sich Fragen zur betrieblichen Entwicklung in den letzten Jahren und zu den mittelfristigen Entwicklungsperspektiven an. Schließlich wird nach Veränderungen der betrieblichen Wachstumsstrategien unter den Bedingungen einer möglichen Beschränkung der Beschäftigungsmöglichkeiten polnischer Saisonarbeiter gefragt.

Die 100 befragten Betriebe verteilen sich auf unterschiedliche Weise auf die einzelnen Sparten des Gartenbaus. 48 % gehören zum Zierpflanzenbau, 24 % zum Obstbau, 14 % zum Gemüsebau. Neun Betriebe ordnen sich der Kategorie „Mehrspartenbetriebe" mit jeweils unterschiedlichen Anteilen zu. Drei Betriebe sind klassische Landwirtschaftsbetriebe, die auch Gartenbau betreiben. Außerdem sind zwei Baumschulen unter den befragten Betrieben zu finden. Damit sind alle Sparten des Gartenbaus, in denen vorzugsweise polnische Saisonarbeiter beschäftigt werden, im Sample vertreten.

Die durchschnittliche Gartenbaubetriebsfläche beträgt 36,4 ha, wobei der Median mit einem Wert von 6,9 ha darauf hindeutet, dass hinsichtlich der Größenstruktur eine recht große Spannweite vorliegt. Der kleinste Betrieb bearbeitet eine Gartenbaufläche von 0,15 ha, der größte eine Fläche von 320,0 ha.

Hinsichtlich der Betriebsgrößenstruktur unterscheiden sich die Betriebe in den beiden Befragungsregionen gravierend. Während die Gartenbaubetriebe am Niederrhein eine durchschnittliche Gartenbaubetriebsfläche von 3,3 ha bewirtschaften, beträgt dieser Wert für die Brandenburger Gartenbaubetriebe 70,3 ha. Diese unterschiedlichen Betriebsgrößen sind auf den Umstand zurückzuführen, dass im Sample Niederrhein überdurchschnittlich viele Betriebe der Sparte „Zierpflanzenbau" vertreten sind. Die Arbeitsteilung und Spezialisierung ist im Zierpflanzenbau weit fortgeschritten und orientiert sich in der Regel am Wachstumsverhalten der Pflanzen. So beschäftigen sich bestimmte Betriebe ausschließlich mit der Aufzucht von Keimlingen, andere wiederum mit der Produktion von Jungpflanzen. Diese hoch differenzierten Betriebsstrukturen benötigen vergleichsweise geringe Größen an Anbauflächen.

Durchschnittlich arbeiten 2,0 Familienarbeitskräfte und 10,7 Fremdarbeitskräfte in den Betrieben. Während die Anzahl der mitarbeitenden Familienangehörigen sich in beiden Untersuchungsgebieten sehr ähnelt (Brandenburg 1,9, Niederrhein 2,1), differiert die Zahl der beschäftigten familienfremden Arbeitskräfte erheblich. In Brandenburg wurden in 2002 durchschnittlich 19,3 Arbeitskräfte beschäftigt, am Niederrhein waren es nur 3,9.

Eindeutig ist allerdings die Altersstruktur der befragten Betriebe auf die verschiedenen Entwicklungswege der Landwirtschaft in Ost- und Westdeutschland zurückzuführen. Von den 50 an der Befragung teilgenommenen Unternehmen aus Brandenburg sind 47 erst in den Jahren nach 1990 gegründet worden, während die Mehrzahl der Betriebe am Niederrhein schon vor 1970 bestanden hat.

Tab. 9: Betriebsgründungszeitraum der befragten Betriebe

Betriebsgründung	Niederrhein	Brandenburg	insgesamt
vor 1949	11	1	12
1950 - 1959	11	–	11
1960 - 1969	21	2	23
1970 - 1979	4	–	4
1980 - 1989	1	–	1
1990 - 2000	2	47	49

Quelle: eigene Untersuchung

Mit den hier vorliegenden Werten einer ersten Charakterisierung der befragten Unternehmen bestätigt sich die eingangs geäußerte Hypothese, dass sich vor allem hinsichtlich der Größe und des Verhältnisses von Familienarbeitskräften zu Fremdarbeitskräften die beiden Untersuchungsgebiete massiv unterscheiden. Ob allerdings hier ausschließlich historische Gründe im Sinne eines unterschiedlichen Entwicklungspfades der Landwirtschaft in Ostdeutschland zur Erklärung der unterschiedlichen Verhältnisse heranzuziehen sind, kann nicht eindeutig beantwortet werden, da eine mögliche Erklärung auch in der unterschiedlichen Verteilung des Samples bezüglich der verschiedenen Gartenbausparten zu finden ist.

Betriebliche Entwicklung und die Beschäftigung polnischer Saisonarbeiter

Die Beschäftigung polnischer Saisonarbeiter nimmt im beobachteten Zeitraum von 1991 bis 2002 im großen Umfang zu. Waren 1991 697 polnische Saisonarbeitskräfte beschäftigt, so sind es 2002 5423. Mit einer Zunahme von 678 % übertrifft die Entwicklung des Wachstums den Bundesdurchschnitt von 265 % um ein Vielfaches.

Differenziert man die Entwicklung nach den beiden Befragungsregionen, so sind auch hier deutliche Unterschiede festzustellen. Während in Brandenburg die Beschäftigten von 640 auf 5167 Saisonarbeitern steigt (ein Plus von 707 %), wächst sie am Niederrhein nur von 57 auf 256 Beschäftigte an (ein Plus von 350 %); aber auch bei den befragten Betrieben am Niederrhein ist eine größere Zunahme der Saisonarbeiter-Beschäftigung zu verzeichnen als im Bundesdurchschnitt.

Während die Anzahl der Familienarbeitskräfte zwischen den Jahren 1991 und 2002 mehr oder weniger stagniert (148 in 1991 und 154 in 2002), verdoppelt sich die Beschäftigung von Fremdarbeitskräften (Zunahme von 474 Arbeitskräften auf 925 Beschäftigte). Auch hier sind deutliche Unterschiede in den Befragungsregionen zu verzeichnen. In Brandenburg finden wir eine Zunahme der familienfremden Arbeitskräfte zwischen 1991 und 2002 um 108 %, am Niederrhein um 43 %.

Abb. 7: Entwicklung der Beschäftigung polnischer Saisonarbeitskräfte am Niederrhein und in Brandenburg

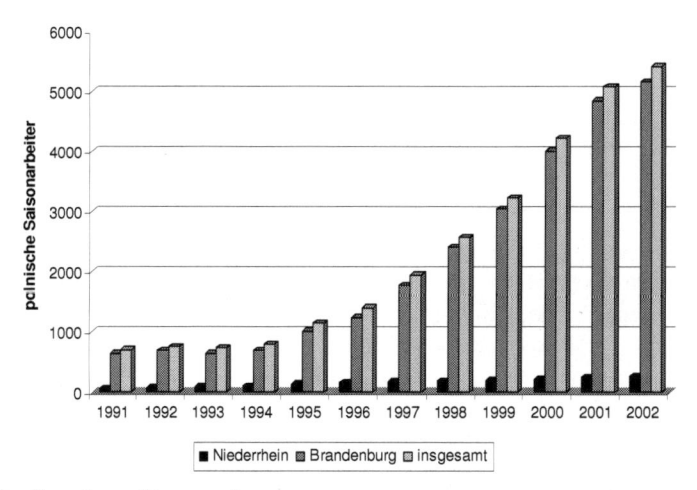

Quelle: eigene Untersuchung

Die Zunahme der Beschäftigung polnischer Saisonarbeiter geht auch in den befragten Betrieben einher mit der Ausdehnung der Beschäftigung ständig beschäftigter familienfremder Arbeitskräfte. Die weiter oben vorsichtig formulierte These, dass mit zunehmender Beschäftigung polnischer Saisonarbeiter auch der Umfang der Dauerbeschäftigung zunimmt, findet hier ihre Bestätigung.

Untersucht man den Zusammenhang von Betriebsgrößenstruktur und Anzahl der beschäftigten polnischen Saisonarbeiter, so ist unschwer zu erkennen, dass hier ein positives Verhältnis besteht. Die Betriebe mit einer Gartenbaubetriebsfläche über 100 ha – das sind insgesamt nur sieben Unternehmen – beschäftigen über 78 % der polnischen Saisonkräfte. Auch in dieser Frage ist ein deutlicher Unterschied zwischen den beiden Untersuchungsgebieten festzustellen. Während am Niederrhein der

Schwerpunkt der Beschäftigung bei den Unternehmen mit einer Gartenbaubetriebsfläche zwischen einem und drei ha liegt (38,5 %), wird der weitaus größte Teil der polnischen Saisonarbeiter in Brandenburg in den großen Betrieben ab 100 ha Gartenbaufläche (82,3 %) beschäftigt.

Dieser Umstand ist wiederum darauf zurückzuführen, dass in dem Untersuchungssample „Niederrhein" viele Betriebe der Sparte „Zierpflanzenbau" mit relativ kleinen Betriebsflächen zu finden sind. Die ungleiche Verteilung der polnischen Saisonarbeitskräfte auf die unterschiedlichen Größenklassen könnte zu der Vermutung führen, dass die Bedeutung der Beschäftigung polnischer Saisonarbeitskräfte mit der Größe der Betriebe zunimmt und dass für kleinere Betriebe die Beschäftigung relativ unbedeutend ist. Das Beispiel vom Niederrhein, das weiter oben aufgeführt wurde, zeigt, dass auch für die Entwicklung kleinerer Betriebe die Verfügbarkeit polnischer Arbeitskräfte von großer Bedeutung ist. Weiter unten wird darauf eingegangen, ob auch die Betriebsbefragung dieses Ergebnis bestätigen kann.

Tab. 10: Betriebsgrößenstruktur und Anzahl der beschäftigten polnischen Saisonarbeiter 2002

Gartenbaubetriebsfläche	Niederrhein		Brandenburg		insgesamt	
	absolut	in %	absolut	in %	absolut	in %
unter 1 ha	7	2,93	-	0	7	0,13
1,0 - 3	92	38,49	3	0,06	95	1,70
3,1 –5	55	23,01	5	0,09	60	1,07
5,1 – 10	64	26,78	155	2,89	219	3,91
10,1 –20	21	8,79	80	1,49	101	1,80
20,1 – 50	-	-	512	9,56	512	9,15
50,1 –100	-	-	193	3,60	193	3,45
über 100 ha	-	-	4409	82,30	4409	78,79

Quelle: eigene Untersuchung

Hinsichtlich der Dauer der Beschäftigung ist festzustellen, dass sowohl in Brandenburg als auch am Niederrhein die polnischen Saisonarbeiter über einen langen Zeitraum hinweg beschäftigt werden (Abbildung 8). Am Niederrhein waren 70 % der Saisonarbeitskräfte sieben Jahre und länger beschäftigt, in Brandenburg waren es 64 %. Da der überwiegende Teil der Brandenburger Betriebe erst in den 90er Jahren gegründet wurde, kann man davon ausgehen, dass schon ab dem Zeitpunkt der Unternehmensgründung die Beschäftigung polnischer Saisonarbeiter eine wesentliche Rolle spielt.

In der Betriebsbefragung hatten die Unternehmen die Gelegenheit, Faktoren der Betriebsentwicklung zu bewerten. „Wenig bedeutend" bis „mäßig bedeutend" werden die Faktoren „Hofnachfolge", „Investitionskosten", „Verfügbarkeit inländischer Dauerarbeitskräfte" und „politische Rahmenbedingungen" eingeschätzt, „bedeutend" bis „sehr bedeutend" werden die Parameter „Absatzentwicklung", „Preisniveau", „Produktionskosten" und „Verfügbarkeit polnischer Saisonarbeitskräfte" angesehen. Der größte Unterschied zwischen den Untersuchungsregionen besteht bei der Einschätzung des Faktors „Vermarktungskosten". Während die Betriebe am Niederrhein diesen Faktor für die Produktionsentscheidungen als bedeutsam einschätzen, wird er von den Betrieben in Brandenburg als nur „mäßig bedeutend" angesehen.[23]

Abb. 8: Dauer der Beschäftigung polnischer Saisonarbeiter in den befragten Betrieben

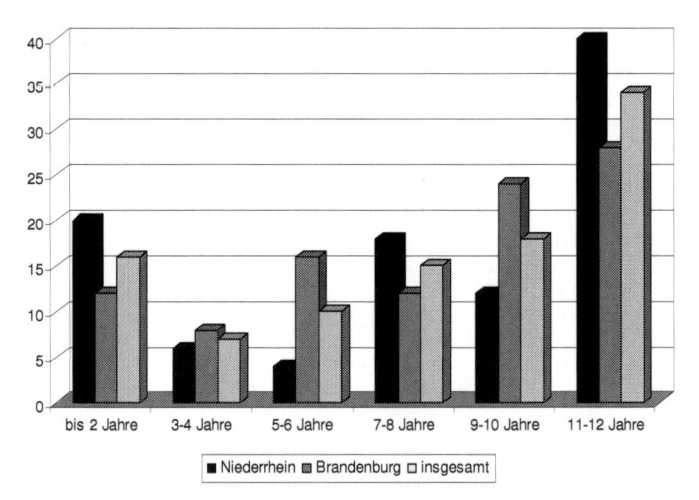

Quelle: eigene Untersuchung

---

23 Über die Ursachen dieser unterschiedlichen Bewertung kann hier nur gemutmaßt werden. Ein großer Teil der Betriebe am Niederrhein ist einer großen Erzeuger- und Absatzorganisation angeschlossen. Eventuell drückt sich hier eine gewisse Unzufriedenheit mit den damit verbundenen Kosten aus.

Die Frage der Verfügbarkeit polnischer Saisonarbeitskräfte steht bei den Betrieben Brandenburgs an zweiter Stelle, wichtiger wird nur die Absatzentwicklung angesehen. Von den Betrieben des Niederrheins wird diese Frage als „weniger bedeutend" eingestuft, die Faktoren „Produktionskosten" „Preisniveau" und „Absatzentwicklung" als bedeutender eingeschätzt.

Auch wenn bei der Einschätzung der Bedeutung für die betriebliche Entwicklung andere Faktoren als wichtiger eingeschätzt werden, wird der Parameter „Verfügbarkeit polnischer Saisonkräfte" als bedeutend angesehen.

Tab. 11: Kurzfristige betriebliche Reaktionen auf eine Reduzierung des Beschäftigungsumfangs polnischer Saisonarbeitskräfte

Reaktionen	Niederrhein absolut	in %	Brandenburg absolut	in %	insgesamt absolut	in %
keine Auswirkungen	9	18	4	8	13	13
Einsatz anderer Arbeitskräfte zu höheren Löhnen	8	16	3	6	11	11
umgehende Produktionseinschränkungen	29	58	41	82	70	70

Quelle: eigene Untersuchung, fehlende Werte nicht aufgeführt

Das Problem der Verfügbarkeit von Saisonarbeitskräften wurde in der Betriebsbefragung weiter vertieft. Hierzu wurden Fragen nach betrieblichen Reaktionen und Strategien auf mögliche Einschränkungen bei der Vermittlung polnischer Saisonarbeiter gestellt, einmal in Bezug auf kurzfristige (bis zu einem Jahr), zum andern im Hinblick auf mittelfristige Strategien mit einem Zeithorizont von fünf Jahren. Die Frage dazu lautete: Schon seit längerem werden Möglichkeiten zur Reduzierung der Beschäftigung polnischer Saisonarbeitskräfte diskutiert. Wie würde sich eine Reduzierung der Verfügbarkeit polnischer Arbeitskräfte auf Ihren Betrieb auswirken? Stellen Sie sich vor, Sie hätten 50 % weniger polnische Arbeitskräfte als im Vorjahr zur Verfügung. Wie würde sich dieser Umstand kurzfristig (innerhalb eines Jahres) oder mittelfristig (innerhalb der nächsten fünf Jahre) auswirken?

In Bezug auf die kurzfristigen Reaktionsmöglichkeiten scheinen die flächenmäßig kleineren, nur wenige polnische Saisonarbeitskräfte beschäftigende Gartenbaubetriebe am Niederrhein flexibler reagieren zu können. 18 % der Betriebe geben an, dass eine Reduzierung der Vermittlungszahlen polnischer Saisonarbeitskräfte um 50 % kurzfristig keine Auswirkungen auf die betriebliche Entwicklung habe, da entweder die verbleibenden Arbeitskräfte den Ausfall durch Mehrarbeit ausgleichen könnten oder aber gleichwertige Arbeitskräfte zum gleichen Lohn zur Verfügung stünden. 16 % der befragten Unternehmen rechnen damit, den Ausfall durch den Einsatz anderer Arbeitskräfte zu höheren Löhnen wettmachen zu können. Allerdings geht mehr als die Hälfte der Betriebe (58 %) davon aus, die entstehenden Lücken bei den Arbeitskräften nicht ausgleichen zu können und umgehend Produktionseinschränkungen vornehmen zu müssen.

Die Brandenburger Betriebe schätzen die Folgen einer Reduzierung des Saisonarbeitskräfteangebots aus Polen wesentlich folgenreicher ein. Immerhin geben hier noch 8 % der Gartenbaubetriebe an, die Reduzierung werde keine Auswirkungen haben, aber der weitaus größte Teil der Brandenburger Betriebe (82 %) würde mit umgehenden Produktionseinschränkungen reagieren. Nur 6 % können es sich vorstellen, einen Ersatz durch die Beschäftigung teurerer Arbeitskräfte bewerkstelligen zu können.

Ein anderes Bild ergibt sich, wenn man die möglichen mittelfristigen Auswirkungen auf die Produktionsentscheidungen der Unternehmen analysiert. Die Zahl der Unternehmen, die keine Auswirkungen auf die Produktion annehmen, wächst sowohl in Brandenburg als auch am Niederrhein: in Brandenburg sind es fünf Betriebe oder 10 %, am Niederrhein 10 Betriebe oder 20 %.

Tab. 12: Mittelfristige betriebliche Reaktionen auf eine Reduzierung des Beschäftigungsumfangs polnischer Saisonarbeitskräfte

Reaktionen	Niederrhein		Brandenburg		insgesamt	
	absolut	in %	absolut	in %	absolut	in %
keine Auswirkungen	10	20	5	10	15	15
Produktion vollständig einstellen	-	-	5	10	5	5
Produktionseinschränkungen	34	68	35	70	69	69
bis 20 %	7	14	2	4	9	9
21 - 40 %	12	24	11	22	23	23
41 - 60 %	6	12	17	34	23	23
61 - 80 %	-	-	3	6	3	3
81 - 90 %	-	-	2	4	6	6

Quelle: eigene Untersuchung, fehlende Werte nicht aufgeführt

Die Produktion vollständig einstellen würden fünf Betriebe, die alle in Brandenburg produzieren. Die Unternehmen am Niederrhein rechnen nicht damit, dass die Reduzierung des Arbeitskräfteangebots aus Polen mittelfristig zu Betriebsschließungen führen wird.

Hinsichtlich der Annahme, dass ein eingeschränktes Arbeitskräfteangebot zu Produktionseinschränkungen führt, nähern sich die Betriebe aus den beiden Untersuchungsregionen in dieser Frage an. Am Niederrhein gehen 68 % der Betriebe von einer Reduzierung der Produktion aus, in Brandenburg sind es 70 %, hier werden aber in Bezug auf mögliche Produktionsbeschränkungen massivere Auswirkungen angenommen. Die Brandenburger Betriebe rechnen in ihrer Mehrzahl mit Produktionseinschränkungen in einem Umfang von 41 - 60 %, der größte Teil der Unternehmen am Niederrhein geht von einer Reduzierung zwischen 21 - 40 % aus.

Für die Mehrheit der Betriebe in Brandenburg und am Niederrhein bilden die polnischen Saisonarbeiter einen wesentlichen Teil der verfügbaren Arbeitskräfte ohne den die zukünftige betriebliche Entwicklung nicht ohne erhebliche Einschränkungen überhaupt vorstellbar ist. War mit dem Einsatz polnischer Saisonarbeitskräfte in der Vergangenheit betriebliches Wachstum verbunden, so wird für die Zukunft bei einer Einschränkung der Verfügbarkeit mit Produktionseinbußen gerechnet.

Die befragten Betriebsleiter und Eigentümer hatten die Möglichkeit, auch jenseits der standardisierten Antworten eigene Aspekte, Themen und Fragestellungen, die von dem Fragebogen nicht berücksichtigt worden waren, anzumerken. Dabei ging es in erster Linie darum, die Bedeutung der polnischen Saisonarbeitskräfte für die Entwicklung der Betriebe zu beschreiben.

Einige der an der Befragung teilnehmenden Betriebsleiter und Eigentümer weisen darauf hin, dass inländische Arbeitskräfte für die Saisonarbeit kaum zur Verfügung stehen und die Betriebe schon aus diesem Grund auf die polnischen Saisonarbeiter angewiesen sind:

„Es ist unmöglich, für ca. drei Monate Arbeitskräfte zu finden, die bis zu 12 Stunden an Spitzentagen arbeiten!" (Niederrhein, Zierpflanzenbau, 72[24])

„Es gibt keine deutsche Arbeitskraft, die bereit ist in der Landwirtschaft zu den Bedingungen zu arbeiten. In Polen zählt unser Geld x2, jetzt (Euro) x4." (Brandenburg, Gemüsebau, 33)

---

24 Die Ziffern geben die Nummer des Fragebogens der Betriebsbefragung an.

„Da keine einheimischen Arbeitskräfte zur Verfügung stehen, müsste die Produktion stark eingeschränkt werden." (Niederrhein, Zierpflanzenbau, 92)

Auch die Arbeitsagenturen sind nicht in der Lage, den Mangel an Saisonarbeitskräften zu beheben, und manche Eigentümer fühlen sich von den örtlichen Arbeitsagenturen unfair behandelt. Die meisten vermittelten Arbeitskräfte entsprechen dabei nicht den Arbeitsanforderungen der Gartenbaubetriebe und sind weder leistungsfähig noch motiviert:

> „Es ist schwer, vom Arbeitsamt inländische Arbeitskräfte für den Gartenbau zu gewinnen (und das bei der momentanen Arbeitsmarktlage)." (Niederrhein, Zierpflanzenbau, 85)
>
> „Leider zu wenig Arbeitskräfte auf dem dt. Arbeitsmarkt für Gartenbau zu finden, daher keine Chance, Ausfälle zu kompensieren. Trotz ständiger Bemühungen beim Arbeitsamt ist es nicht möglich Kräfte einzustellen." (Niederrhein, Zierpflanzenbau, 89)
>
> „Das Arbeitsamt Eberswalde weigert sich mehr polnische Arbeitskräfte mir zu geben, ich brauchte eigentlich 12 polnische Arbeitskräfte." (Brandenburg, Obstbau, 28)
>
> „Große Betriebe werden bevorzugt, kleine Betriebe bekommen keine polnischen Arbeitskräfte, werden in die Illegalität getrieben." (Brandenburg, Obstbau, 47)
>
> „Das Arbeitsamt schickt mir jährlich mehrere Arbeitskräfte zur Aushilfe, die aber keine Lust und Ausdauer haben in unserem Betrieb zu arbeiten. Andere werden gemeldet, erscheinen gar nicht." (Brandenburg, Obstbau, 21)

Bei der Auswertung der Befragung wurde weiter oben darauf hingewiesen, dass der überwiegende Teil der Unternehmen auf eine Reduzierung des Angebots von polnischen Saisonarbeitern mit Produktionseinschränkungen reagieren müsste. Einige Betriebe müssen allerdings auch die Aufgabe der gesamten Produktion einkalkulieren. Eine Kürzung der Vermittlungszahlen von polnischen Saisonarbeitskräften um 50 % hätte für einige Betriebe gravierende Auswirkungen. Hier wurden folgende Überlegungen angestellt:

> „Würde sehr kurzfristig zur Aufgabe der Produktion führen. Investitionen erfordern 100 %ige Beruhigung." (Brandenburg, Gemüsebau, 15)
>
> „[...] auch eine Betriebsaufgabe überlegen, keine Investitionen mehr tätigen, auch deutsche Mitarbeiter entlassen." (Brandenburg, Obstbau, 12)

„Ohne Polen wird der Betrieb geschlossen." (Niederrhein, Zierpflanzenbau, 86)
„Dieser Fall würde langfristig Produktionseinschränkungen hervorrufen, da wir dann nicht mehr konkurrenzfähig sind." (Niederrhein, Zierpflanzenbau, 79)
„[...] würde eine weitere Produktion in Frage stellen. Saisonkräfte sind in unserem Sektor unbedingt notwendig um mit anderen Ländern der Welt konkurrieren zu können." (Brandenburg, Obstbau, 24)

Neben Produktionseinschränkungen und Betriebsaufgaben werden auch andere mögliche Reaktionen auf eine Beschränkung des saisonalen Arbeitskräfteangebots thematisiert. Diese reichen von dem Bemühen, durch Mehrarbeit die Lücken auszugleichen, über Rationalisierungsmaßnahmen in der Produktion bis hin zur Suche nach einem Ersatz für die polnischen Arbeitskräfte.

„Kurzfristig würden wir versuchen durch Mehrarbeit diesen Ausfall auszugleichen, auf Dauer jedoch nicht möglich (Obst sind Dauerkulturen, d. h. kurzfristige Einschränkungen oder Erweiterungen sind kaum möglich – Ausnahme Erdbeeren). Mit der Hälfte der Produktion ist der Betrieb auf Dauer nicht zu halten." Brandenburg, Obstbau, 41)
„Es würde versucht werden, die Spargelernte durch verstärkten Maschineneinsatz zu erledigen." (Brandenburg, Gemüsebau, 10)
„[...] keine Produktion für Großhandel und Markthändler, nur effektive junge Spargelanlagen beernten, Arbeitsleistung steigern durch Erntehilfsmittel: Sortiermaschinen, Folien- und Arbeitsrationalisierung; über das Arbeitsamt dt. AK mobilisieren versuchen – bisher ohne Erfolg." (Brandenburg, Obstbau, 39)
„Technisierung der Produktion, was zwangsläufig eine Qualitätsminderung zur Folge hätte (s. holl. Produktion: Trays, Sets usw.). Da bei uns im Betrieb alle Arbeitskräfte sozialversichert sind, denke ich, dass eher die Frage einer flexibleren Arbeitszeit für polnische Saisonarbeitskräfte von Nöten wäre: 3-Monatsregelung aufheben. Der Markt verlangt mehr nach großen, flexiblen Betrieben, daher ist eine Produktionssteigerung für die Zukunft des Betriebes unerlässlich." (Niederrhein, Zierpflanzenbau, 89)
„Ich würde auf AK anderer Nationalität zurückgreifen – ansonsten Betriebsaufgabe." (Brandenburg, Gemüsebau, 32)
„Ich würde versuchen vermehrt deutschstämmige polnische Arbeitskräfte zu bekommen." (Niederrhein, Zierpflanzenbau, 54)

Der größte Teil der Unternehmen, der sich in der Befragung eigenständig schriftlich äußert, weist darauf hin, dass es einen engen Zusammenhang zwischen der Beschäftigung der polnischen Saisonarbeiter und der Entwicklung der Betriebe auf der einen Seite, und der Beschäftigung inländischer Arbeitskräfte auf der anderen Seite gibt. Ohne die polnischen Saisonarbeiter wäre die Einrichtung von Dauerarbeitsplätzen in vielen Betrieben undenkbar. Nach dieser Sichtweise verdrängen polnische Saisonarbeitskräfte keineswegs inländische Arbeitskräfte, sondern machen deren Beschäftigung überhaupt erst möglich. Ein befragter Unternehmer spricht diesen Komplementäreffekt direkt an. Ein anderer weist auf den Beschäftigungseffekt in vor- und nachgelagerten Bereichen hin.

> „[...] das deutsche Stammpersonal würde auch um 50 % reduziert, da die Betriebsbasis weg ist." (Brandenburg, Obstbau, 23)
> „[...] zu polnischen Saisonarbeiter keine Alternative. Betriebe wachsen mit ihnen." (Niederrhein, Zierpflanzenbau, 57)
> „[...] darüber hinaus würden die 22 ganzjährig Beschäftigten ihren Dauerarbeitsplatz verlieren." (Brandenburg, Gemüsebau, 50)
> „Wegfall des Komplementäreffekts, d.h. es werden außer den Familienangehörigen keine deutschen Arbeitskräfte in den Betrieb integriert werden können." (Brandenburg, Gemüsebau, 36)
> „Die deutschen fest AK werden entlassen, da eine Beschäftigung ohne Saisonkräfte nicht tragbar wäre!" (Niederrhein, Zierpflanzenbau, 96)
> „50 % weniger polnische AK bedeutet 50 % dt. AK des Betriebes werden entlassen und doppelte Anzahl AK in den vorbereitenden und nachgelagerten Bereichen der Region müssten entlassen werden." (Brandenburg, Obstbau, 46)
> „Durch den Einsatz von polnischen Saison-AK sind in unserem Betrieb deutsche Arbeitsplätze (ca. 100) erst geschaffen worden." (Brandenburg, Gemüsebau, 5)

Zusammenfassend kann festgehalten werden, dass die Ergebnisse der schriftlichen Betriebsbefragung am Niederrhein und in Brandenburg die durch die sekundärstatistische Analyse gewonnenen Erkenntnisse und Annahmen in wesentlichen Punkten bestätigen. Die Ausdehnung der Beschäftigung polnischer Saisonarbeitskräfte führt in den Unternehmen zu betrieblichen Wachstumseffekten und zur Stärkung der Wettbewerbsfähigkeit in einem durch starke Konkurrenz und Gewinnrückgängen gekennzeichneten Marktsegment. Die Beschäftigung polnischer Saisonarbeiter schätzt der überwiegende Teil der befragten Unternehmer für die betriebliche Entwicklung bedeutsam ein. Für viele Betriebe ist eine Beschränkung der Beschäftigungsmöglichkeiten durch andere betriebliche Maßnahmen nicht zu kompensieren. Die Ausweitung von Dauerarbeitsplätzen wird in engem Zusammenhang mit der Beschäftigung von Saisonarbeitern gesehen.

Zwar wird die Bedeutung der polnischen Saisonarbeit von kleineren Betrieben geringer eingeschätzt als in Betrieben, in denen viele Saisonarbeiter beschäftigt werden, trotzdem wird auch von ihnen die Verfügbarkeit polnischer Saisonarbeiter als wesentliches betriebliches Entwicklungsmoment eingeschätzt.

POLNISCHE SAISONARBEITER IN DEUTSCHLAND

Bisher wurde ein Überblick über die Migrationsbedingungen im Entsendeland Polen gegeben und auf die ökonomische und politische Rahmung der temporären Arbeitsmigration im Zielland Bundesrepublik eingegangen. Es wurden wesentliche Ursachen und Konsequenzen der saisonalen Beschäftigung polnischer Erntehelfer aufgezeigt.

Im folgenden Kapitel geht es darum zu untersuchen, wer die große Nachfrage nach saisonalen Arbeitskräften auf der Angebotsseite befriedigt; mit anderen Worten: wie lassen sich die polnischen Saisonarbeiter als Gruppe sozialstrukturell beschreiben, mit welchen Motiven kommen die Erntehelfer nach Deutschland und welche Rolle spielen Netzwerkstrukturen für die temporären Arbeitsmigranten bei ihren Wanderungen und ihrem Aufenthalt in Deutschland? Schließlich werden auch Einstellungen und Sichtweisen der polnischen Saisonarbeiter auf die temporäre Arbeit in der Bundesrepublik untersucht.

Zur Bearbeitung dieser Fragestellungen kamen unterschiedliche Methoden der empirischen Sozialforschung zur Anwendung: neben teilnehmender Beobachtung und ausführlichem Expertengespräch (mit dem Betriebsinhaber des Erdbeer-Hofs auf dem ein Teil der Untersuchungen stattfand) wurde eine schriftliche Befragung der polnischen Belegschaft eines Erdbeer-Hofes in Schleswig-Holstein und mehrere qualitative Interviews mit polnischen Saisonarbeitern am Niederrhein im Kreis Wesel durchgeführt. Außerdem konnten unterschiedliche betriebliche Unterlagen des Erdbeer-Hofes für die Untersuchung ausgewertet werden.

Soziale Netzwerke und temporäre Arbeitsmigration – polnische Saisonarbeiter auf einem Erdbeer-Hof in Norddeutschland

Ausgangspunkt der folgenden Überlegungen ist die Beobachtung, dass in den Jahren seit In-Kraft-treten der Anwerbestoppausnahmeverordnung und der damit einhergehenden Legalisierung der Erntetätigkeiten von polnischen Arbeitern nur ein sehr geringer Teil der polnischen Saisonkräfte im anonymen Verfahren von den Arbeitsagenturen an die nachfragenden landwirtschaftlichen Unternehmen vermittelt wird. Der weitaus größere Teil der polnischen Arbeitskräfte kommt im namentlichen Verfahren in die Betriebe. Die landwirtschaftlichen Unternehmen stützen sich hierbei auf die Vermittlungstätigkeit der schon beschäftigten polnischen Saisonarbeiter. Diese Form der Selbstrekrutierung ist bisher in der Lage gewesen eine sich ständig ausweitende Nachfrage nach polnischen Saisonarbeitskräften zu befriedigen. Dabei spielen die persönlichen Kontakte und Netzwerke der Saisonarbeiter bei der Vermittlung der Arbeitsaufnahme die entscheidende Rolle. Ziel dieses Kapitels ist es, die Bedeutung sozialer Netzwerke für die Formierung und die Ausgestaltung eines spezifischen temporären Arbeitsmigrationssystems zwischen Deutschland und Polen zu bestimmen und am konkreten Beispiel eines landwirtschaftlichen Unternehmens zu veranschaulichen.

In den Netzwerkansätzen, die sich mit der Beschreibung und Erklärung von Migrationsbewegungen beschäftigen, sind Migrationen nicht das Ergebnis einer Reihe von mehr oder weniger unzusammenhängenden individuellen Einzelentscheidungen. Migrationen werden in diesen Ansätzen vielmehr als Bestandteil eines sinnhaften Prozesses aufgefasst, der es beteiligten Individuen und Gruppen ermöglicht, räumlich ungleich verteilte ökonomische Opportunitäten zu nutzen. Das Resultat dieses Prozesses sind keine isolierten Einzelwanderungen, sondern Migrationen, die sich auf soziale Verflechtungen stützen. Diese sollen dazu beitragen, die Chancen der Verwirklichung von ökonomischen und sozialen Vorteilen für den einzelnen zu vergrößern (vgl. etwa Heller/Bürkner 1995, Felgentreff 1995).

Die sozialen Netzwerke werden dabei allerdings nicht als rein ökonomisch motiviert aufgefasst. Neben ökonomischen haben Migrationen auch soziale Grundlagen. Stark etwa (1991) geht davon aus, dass Wanderungen innerhalb solcher Netzwerkstrukturen eine Eigendynamik entwickeln und auch dann noch stattfinden können, wenn der ökonomische Anreiz höherer Einkommenserwartung im Zielland nicht mehr gegeben ist.

Migrantennetzwerke basieren auf interpersonellen Beziehungen, über die Migranten, ehemalige Migranten und Nichtmigranten im Herkunfts- und im Zielland verbunden sind, sei es verwandtschaftlich, freundschaftlich oder durch Nachbarschaften. Derartige Netzwerke können die Risiken und (ökonomischen wie sozialen) Kosten reduzieren, mit denen sich nachfolgende Migranten am Zielort konfrontiert sehen, und mit jedem neuen Migranten vergrößert sich das Netzwerk nicht nur am Zielort, sondern auch um die Verwandten, Bekannten und Nachbarn im Herkunftsland.

Die Vermittlung von Arbeitskräften durch Netzwerkbeziehungen ist nicht auf das System der Saisonarbeit in Deutschland beschränkt, sondern weltweit zu beobachten. Stalker (2000) etwa berichtet von einer Region in der kalifornischen Landwirtschaft, in der 90 % der Pflücker aus einer einzigen Stadt in Mexiko kommen. Bekannt ist auch das Beispiel von Arbeitsmigranten aus dem polnischen Dorf Perlejewo auf dem informellen Arbeitsmarkt in Brüssel (Cyrus 2001, vgl. auch Kuźma 2004), in dem die Migranten eine intensive Arbeitspendelbeziehung zwischen beiden Orten aufgebaut haben. Residentielle Nähe im Herkunftsland scheint damit eine wesentliche strukturelle Voraussetzung von Migrationsnetzwerken zu sein.

Mit Blick auf die Hotelbranche weist Stalker auf die Vorteile für die beschäftigenden Betriebe hin, die ein solches durch Netzwerke bestimmtes Selbstrekrutierungssystem mit sich bringt: „Employers are happy with this arrangement because it is an efficient way of providing staff who have the right qualifications for work, and it also ensures better performance since recruiters are under pressure to make sure their protégés perform." (2000, 121)

Soziale Netzwerke werden in der Migrationsforschung aus zwei unterschiedlichen Perspektiven mit jeweils divergierenden Fragestellungen untersucht. Der Blick auf den Problemzusammenhang von Netzwerkstrukturen und Integration oder Adaptation will die Frage klären, inwieweit Migranten-Netzwerke dazu beitragen können, die Wanderer an den Gelegenheiten der Aufnahmegesellschaft partizipieren zu lassen. Lomnitz (1976, 137) beschreibt diese Netzwerke als „the flow of the reciprocal exchange of goods, services, and economically valuable information". Netzwerke werden in dieser Perspektive als wesentlicher Bestandteil einer Community-Formierung im Zielland angesehen. Sie beruhen auf starken persönlichen Beziehungen, der sozioökonomische Status ihrer Mitglieder ist relativ homogen und sie bilden geographisch relativ eng abgegrenzte Einheiten (Gurak/Cases 1992).

Im anderen Zugang werden Netzwerke vom Entsendeland her gedacht und es wird nach deren Selektivität in Bezug auf Migrationsentscheidungen gefragt. Nach dieser Auffassung beeinflussen Netzwerkstrukturen Art und Umfang von Migrationen, wobei eine eindeutige

Richtung der Einflussnahme nicht immer genau festzustellen und vorhersehbar ist. So können z. B. enge soziale Bindungen mit geringer Migrationsunterstützung eher hinderlich, dagegen enge soziale Bindungen mit Wanderungsunterstützung oder aber fehlende soziale Beziehungen eher förderlich für eine Migrationsentscheidung sein. Ob enge Bindungen und eine starke Einbettung in soziale Netzwerke am Herkunftsort migrationsförderliche gesellschaftliche Strukturen sein können, die notwendige Mittel für Migrationen bereitstellen, ist nicht allgemein zu bestimmen (vgl. Haug 2000), sondern hängt davon ab, welche sozialen und ökonomischen Ressourcen überhaupt zugänglich sind.

Netzwerkansätze beanspruchen mit ihrer Orientierung auf die soziale Organisation von Migrationen eine besondere Form der Erklärungskraft gegenüber – vor allem – klassischen ökonomischen Migrationstheorien. Massey et al. (1993, 449 f., vgl. auch Haug 2000) fassen die Vorteile eines sozialwissenschaftlich orientierten Netzwerkansatzes gegenüber den Gleichgewichtstheorien einer ausschließlich ökonomisch ausgerichteten Migrationsforschung in folgenden Punkten zusammen:

- Nicht die (modellhaft angenommene) Angleichung unterschiedlicher Lohnniveaus ist die wesentliche Größe, die Migrationen begrenzen, sondern internationale Migration findet in einer gegebenen Auswandererregion bis zu dem Zeitpunkt statt, an dem die sich ausweitenden Netzwerkbeziehungen allen interessierten Mitgliedern des Netzwerkes Migrationen ermöglichen.
- Migrationen zwischen Entsende- und der Aufnahmeregion korrelieren nicht mit Lohnhöhen oder Beschäftigungsraten, sondern diese Variablen werden in ihren Wirkungen übertroffen von den geringeren Risiken und fallenden Kosten durch sich ausweitende Netzwerkbeziehungen.
- Der mit der Netzwerkbildung einhergehende und sich erweiternde Institutionalisierungsprozess führt dazu, dass Migrationen unabhängig werden von den ursprünglichen strukturellen und individuellen Ursachen.
- Mit der Etablierung von Migrantennetzwerken und der damit verbundenen Reduzierung der Kosten und der Risiken von Wanderungen wirkt der Migrationsprozess weniger selektiv hinsichtlich der sozioökonomischen Merkmale der Migranten.
- Die staatliche Kontrolle von Migrationsbewegungen nimmt mit der Entwicklung von Wanderungsnetzwerken ab und sie sind durch administrative Regulierung weniger beeinflussbar.

Die hier aufgeführten Punkte geben einen guten Überblick über die wesentlichen Diskussionen, die in letzter Zeit um die Rolle von Netzwerkstrukturen im Migrationsprozess geführt wurden. Ich möchte sie hier als Potential-Sättigungs-, Risikominimierungs-, Institutionalisierungs-, Liberalisierungs- und Entstaatlichungstheorem kennzeichnen. Ihre methodologische Evidenz und empirische Relevanz bedürfen einer ausführlichen Diskussion, die in der netzwerkorientierten Migrationsforschung allerdings erst am Anfang steht. Hier seien einige wenige Kritikpunkte angeführt.

Das Potential-Sättigungstheorem scheint eine Denkfigur zu reproduzieren, die es eigentlich kritisieren will. Das Gleichgewichts-Modell der neoklassischen Ökonomie, das das Migrationspotential als eine Funktion unterschiedlicher Lohnhöhen begreift und das Migration als eine Art Nivellierung dieser Lohndifferenzen auffasst, wird zwar als nicht probates Mittel der Erklärung abgelehnt, trotzdem wird weiterhin an einem Angleichungsprozess festgehalten. Dieser Ausgleichsprozess findet nun allerdings in den Migrationsnetzwerken einer gegebenen Auswanderungsregion seine Grenzen. Das Gleichgewicht wird in diesem Fall erreicht, wenn alle interessierten Mitglieder des Migrantennetzwerkes wandern.

Das Risikominimierungstheorem scheint auf den ersten Blick eine gewisse empirische Logik zu besitzen. Für den Arbeitsmigranten minimieren sich die Risiken der Arbeitsmigration, je größer der Kreis derjenigen Personen ist, auf die er sich z. B. bei der Arbeitsplatz- oder Wohnungssuche im Zielland stützen kann. Aber auch hier scheint ein „zweiter Blick" die Grundlagen dieser Aussagen in Zweifel zu ziehen. Hoch qualifizierte Organisationswanderer von multinationalen Unternehmen oder zwischenstaatlichen Organisationen sind nicht auf persönliche Netzwerke bei ihren Migrationen angewiesen, sondern bedienen sich der Potentiale, die die Organisationen zur Verfügung stellen. Auch sind Migranten vorstellbar, deren Motivationen darin bestehen, sich der sozialen Kontrolle durch bestehende Netzwerke zu entziehen und eben deshalb nicht auf diese Netzwerke zurückgreifen wollen (vgl. die Arbeiten von Hess 2002, 2003 zur Migration von Au-pairs aus den mittel- und osteuropäischen Staaten nach Westeuropa). Es bedarf also schon einer genaueren Analyse, um welche Art von Migrationen es sich konkret handelt, wenn das Risikominimierungstheorem zur Anwendung kommen soll, d. h. dass die je spezifischen politischen, ökonomischen und sozialen Rahmenbedingungen jeweils genau in die Untersuchung einbezogen werden müssen.

Theorem 3 kann als Erweiterung des Potential-Sättigungstheorems verstanden werden. Mit sich ausweitenden Migrantennetzwerken gehen

Institutionalisierungsprozesse einher, in denen sich diese Netzwerke als eigenständige gesellschaftliche Strukturen verselbständigen. Hier bleibt die Frage unbeantwortet, inwieweit überhaupt Netzwerke als eigenständige Strukturen von Gesellschaft aufgefasst werden können oder ob nicht Netzwerkstrukturen bestimmte gesellschaftliche Verhältnisse voraussetzen, in denen sie erst entstehen können.

Das Liberalisierungstheorem geht davon aus, dass migrantische Netzwerke die individuellen Kosten von Migration minimieren können und somit für größere Teile der Bevölkerung des Herkunftslandes Migrationen erst ermöglichen. Migration wird damit auch für diejenigen möglich, die die anfänglichen Investitionen in Organisation und Durchführung von Wanderungen nicht aufbringen können. Dieses Argument übersieht dabei den Umstand, dass Netzwerke in Bezug auf den gesellschaftlichen Status ihrer Mitglieder hoch selektive Gebilde sind, da sie erstens eine gewisse soziale Homogenität voraussetzen und zweitens Mitgliedschaft nicht durch formale Qualifikation oder durch Erfüllung anderer formaler Kriterien erreicht werden kann.

Schließlich geht das Entstaatlichkeitstheorem davon aus, dass mit der größer werdenden Bedeutung von Netzwerken für Migrationsprozesse diese sich der staatlichen Regulierung und Kontrolle zunehmend entziehen können. In der Tat kann man den Eindruck gewinnen, dass vor allem für illegale, halblegale oder andere prekäre Migrationsformen Netzwerke eine wesentliche Rolle inne haben. In der Literatur wird dabei allerdings die Frage diskutiert, ob dieses Phänomen nicht eher als eine Folge staatlicher Migrationspolitik aufzufassen ist denn als ein Zurückdrängen staatlichen Einflusses auf Migrationen (vgl. z. B. Kearney 1991, Spener 2000, Hess 2005).

Auch in der deutschsprachigen Migrationsforschung erfreuen sich Netzwerkansätze zunehmender Aufmerksamkeit. Auch hier dienen sie zur Erklärung des Umfangs, der Stabilität und der Dauerhaftigkeit von Migration und der Analyse der damit verbundenen und/oder entstehenden Sozialstrukturen.

Darüber hinaus soll der Netzwerkansatz alte sozialwissenschaftliche Theoriemängel beseitigen helfen. Soziale Netzwerke werden als Einheiten aufgefasst, die das Problem der Vermittlung von Struktur und Handlung und der Frage des Zusammenhangs von Makro- und Mikroebene lösen sollen. Auf einer Meso-Ebene sollen Netzwerkansätze mikrotheoretische Ansätze, wie etwa Rational-Choice-Konzepte, die individuelle Motive, Gründe und Ursachen von Migration erklären, mit makrotheoretischen Konzepten synthetisieren und integrieren (vgl. Faist 1997, auch Jansen 1999).

In der deutschsprachigen geographischen Mobilitätsforschung wird der Netzwerkansatz etwa von Fassmann (2002) zur Beschreibung von polnischer Migration nach Wien oder von Müller-Mahn (2002, 2001, 2000) zur Beschreibung einer ägyptischen Community in Paris angewandt.

Mit der Fokussierung auf Netzwerke und Netzwerkstrukturen bildet die Migrationsforschung innerhalb der Gesellschaftswissenschaften keine Ausnahme, sondern sie liegt mit dieser Schwerpunktsetzung im aktuellen Trend sozialwissenschaftlicher Forschung. Auch in anderen Sozialwissenschaften haben Netzwerkanalysen eine große Prominenz erreicht. Dieser Prominenz liegt in Bezug auf Handlungserklärungen die Annahme zugrunde, dass alles Handeln schon immer in sozialen Strukturen – und in diesem Sinne sind Netzwerke soziale Strukturen – eingebettetes Handeln ist. In der Tat drängt sich bei der Lektüre mancher Titel der Verdacht auf, dass Netzwerke alle Arten von Beziehungen einschließen können, ob das nun individuelle oder gesellschaftliche, persönliche oder berufliche Beziehungen sind. Netzwerke erlangen eine Ubiquität und semantische Diffusion, in der es keinen gesellschaftlichen Bereich gibt, in denen sie keine Rolle spielen (Bommes/Tacke 2006, Ziegler 2005).

Eines der wesentlichen Probleme, die mit der Analyse von Netzwerkstrukturen einhergehen, ist der Umstand, dass die meisten Netzwerke erst durch die Angabe der Bereiche, in denen sie wirksam sind, quasi durch Namensgebung, identifiziert werden (im hier vorliegenden Fall: Migranten-Netzwerke; aber es gibt auch Innovationsnetzwerke oder ihr Gegenteil: Beharrungsnetzwerke, sog. Seilschaften, etc.). Damit bleibt vielfach unklar, welche soziale Struktur mit dem Begriff des Netzwerkes eigentlich genau bezeichnet wird (Bommes 2002).

In der Migrationsforschung wird vor diesem Hintergrund darauf hingewiesen, dass soziale Netzwerke für das Ausmaß und den Verlauf von Migration immer schon von ausschlaggebender Bedeutung waren. Netzwerkleistungen werden als Teil eines sozialen Umfeldes gesehen, das Migrationen strukturiert, sie für die Individuen zugänglich macht oder sie gar erst ermöglicht. Netzwerke werden als die wesentlichen Einheiten im Migrationsprozess aufgefasst (vgl. Faist 1995).

Inwieweit sich Netzwerke lediglich auf bestehende Strukturen von Gesellschaft beziehen, diese transformieren oder als gänzlich neue Formen gesellschaftlicher Struktur und Organisation zu bezeichnen sind, bleibt dabei allerdings relativ unbestimmt. Damit wäre es für die weitere Forschung eine wichtige und dringende Aufgabe zu präzisieren, was soziale Netzwerke eigentlich bezeichnen und an welchen Strukturvoraussetzungen sie sich bilden (Bommes/Tacke 2006).

Versteht man in traditioneller Weise unter Sozialstruktur die „Grundgliederung der Bevölkerung, die Verteilung zentraler Ressourcen wie Bildung, Einkommen und Beruf, die Gliederung nach Klassen und Schichten" (Zapf 1989, 101), so fällt auf, dass ein Netzwerkkonzept in einer so verstandenen Sozialstruktur keinen prominenten Platz beanspruchen kann. Netzwerkbeziehungen scheinen eher in horizontal gegliederten Sozialstrukturen ihre Wirkung entfalten zu können, also auf Reziprozität und Gleichberechtigung zu beruhen. Umgekehrt kann man feststellen, dass Inklusionsmodi und Teilhabe von Individuen an den Strukturen der Gesellschaft nicht abhängig sind von Netzwerkstrukturen und den je spezifischen Positionierungen in diesen Netzwerken, sondern von gesellschaftlichen Statuspositionen und der Zugänglichkeit und Verfügbarkeit von Ressourcen wie Macht, Geld, Bildung etc.

Auf Reziprozität beruhende soziale Beziehungen, wie sie Netzwerke darstellen, ermöglichen es andere Leistungen in Anspruch zu nehmen und Wohlfahrtssteigerungen, die weder direkt über die ökonomische Ebene (Markt) noch direkt über die politische Ebene (Staat) vermittelt werden. Sie ersetzen diese Strukturen allerdings nicht, sondern knüpfen an diesen Strukturen und deren Organisationen an. In diesem Sinne können Netzwerke als Formen sekundärer Strukturbildung angesehen werden (Bommes/Tacke 2006, vgl. auch Tacke 2000).

Dieses Verhältnis lässt sich am Beispiel der temporären Arbeitsmigration von Polen in die Bundesrepublik recht einfach illustrieren. Die Vermittlung der Saisontätigkeit nach Deutschland, die durch die Netzwerke der Saisonarbeiter in Polen organisiert wird, wären ohne die Strukturen des Marktes (Tausch von Arbeitskraft gegen Geld) oder die Regulierungen des Staates, die festlegen, für welche Personengruppen die Zutrittsbarrieren zum Arbeitsmarkt aufgehoben bzw. gelockert werden und für welche nicht, schlichtweg ohne Bedeutung. Erst in den vorgängigen Strukturen von Markt und Staat lassen sich Migranten-Netzwerke entwickeln.

Ziel und Anliegen der folgenden Ausführungen ist es, neben der „traditionellen" Beschreibung und Analyse der Sozialstruktur einer polnischen Belegschaft eines größeren landwirtschaftlichen Unternehmens die Möglichkeiten der sozialen Netzwerkanalyse für die Beantwortung der übergeordneten Fragestellung (wie lassen sich Mechanismen der Selbst-Organisation temporärer Arbeitsmigration zwischen der Bundesrepublik und Polen beschreiben?) auszuloten. Zunächst soll jedoch ein kurzer Blick auf das die polnischen Saisonarbeiter beschäftigende Unternehmen geworfen werden.

Der Erdbeer-Hof

Das Unternehmen wurde vom Vater des heutigen Betriebsinhabers nach Übersiedlung aus dem Umland von Rostock 1949 als traditioneller landwirtschaftlicher Betrieb gegründet. Der Anbau von Erdbeeren wurde 1952 aufgenommen; seit 1970 wurde sich ganz auf die Produktion von Erdbeeren konzentriert und der traditionelle Pflanzenbau aufgegeben. Bis 1987 wurden die Erdbeeren ausschließlich an ein Unternehmen der Lebensmittelindustrie in Bad Schwartau geliefert, das die Erdbeeren zu Marmeladen und Konfitüren weiter verarbeitete. Seit 1989 wird nicht mehr für die Lebensmittelindustrie produziert, sondern die Erdbeeren werden in Eigenregie vermarktet. 80 % der Produktion gehen seither an Großhändler und größere Einzelhandelsketten, 20 % der Erdbeeren werden über den zur Familie gehörenden Bauernladen oder über die in der Saison betriebenen 60 Verkaufsstände im Umland verkauft.

Vom Erdbeer-Hof wurden zum Zeitpunkt der Untersuchung (Frühjahr/Sommer 2002) 120 ha landwirtschaftliche Fläche bewirtschaftet, wobei 40 ha zum eigenen Hof gehören. Da die Erdbeerpflanzen auf Böden wachsen sollen, auf denen in einem Zeitraum von 10 Jahren zuvor keine Erdbeeren angebaut wurden, ist der größte Teil der 120 bewirtschafteten Hektar von anderen Höfen gepachtet.

Die Erdbeeren werden in einer besonderen Form der Mehrfelderwirtschaft angebaut: im ersten Jahr werden die Jungpflanzen in den Boden gebracht, im zweiten und dritten Jahr kann geerntet werden und nach der zweiten Ernte werden die Pflanzen untergepflügt und die Anbauflächen werden an den Verpächter zurückgegeben. Auf diese Weise werden jährlich auf jeweils 80 ha Landwirtschaftsfläche Erdbeeren geerntet. Die Erntemenge beträgt zwischen 10 und 15 Tonnen pro Hektar.

Für die Bewirtschaftung des Hofes werden 11 ständig beschäftigte Arbeitskräfte und ca. 750 - 800 Saisonarbeitskräfte angestellt. Zu den 11 ständig beschäftigten Personen gehört eine ganzjährig halbtags tätige Angestellte, die die Organisation der Erntehelferrekrutierung übernimmt und die die Verbindung zur örtlichen Arbeitsagentur hält. Diese Angestellte ist in Polen geboren und aufgewachsen und hat daher die sprachliche Kompetenz viele Angelegenheiten mit den polnischen Saisonkräften zu regeln. Sie organisiert die Anforderungen der polnischen Saisonarbeiter bei der Arbeitsbehörde, klärt, wer von den diesjährig Beschäftigten auch im nächsten Jahr wieder kommt, lässt sich neue Interessenten von den schon Beschäftigten nennen und übernimmt die Organisation der Unterbringung der Erntehelfer in die vom Erdbeer-Hof zur Verfügung gestellten Unterkünfte. 2002 – in diesem Jahr wurde die Befragung der polnischen Arbeiter durchgeführt – wurden insgesamt in der

Erntesaison 765 polnische Saisonarbeiter beschäftigt; ein Jahr zuvor waren es 777.

Die Befragung der polnischen Saisonarbeiter wurde in Form einer schriftlichen Befragung durchgeführt. An ihr beteiligten sich 240 Personen. Eine Repräsentativität ist mit dieser Untersuchung in Bezug auf die Gesamtheit der polnischen Saisonarbeiter in der Bundesrepublik nicht angestrebt, schon alleine aus dem Grunde, da über ihre Sozialstruktur keine verwertbaren Zahlen vorliegen und somit eine Repräsentativität auch an einfachen demographischen Merkmalen nicht überprüfbar wäre. Trotzdem lässt die vorliegende Untersuchung einen gewissen Einblick darüber gewinnen, wie diese Gruppe der Arbeitsmigranten sozialstrukturell zu beschreiben ist. Meines Wissens ist bisher kein größeres Sample untersucht worden. Der überwiegende Teil der im Folgenden wiedergegebenen Daten bezieht sich auf die Ergebnisse der Befragung der Saisonarbeiter. Darüber hinaus werden auch Unterlagen – vor allem im Hinblick auf Netzwerkstrukturen innerhalb der Arbeiterschaft – des Erdbeer-Hofes ausgewertet. Sollten sich die Daten auf diese betrieblichen Unterlagen beziehen, so wird das im weiteren Text vermerkt.

Demographische Daten der polnischen Beschäftigten

Der älteste Saisonarbeiter auf dem Erdbeer-Hof ist 60 Jahre alt, der jüngste 18. Das Durchschnittsalter (arithmetisches Mittel) beträgt 38 Jahre. Der überwiegende Teil – mehr als zwei Drittel – der Saisonarbeiter ist weiblichen Geschlechts. Die Altersklassen sind bei den Frauen und bei den Männern ähnlich besetzt. Fast 90 % der Befragten gehören den Altersklassen zwischen 25 und 54 Jahren an. Die Altersklasse der 35-44-Jährigen ist sowohl bei den Frauen als auch bei den Männern besonders stark vertreten.

Tab. 13: Alter und Geschlecht

Altersklasse	Geschlecht					
	weiblich		männlich		insgesamt	
	Anzahl	% der Frauen	Anzahl	% der Männer	Anzahl	in %
bis 24	14	8,8	6	7,8	20	8,4
25 - 34	45	28,1	22	28,6	67	28,3
35 - 44	59	36,9	29	37,6	88	37,1
45 - 54	37	23,1	18	23,4	55	23,2
55 - 64	5	3,1	2	2,6	7	3,0
insgesamt	160	67,5	77	32,5	237	100

Quelle: eigene Untersuchung

In Bezug auf die Verteilung der Geschlechter ist festzustellen, dass das Untersuchungssample mit der Gesamtheit der auf dem Erdbeer-Hof arbeitenden polnischen Saisonarbeiter nahezu identisch ist. Hier beträgt der Anteil der Frauen 66,1 %. Vergleicht man die Zahlen bezüglich der Geschlechterverteilung mit denen der Repräsentativuntersuchung des Bundesministeriums für Arbeit und Sozialordnung (2002, 9), so ist ein deutliches Übergewicht des Anteils der Frauen festzustellen. In der Untersuchung des Arbeitsministeriums sind die Anteilswerte genau entgegengesetzt. Hier machen die Männer mit einem Anteil von 66,3 % die deutliche Mehrheit aus.

Untersuchungen in Polen geben für 2002 einen Anteil der Frauen von rund 54 % an der gesamten temporären Migration an. Es ist schwer zu entscheiden, welche Untersuchung in Bezug auf das Geschlechterverhältnis aller temporären Arbeitsmigranten aus Polen der Realität näher kommt. Ein wesentlicher Grund für den hohen Frauenanteil auf dem untersuchten Erdbeer-Hof liegt allerdings in den spezifischen Selektionsmechanismen bei der Einstellung von Saisonarbeitern begründet. Der Betriebsinhaber ist davon überzeugt, dass Frauen sorgfältiger bei der Ernte der Erdbeeren vorgehen und somit einen größeren Beitrag zur Qualität der Ware leisten. Er bevorzugt daher bei der Neueinstellung von Erntehelfern Frauen.

Wer vermutet, dass unverheiratete Personen mobiler sind als verheiratete, sieht sich im Hinblick auf temporäre Arbeitsmigranten getäuscht. Verheiratet zu sein scheint gerade eine Voraussetzung für Arbeitsmobilität zu sein. 82,4 % der befragten Saisonarbeiter sind verheiratet. Auch in diesem Punkt gibt es zwischen der Gruppe der Saisonarbeiter, die sich an der Befragung beteiligt haben, und der Gesamtbelegschaft eine große Ähnlichkeit. 80,3 % aller Saisonarbeiter auf dem Erdbeer-Hof sind verheiratet.

Tab. 14: Anzahl der Kinder

Anzahl der Kinder	insgesamt	in %	im Haushalt lebend	in %
0	28	11,7	32	13,3
1	54	22,5	65	27,1
2	86	35,8	85	35,4
3	48	20,0	39	16,3
4	16	6,6	10	4,2
5	5	2,1	7	2,9
6	3	1,3	2	0,8
insgesamt	240	100,0	240	100,0

Quelle: eigene Untersuchung

Mit dem Anteil der verheirateten Personen korrespondiert der Anteil der Saisonarbeiter, die Kinder haben. 88,3 % der Befragten geben an ein oder mehrere Kinder zu haben. Dabei mag überraschen, dass die Anzahl der Personen mit Kindern größer ist als die Anzahl der verheirateten Personen. Die Differenz ist damit zu erklären, dass zu den Personen, die Kinder haben, auch geschiedene (4,4 %) und verwitwete (5,0 %) Personen zu zählen sind.

Ein Blick auf die Größe der Wohnortgemeinden der befragten polnischen Saisonkräfte macht deutlich, dass die Mehrheit aus dem ländlichen Polen stammt. Fast 80 % der Befragten leben in Gemeinden mit weniger als 10 000 Einwohnern, 65 % gar in Dörfern, die weniger als 2000 Einwohner zählen. Auch dieser Umstand scheint (zumindest zu einem großen Teil) auf die besonderen Rekrutierungsmechanismen des Erdbeer-Hofes zurückzuführen sein. Die Unternehmensführung geht davon aus, dass die Erdbeerpflücker mit einem ländlichen/landwirtschaftlichen Hintergrund eine größere Eignung zur saisonalen Erntetätigkeit haben als Personen aus städtischen Räumen.

Tab. 15: Größe der Heimatgemeinde

Gemeindegröße	Anzahl	Prozent	Polen insges. (2001)
bis 2000 Einwohner	156	65,0	1,2
2001-5000 Einwohner	21	8,8	8,4
5001-7000 Einwohner	6	2,5	11,1
7001-10000 Einwohner	8	3,3	12,7
10001-20000 Einwohner	21	8,8	17,5
20001-50000 Einwohner	11	4,6	10,9
50001-100000 Einwohner	7	2,9	8,7
100001-200000 Einwohner	5	2,1	7,8
über 200000 Einwohner	2	0,8	21,7
ohne Angabe	3	1,3	0
insgesamt	240	100,0	100,0

Quelle: eigene Untersuchung, Glówny Urząd Statystyczny 2002

Hinsichtlich der demographischen Kennzeichnung der Belegschaft des untersuchten Erdbeer-Hofes ließe sich folgendes festhalten: Der typische Saisonarbeiter ist weiblichen Geschlechts, um die 40 Jahre alt, ist verheiratet, hat zwei Kinder und kommt aus einem kleinen Dorf mit weniger als 2000 Einwohnern.

Angesichts dieses Befundes lässt sich die These von der Feminisierung der Migration seit den 90er Jahren unterstützen (Sassen 1996, Sachverständigenrat für Zuwanderung o. J., Lutz 2005). Diese These besagt zunächst nichts weiter als dass in den weltweit zu beobachtenden Migrationsprozessen der Anteil der Frauen in den letzten Jahren zugenommen hat. Im Fall des hier untersuchten Erdbeer-Hofes kann man feststellen, dass eine der wesentlichen Gründe für die Feminisierung temporärer Arbeitsmigration auf die spezifischen Selektionsmechanismen bei der Arbeitskräfterekrutierung zurückzuführen ist.

Ausbildungsstand, berufliche Tätigkeit und Einkommenssituation in Polen

Es ist schon darauf hingewiesen worden, dass hinsichtlich des Ausbildungsniveaus der migrierenden Arbeitskräfte zwischen den 80er und 90er Jahren des letzten Jahrhunderts starke Verschiebungen zu verzeichnen waren. Während in den 80er Jahren auch gut ausgebildete Menschen wanderten („brain drain"), war die Situation in den Jahren nach der politischen Wende durch ein Absinken des Ausbildungsniveaus der Migranten gekennzeichnet. Es ist zu vermuten, dass sich diese Verschiebungen auch in der Belegschaft des Erdbeer-Hofes wiederfinden lassen.

15 % der Saisonarbeiter haben die in Polen acht Schuljahre dauernde Grundschule besucht, 37 % die zum Facharbeiter qualifizierende Berufsgrundschule und 30 % die technische und berufsbildende Mittelschule, die zum Bildungsabschluss eines hochqualifizierten Facharbeiters führt.[1] Ein Anteil von jeweils ca. 5 % kann das Abitur nachweisen oder hat eine Fachhochschule bzw. Hochschule/Universität besucht.

Tab. 16: Höchster Bildungsabschluss

Höchster Bildungsabschluss	Anzahl	Prozent
keine Angabe	3	1,3
Grundschule	36	15,0
Berufsgrundschule	89	37,1
techn. und berufsbil. Mittelschule	74	30,8
allgemeinbildendes Lyzeum	13	5,4
postsekundäre Schule	13	5,4
Hochschule und Universität	12	5,0
insgesamt	240	100,0

Quelle: eigene Untersuchung

---

1 Inzwischen ist das Schulsystem in Polen reformiert worden. Die Ausrichtung an eine polytechnische Ausbildung wurde aufgegeben und ein Schulbildungssystem aufgebaut, das in vielerlei Hinsicht dem deutschen System ähnelt.

Im Vergleich zum Landesdurchschnitt verfügen die befragten polnischen Saisonarbeiter damit über ähnliche Bildungsabschlüsse wie der Durchschnitt der Bevölkerung, wobei die Abweichungen nach oben oder nach unten hier aber nicht so stark vertreten sind. So verfügt im gesamten Land ein deutlich größerer Anteil von Personen nur über einen primären als höchsten Bildungsabschluss oder hat die Schulausbildung ohne Abschluss beendet.

Auf der anderen Seite sind auf dem Erdbeerhof Personen mit tertiärem Bildungsabschluss unterrepräsentiert. Allerdings hat auch in diesem Segment der Arbeitswanderung aus Polen erst allmählich eine Veränderung stattgefunden. So waren zu Anfang der 90er Jahre auch im Bereich des Ernteeinsatzes Personen mit hohem Bildungsabschluss und entsprechender beruflicher Tätigkeit zu finden. Erst im Laufe der Zeit hat sich hier ein Wandel vollzogen – bedingt durch die Abnahme des hohen Kaufkraftgefälles, das eine Beschäftigung in Deutschland weniger attraktiv machte, und durch die Zunahme adäquat entlohnter Beschäftigungsmöglichkeiten in Polen. Heute beteiligen sich an der Pendelwanderung zwischen Polen und der Bundesrepublik Deutschland hauptsächlich Personen mit einfachen bis mittleren Bildungsabschlüssen.

Dennoch kann man eine gewisse Diskrepanz zwischen der vorhandenen Bildungsqualifikation und den Arbeitsanforderungen auf dem Erdbeer-Hof feststellen. Der weitaus größte Teil der polnischen Saisonarbeiter verrichtet einfache und unqualifizierte Arbeiten, die ein sehr geringes Anforderungsprofil an formale Qualifikationen stellen. Allerdings werden hohe Anforderungen an Basisqualifikationen wie Pünktlichkeit, Fleiß und Durchhaltevermögen gestellt.

Nun haben sich auf dem Arbeitsmarkt insgesamt in den letzten Jahren Veränderungen ergeben, die die Stellenbesetzungsprozesse auch für einfache Arbeiten deutlich verändert haben. Analysen zu den fachlichen und berufsqualifizierenden Ausbildungsmerkmalen der Beschäftigten auf Arbeitsplätzen, die keine besondere berufliche Qualifikation voraussetzen, zeigen, dass es bei den Personen, die diese Arbeitsplätze besetzen, keineswegs um formal gering Qualifizierte ohne abgeschlossene Schulbildung oder Berufsausbildung handelt (vgl. z. B. Solga 2000). Nach einer Untersuchung von Stratmann/Volkert (2002) hatten 39 % der Arbeitskräfte, die für gering qualifizierte Arbeiten eingestellt worden waren, eine abgeschlossene Berufsausbildung, 7 % die Fachhochschulreife oder das Abitur und 5 % verfügten über einen Hochschulabschluss. Die Autoren folgern aus diesen Befunden, dass so genannte Einfacharbeitsplätze nicht mehr zwangsläufig auch Arbeitsplätze für gering Qualifizierte sind.

Die Veränderungen auf dem Arbeitsmarkt haben zum einen ihre Ursachen in der hohen Arbeitslosigkeit – die Selektionskriterien können bei einem Überangebot von Arbeitskräften auch für gering qualifizierte Tätigkeiten leichter erhöht werden – zum anderen im Wandel der sogenannten Einfacharbeit. Hier sind viele Tätigkeiten nur noch formal der Einfacharbeit zuzuordnen. Durch Anreicherung um weitere Arbeitselemente und durch deutlich gestiegene Anforderungen an außerfachliche Qualifikationen und Schlüsselqualifikationen haben sich diese Tätigkeiten immer mehr zu qualifizierten Arbeiten weiter entwickelt (Bundesministerium für Wirtschaft und Arbeit 2005).

Das grundlegend Neue besteht dabei in der Tatsache, dass die einfachen Arbeiten und die aus ihnen abgeleiteten Qualifikationsprofile nicht mehr durch den einzelnen Arbeitsplatz definiert werden, sondern durch die gesamte Arbeitsumgebung (Zeller et al. 2004). Offensichtlich spiegeln sich diese Veränderungsprozesse auf dem Arbeitsmarkt insgesamt auch in der Arbeitsverfassung des Erdbeer-Hofes wieder. Trotz scheinbar geringer Anforderungen an formale Qualifikationen sind auch hier Personen beschäftigt mit einem sehr viel höheren Qualifikationsniveau als dem formal geforderten.[2]

Das Vorhandensein von – in der Mehrheit – mittleren Bildungsabschlüssen spiegelt sich nicht unbedingt in der beruflichen Stellung der Befragten im Heimatland wider. Zwar ordnen sich nur 20 Personen (8,3 %) der Kategorie „ungelernte" bzw. „angelernte" Arbeiter zu und 36 Personen (15,1 %) bezeichnen sich als Facharbeiter, Vorarbeiter oder Meister (dies würde eine der Mehrheit der vorhandenen Schulabschlüssen entsprechende Position auf dem Arbeitsmarkt bilden), allerdings ist weit über die Hälfte (56,7 %) der befragten Saisonkräfte in Polen nicht berufstätig (entweder Schüler/Student, Hausfrau/Hausmann oder Rentner oder die Befragten bezeichnen sich selber als „nicht berufstätig").

Auch dieser Umstand macht auf Entwicklungen aufmerksam, die sich auf bestimmten Teilarbeitsmärkten abspielen und einen Zusammenhang zur Art der Arbeitskräfterekrutierung herstellen. Die Rekrutierung weiterer Arbeitskräfte über schon beschäftigte Saisonarbeiter, also über den erweiterten internen Arbeitsmarkt, weitet den Adressatenkreis

---

2   Mit diesem Trend, dass auch sogenannte Einfacharbeitsplätze ein hohes Maß an Qualifikationen und Einsatzbereitschaft von den Arbeitskräften einfordert, ist vielleicht auch das Scheitern der Agentur für Arbeit zu erklären, in 2006 10 % der ausländischen Saisonkräften in der Landwirtschaft mit bevorrechtigten inländischen Arbeitskräften zu besetzen. Von den anvisierten 5000 Arbeitskräften in Nordrhein-Westfalen konnten nur 12 % tatsächlich vermittelt werden (Fettig 2006).

auf die so genannte „stille Reserve" aus. Bei der „stillen Reserve" handelt es sich um Personen, die zuvor nicht beschäftigt und auf dem Arbeitsmarkt nicht in Erscheinung getreten sind. Die Erwerbsorientierung dieses Personenkreises passt sich ein in die Anforderungen der Unternehmen, da hier das geringe Arbeitszeitvolumen – im Verhältnis zu einem ganzen Arbeitsjahr – und der saisonale Charakter der Arbeit den Interessen nach zeitlich befristeten Erwerbsmöglichkeiten entgegenkommt. Das dürfte eine weiterer Grund sein für die schon oben angesprochene Feminisierung der (temporären) Arbeitsmigration. Durch die spezifische Form der Arbeitskräfterekrutierung wird ein bestimmtes Segment des Arbeitskräfteangebots erschlossen, das vorher nicht zur Verfügung stand, und auf der anderen Seite lässt die Art und Organisation der Arbeit als befristete Beschäftigung Frauen die Möglichkeit, trotz temporärer Arbeitsmigration ihren Verpflichtungen im Heimatland nachzukommen.

Tab. 17: Stellung im Beruf

Stellung im Beruf	Anzahl	Prozent
ungelernter Arbeiter	14	5,8
angelernter Arbeiter	6	2,5
Facharbeiter	27	11,3
Vorarbeiter	5	2,1
Meister	4	1,7
Angestellter	21	8,8
Selbständiger	14	5,8
Beamter	7	2,9
Schüler/Student	10	4,2
Hausfrau/Hausmann	85	35,4
Rentner	18	7,5
nicht berufstätig	23	9,6
keine Angabe	6	2,5
insgesamt	240	100,0

Quelle: eigene Untersuchung

Bei denjenigen Saisonarbeitern, die in Polen berufstätig sind, bildet die Landwirtschaft einen wesentlichen Branchenschwerpunkt. Hier arbeiten 60 Personen (25 % der Befragten). Ein weiterer Schwerpunkt der Beschäftigung ist nicht auszumachen, vielmehr beträgt der Anteil der Branchen wie Energie, Verarbeitendes Gewerbe, Handel, Gesundheit und Soziales etc. zwischen 0,4 % und 2,9 %.

Eng verbunden mit der eher prekären Beschäftigungssituation in Polen ist die Höhe des zur Verfügung stehenden Nettoeinkommens der befragten Saisonarbeiter. Die Höhe der monatlichen Nettoeinkommen liegt bei ca. 70 % der Befragten unter dem Durchschnitt Polens von 2000 zł. Dieses Einkommen entsprach zum Befragungszeitpunkt einem Verdienst von rund 460 €. Dabei fällt auf, dass über ein Viertel der Befragten sogar nur einen Verdienst von unter 400 zł angeben. Einkommensklassen über dem polnischen Einkommensdurchschnitt sind nur dreimal vertreten.

Tab. 18: Nettoeinkommen in Polen

Nettoeinkommen in Polen	Anzahl	Prozent
0-400 zł	67	27,9
401-800 zł	46	19,2
801-1200 zł	40	16,7
1201-1600 zł	11	4,6
1601-2000 zł	6	2,5
2001-2400 zł	2	0,8
2401-2800 zł	1	0,4
keine Angaben	67	27,9
insgesamt	240	100,0

Quelle: eigene Untersuchung

In Bezug auf Ausbildungsstand, berufliche Tätigkeit und Einkommenssituation in Polen lässt sich festhalten, dass der Durchschnitt der Befragten über einen mittleren Schulabschluss verfügt, in Polen eher nicht berufstätig ist – wenn er doch berufstätig sein sollte, arbeitet er in der Landwirtschaft – und über ein Nettoeinkommen verfügt, dass deutlich unter der Hälfte des polnischen Durchschnitts liegt.

Gründe und Motivationen zur Arbeitsaufnahme in Deutschland

Angesichts der weit unterdurchschnittlichen Nettoeinkommen der Saisonkräfte kann es nicht überraschen, dass der größte Teil der Befragten (52,1 %) auf die Frage nach dem Anlass der Arbeitsaufnahme in Deutschland (die genaue Frage hieß: Es gibt für polnische Bürger unterschiedliche Anlässe, als Saisonarbeiter in Deutschland zu arbeiten. Können Sie die Frage beantworten, welche der folgenden Anlässe auf Sie persönlich zutreffen?) die Möglichkeit der Aufbesserung des Haushaltseinkommens angibt (Tabelle 20). Auch der zweitwichtigste Anlass, die eigene Arbeitslosigkeit in Polen (21,7 % der Nennungen), rückt noch die ökonomischen Ursachen der Arbeitsmigration in den Mittelpunkt der Begründung des eigenen Handelns. Selbst die Angabe „Perspektivlosigkeit in Polen" kann noch einem ökonomischen Kalkül zugeordnet werden.

Der Hinweis „Gelegenheit durch Freunde" (11,1 % der Nennungen) mag aber eher der Vermutung von Netzwerktheoretikern in der Migrationsforschung Recht geben, dass selbst Arbeitsmigration nicht nur ökonomisch motiviert ist, sondern Gelegenheitsstrukturen und die Einbettung in soziale Netzwerke wesentliche Voraussetzungen sind.

Tab. 19: Anlass der Arbeitsaufnahme (Mehrfachnennung möglich)

	Häufigkeit	Prozent der Nennungen
Arbeitslosigkeit in Polen	78	21,7
Perspektivlosigkeit in Polen	24	6,6
Aufbesserung des Haushaltseink.	188	52,1
Urlaubsbeschäftigung	17	4,7
Gelegenheit durch Freunde etc.	40	11,1
andere Anlässe	14	3,8

Quelle: eigene Untersuchung

Ein genauerer Blick auf die Motive der Saisonarbeiter zur Erntearbeit nach Deutschland zu kommen (die Frage lautete hier: Welche persönlichen Erfahrungen verknüpfen Sie mit Ihrer beruflichen Tätigkeit in Deutschland?) lässt erkennen, dass die Einkommensmöglichkeit das wesentliche Motiv ist, das mit der Tätigkeit in Deutschland verknüpft wird. 70,2 % der Nennungen beziehen sich auf die Antwortmöglichkeit „Geld verdienen" (vgl. Tabelle 20).

Mit der Regulierung und Legalisierung der temporären Arbeitsmigration aus Polen nach Deutschland wurde Anfang der 90er Jahre auch die Hoffnung verknüpft, dass die Volkswirtschaften der Transformationsstaaten Mittel- und Osteuropas insgesamt durch den Wissenstransfer, von dem erwartet wurde, dass er sich auch durch Migrationen einstellen würde, profitieren sollten. Diese Hoffnungen scheinen sich zumindest in Bezug auf die Saisonarbeitsmigration nicht zu erfüllen. „Neue Fertigkeiten kennen lernen" (2,9 %), „berufliche Weiterbildung" (1,6 %), „Marktwirtschaft kennen lernen" (1,9 %), „Wissen erwerben" (1,9 %) und „weiter kommen in Polen" (0,6 %) werden mit nur wenigen Nennungen kaum als mögliche Motive der Arbeitsaufnahme in Deutschland ins Kalkül gezogen. Neben dem Gelderwerb stehen stattdessen mit 52

Nennungen (16,7 %) touristische Aspekte im Vordergrund. Einige Saisonarbeiter verknüpfen mit der Saisontätigkeit in Deutschland das Motiv, das Land und seine Leute kennen lernen zu wollen.[3]

Tab. 20: Motivation zur Arbeit in Deutschland (Mehrfachnennung möglich)

	Anzahl	Prozent der Nennungen
Interesse an der Arbeit	13	4,2
neue Fertigkeiten kennen lernen	9	2,9
berufliche Weiterbildung	5	1,6
Geld verdienen	219	70,2
Marktwirtschaft kennen lernen	6	1,9
Wissen erwerben	6	1,9
Land und Leute kennen lernen	52	16,7
weiter kommen in Polen	2	0,6

Quelle: eigene Untersuchung

Das Haupt-Motiv „Geld verdienen" relativiert sich ein Stück weit, wenn man die Einschätzung über die Vor- und Nachteile der Saisonarbeit in Deutschland in die Betrachtung einbezieht. Die Frage dazu lautete: Was meinen Sie, welche Vor- und Nachteile hängen mit Ihrer Arbeit in Deutschland zusammen? Zwar wird „Geld verdienen" mit 206 Nennungen auch hier als der größte Vorteil angesehen, aber „andere Kulturen kennen lernen", „neue Kontakte" knüpfen und „neue Arbeitsorganisation kennen lernen" gehören auch mit zu den Vorteilen, die mit der Arbeit auf dem Erdbeer-Hof verknüpft werden (Tabelle 21).

Als eindeutiger Nachteil werden die meist geringen Deutschkenntnisse betrachtet. Viele Saisonarbeiter fühlen sich durch ihr fehlendes Sprachvermögen stark eingeschränkt. Dabei schätzen fast drei Viertel der Befragten ihre Sprachkenntnisse als schlecht bis sehr schlecht ein. Nur 4,2 % oder 10 Personen meinen, die deutsche Sprache gut verstehen und sprechen zu können.

Als weiterer negativer Effekt der Arbeit auf dem Erdbeer-Hof wird die wochenlange Trennung von den Kindern empfunden. Hier geben 66 Saisonarbeiter an, aus diesem Grund ein „schlechtes Gewissen" gegenüber den eigenen Kindern zu haben. Die Abwesenheit von ihrem Hei-

---

3 Welche Bedeutung dieses Motiv in der Selbstwahrnehmung, den individuellen Deutungsmustern und in der Erklärung individuellen Handelns durch die Arbeitsmigranten annehmen kann, wird weiter unten ausführlicher diskutiert.

matort während der Erntesaison führt aber bei dem überwiegenden Teil der Erntehelfer nicht dazu, dass die Saisonkräfte befürchten, sich von ihrer Heimatgemeinde zu entfremden oder dass Freundschaften in Mitleidenschaft gezogen würden. Diese beiden Punkte wurden nur 11 bzw. 8 mal genannt. Als weiterer Nachteil wird die körperlich anstrengende Arbeit empfunden. Hier befürchten 47 Befragte, dass die oft monotone und körperlich einseitig belastende Arbeit auf Dauer der Gesundheit schadet.

Tab. 21: Vor- und Nachteile der Arbeit auf dem Erdbeer-Hof (Mehrfachnennung möglich)

Vor- oder Nachteil	Anzahl	Prozent der Nennungen
Nachteil: fehlende Deutschkenntnisse	106	11,6
Nachteile: schlechtes Gewissen wegen der Kinder	66	7,2
Nachteil: Gesundheit	47	5,1
Nachteil: Entfremdung in der Heimatgemeinde	11	1,2
Nachteil: Freundschaften leiden unter Abwesenheit	8	0,9
Vorteil: Geldverdienen	206	22,6
Vorteil: andere Kultur kennen lernen	117	12,8
Vorteil: neue Kontakte	115	12,6
Vorteil: neue Arbeitsorganisation kennen lernen	101	11,1
Vorteil: Deutsch lernen	55	6,0
Vorteil: neue Technologien kennen lernen	52	5,7
Vorteil: Ansehen bei Bekannten und Verwandten	29	3,2

Quelle: eigene Untersuchung

In 2001 betrug der durchschnittliche Nettoverdienst (für die gesamte Erntesaison) der polnischen Saisonarbeiter auf dem Erdbeer-Hof 1946,20 DM (arithmetisches Mittel). Da die Saisonarbeiter nicht alle den gleichen Zeitraum und die gleiche Stundenzahl arbeiten und auch die Produktivität individuell variiert (Akkordlohn), sind die Verdienstspannen von einer gewissen Breite geprägt. Die niedrigste ausgezahlte Lohnsumme betrug 101,60 DM, die höchste Summe 3803,73 DM. Der Median liegt bei 1906,80 DM (nach betrieblichen Unterlagen des Erdbeer-Hofes).

Mit Blick auf die geringen Nettoverdienste der befragten Saisonarbeiter in Polen überrascht es nicht, dass der in Deutschland erworbene Lohn in erster Linie zur Aufbesserung des Haushaltseinkommens, also für die laufenden Haushaltsausgaben am Heimatort, Verwendung findet. Die Frage ist, ob mit dem Verdienst aus Deutschland neben den Ausgaben für den unmittelbaren Lebensunterhalt auch andere Ausgaben getätigt werden sollen bzw. für welche Ausgaben gespart wird.

In der Befragung wurde die Frage nach der Geldverwendung folgendermaßen gestellt: Wozu verwenden Sie das in Deutschland verdiente Geld hauptsächlich bzw. wozu sparen Sie? Hier fallen vor allem zwei Ausgabenposten auf. Einmal soll der Verdienst aus Deutschland vor allem für die Wohnungsausstattung ausgegeben werden (30,4 % der Nennungen), zum anderen wird das Geld für die Berufsausbildung der Kinder (27,4 % der Nennungen) gespart. Andere Ausgabenposten oder finanzielle Planungen fallen im Vergleich dazu kaum ins Gewicht, etwa die Anschaffung von Autos oder von großen Elektrogeräten. Auch die Verwendung des in Deutschland verdienten Geldes für Investitionen (etwa Grundstückskauf, Anschaffung von Maschinen oder Ausgaben für das eigene Geschäft) ist als eher gering zu bezeichnen.

Tab. 22: Geldverwendung (Mehrfachnennung möglich)

Geldverwendung für	Anzahl	Prozent der Nennungen
Hauskauf	11	3,9
Kauf Eigentumswohnung	15	4,1
Grundstückskauf	5	1,4
Auto	23	6,3
Maschinen	7	1,9
eigenes Geschäft	10	2,7
Wohnungsausstattung	112	30,4
Berufsausbildung der Kinder	101	27,4
eigene Ausbildung	13	3,5
Aussteuer der Kinder	19	5,2
große Elektrogeräte	22	6,0
Alterssicherung	7	1,9
Unterstützung der Eltern	12	3,3
Urlaub	11	3,0

Quelle: eigene Untersuchung

Im Zusammenhang mit den Verdienstmöglichkeiten und der Verwendung des in Deutschland ausgezahlten Lohnes kann man die Frage stellen, ob die Saisonarbeitskräfte konkrete Vorstellungen darüber haben, ab welcher Lohnhöhe in Polen für sie eine temporäre Beschäftigung in Deutschland nicht mehr notwendig wäre. Die Frage in dem Fragenkatalog dazu lautete: Wie viel Geld müssten Sie monatlich in Polen verdienen, wenn Sie auf die Arbeit in Deutschland verzichten wollten?

Eine relativ große Gruppe (20 %) macht zu dieser Frage keine Angaben. Für 18 Personen spielt diese Frage keine Rolle, weil sie offensichtlich unabhängig von der Höhe des Lohnes in Polen in Deutschland arbeiten wollen (Tabelle 23).

Fast ein Viertel der Befragten kann sich vorstellen, dass Einkommensmöglichkeiten knapp unterhalb des polnischen Durchschnitts (zwischen 1500 und 2000 zł) die Saisontätigkeit in Deutschland überflüssig machen würde. Ca. 18 % der Erntehelfer würden schon mit einem geringeren regelmäßigen Einkommen nicht mehr nach Deutschland fahren. Für fast ein Drittel der Saisonarbeiter müsste allerdings der zu erzielende Lohn oberhalb des polnischen Durchschnitts von 2000 zł liegen.

Tab. 23: Einkommensvorstellungen

Einkommenshöhe[1] in Polen, um die Arbeit in Deutschland aufgeben zu können	Anzahl	Prozent
unter 500 zł	1	0,4
501 - 1000 zł	24	10,0
1001 - 1500 zł	19	7,9
1501 - 2000 zł	58	24,1
2001 - 2500 zł	19	7,9
2501 - 3000 zł	40	16,8
über 3000 zł	13	5,4
trifft nicht zu, ich will in Deutschland auch so arbeiten	18	7,5
keine Angaben	48	20,0
insgesamt	240	100,0

Quelle: eigene Untersuchung; [1] *zum Zeitpunkt der Befragung (2002) entsprachen 1000 zł etwa 230 €*

Zusammenfassend kann festgehalten werden, dass die Befragung einen eindeutigen Zusammenhang zwischen Erwerbslosigkeit, geringem Einkommen auf der einen Seite und dem Wunsch, nach Deutschland arbeiten zu gehen, auf der anderen gezeigt hat.

Netzwerkstrukturen

Ausgehend von der Überlegung, dass Migrantennetzwerke auf persönlichen Beziehungen beruhen, liegt die Vermutung nahe, dass residentielle Nähe der verschiedenen Netzwerkmitglieder eine wesentliche Eigenschaft von Migrantennetzwerken darstellt. In der Migrationsforschung lassen sich viele Beispiele finden, die belegen, dass die Mitglieder von

Migranten-Communities in den Zielländern oft auch aus den gleichen Städten und Regionen in den Heimatländern stammen (vgl. z. B. Bürkner 1987 für Migranten aus der Türkei in Göttingen oder Felgentreff 1995 für Migrationen im pazifischen Raum), residentielle Nähe im Ursprungsland also ein vielfach zu beobachtendes Phänomen im Migrationsprozess ist.

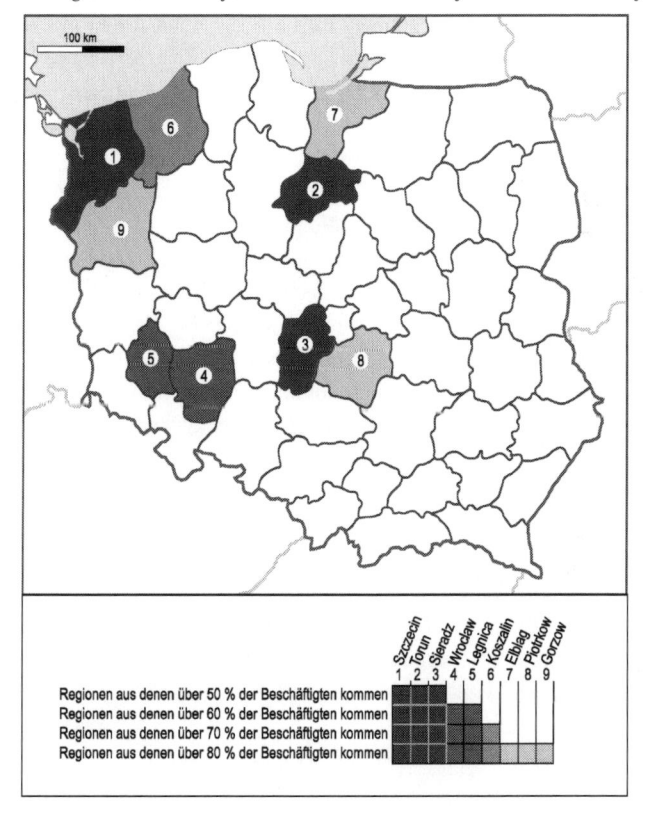

Abb. 9: Regionale Herkunft der Saisonarbeiter auf dem Erdbeer-Hof

Quelle: betriebliche Unterlagen des Erdbeer-Hofes, eigene Berechnungen; Kartographie: Ute Dolezal

In der vorliegenden Untersuchung wurden die Adressen von 777 polnischen Saisonarbeitern, die 2001 auf dem Erdbeer-Hof beschäftigt waren, ausgewertet und nach Regionen klassifiziert. Als Regionsabgrenzungen wurden die alten Verwaltungsstrukturen Polens vor der Gebietsreform von 1999 verwandt. Zu diesem Zeitpunkt war Polen in 49 Wojewodschaften gegliedert; heute sind es nach den Vorgaben der Europäischen

Union im Beitrittsprozess nur noch 16. Die kleinteiligeren alten Verwaltungsgrenzen sind für die hier verfolgte Fragestellung besser geeignet, da sich mögliche regionale Konzentrationen exakter darstellen lassen. In Abbildung 9 sind die Ergebnisse der vorgenommenen Regionalisierung wiedergegeben. Der Abbildung ist zu entnehmen, dass die Verteilung der Herkunftsorte auf die Regionen stark konzentriert ist. Über 50 % der Erntehelfer stammt aus nur drei Regionen, wobei die Wojewodschaft Szczecin im Nordwesten Polens mit einem Anteil von 36,3 % weit überproportional vertreten ist. Den zweitgrößten Anteil mit immerhin noch 11,2 % verzeichnet die Wojewodschaft Torun. Vergleicht man die regionale Verteilung der Herkunftsorte der Saisonarbeiter des Erdbeer-Hofs mit den Herkunftsorten der polnischen Saisonarbeiter in der Bundesrepublik insgesamt, so fällt auf, dass die drei Hauptherkunftsregionen der Saisonarbeiter des Erdbeer-Hofs nur einen Anteil von 4,8 % an der gesamten Saisonarbeitsmigration innehaben.

Damit scheinen diese Ergebnisse die eingangs geäußerte Vermutung zu bestätigen, dass residentielle Nähe auch für das betriebliche Gesamtnetzwerk auf dem Erdbeer-Hof von Bedeutung ist. Die starke regionale Konzentration der Herkunftsorte lässt weiter vermuten, dass ein großer Teil der Betriebsbelegschaft sich untereinander kennt, also persönliche Beziehungen aus dem Herkunftsland im Gesamtnetzwerk eine wichtige Rolle spielen.

Eine weitere Möglichkeit, die Hinweise auf eventuell vorhandene persönliche Beziehungen zwischen den Arbeitsmigranten ableiten lässt, ist die Untersuchung der Informationsquellen und Informationskanäle, die im Zusammenhang mit der saisonalen Tätigkeit in Deutschland genutzt werden. Die hierzu in der Befragung formulierten Frage lautet: Können Sie sich daran erinnern, wo Sie zum ersten mal gehört haben, dass es die Möglichkeit gibt, in Deutschland als Erntehelfer zu arbeiten?

Tab. 24: Informationsquelle (Mehrfachnennung möglich)

Informationsquelle	Anzahl	Prozent der Nennungen
Familie	63	26,7
Zeitung	8	3,4
Arbeitsamt	6	2,6
Arbeitsplatz	6	2,6
Freundes-/Bekanntenkreis	132	56,2
Heimatgemeinde	20	8,5

Quelle: eigene Untersuchung

Es ist erstaunlich, wie hoch die Anzahl der Nennungen ist, die sich auf informelle Quellen wie Gespräche im Bekanntenkreis (56,2 %) und in der Familie (26,7 %) oder in der Heimatgemeinde (8,5 %) bzw. am Arbeitsplatz (2,6 %) stützen. Nur 3,5 % bzw. 2,6 % der Nennungen beziehen sich auf offizielle Informationskanäle wie Arbeitsamt oder Zeitung.

Auch dieser Umstand kann als Hinweis darauf gewertet werden, wie groß die Bedeutung persönlicher Beziehungen im Hinblick auf die Bereitstellung von Informationen für die Arbeitsmigration nach Deutschland ist.

Tab. 25: Vermittler

Vermittlung der Arbeit auf dem Erdbeer-Hof	Anzahl	Prozent
über das polnische Arbeitsamt	0	0
über Freunde/Bekannte in Deutschland	23	9,6
private Arbeitsvermittler	11	4,6
über Freunde/Bekannte in Polen	175	72,9
durch eigenen Kontakt zum Erdbeer-Hof	26	10,8
keine Angaben	5	2,1
insgesamt	240	100,0

Quelle: eigene Untersuchung

Ein ähnlicher Befund ergibt sich, wenn untersucht wird, welche Personen oder Organisationen bei der Vermittlung der Saisonarbeit auf den Erdbeer-Hof Einfluss genommen haben (die Frage lautete: Wie kam eigentlich Ihr Beschäftigungsverhältnis hier auf dem Erdbeer-Hof zustande?). Hier geben fast drei Viertel (72,9 %) der Befragten an, dass bei der Vermittlung Freunde und Bekannte im Heimatland die entscheidende Rolle gespielt haben. Das polnische Arbeitsamt hat keine einzige der befragten Personen vermittelt und private Arbeitsvermittler spielen mit einem Anteil von 4,6 % eine eher unbedeutende Rolle.

Ein genauerer Blick auf die Vermittler der saisonalen Tätigkeit und darauf, in welcher Beziehung diese zu den vermittelten Saisonarbeitern stehen, ist aufschlussreich. Hier geben nur 5,4 % der Befragten an, keine persönlichen Beziehungen zum Vermittler zu unterhalten. Enge Beziehungen dominieren die Vermittlerrolle: 32,2 % der polnischen Saisonarbeiter geben an, dass ihnen eine naher Verwandter die Arbeit vermittelt habe.

Die anderen Personen, die ebenfalls zu der Kategorie der engeren Beziehungen zu zählen sind, sind folgende: Ehepartner mit 7,9 %, gute Freunde mit 8,4 % und Freund mit 5,0 %. Mit einem Anteil von insgesamt 53,6 % dominieren also die engeren Beziehungen die Vermittlerrolle. 27,2 % der Saisonarbeiter geben an, dass sie von einem Bekannten vermittelt worden seien. Hier kommen zwar auch noch persönliche Beziehungen zum Tragen, diese sind aber als nicht so intensiv einzuschätzen.

Tab. 26: Vermittlerrolle

Beziehung zum Vermittler	Anzahl	Prozent
keine Angaben	33	13,8
Ehepartner, Lebensgefährte	19	7,9
naher Verwandter	77	32,2
guter Freund	20	8,4
Freund	12	5,0
Bekannter	65	27,2
keine Beziehung	13	5,4
insgesamt	239	100,0

Quelle: eigene Untersuchung

Aus der Befragung der polnischen Arbeitskräfte und aus dem Gespräch mit dem Betriebsinhaber geht hervor, dass bei der Neubesetzung von Saisonarbeiterstellen die Vermittlung über bereits beschäftigte Saisonarbeiter die dominierende Rolle spielt. Für die neuen Saisonkräfte hat dabei die Vermittlungstätigkeit vor allem von Verwandten die wesentliche Bedeutung. Ein Teil der Migrationsforschung, vor allem derjenige, der sich dem Transnationalismus-Ansatz verbunden fühlt, nimmt nun diese Netzwerkgebundenheit von Arbeitsmigration zum Anlass, Netzwerke im Migrationsprozess eine ganz besondere und neue Bedeutung zuzuschreiben. Übersehen wird dabei allerdings der Umstand, dass Migrationen sich schon immer in Netzwerkstrukturen vollzogen haben. Die Geschichte der internationalen Wanderung liefert unzählige Beispiele dafür, dass Individuen immer im Verbund mit anderen (Verwandte, Nachbarn, Freunde, Bekannte etc.) migriert sind. Dieses Phänomen ist sowohl in der „Gastarbeitermigration" der 60er Jahre in der Bundesrepublik zu verzeichnen als auch in historisch weiter zurückliegenden Migrationen.[4]

Neben den historischen Parallelen spricht auch ein zweites und gewichtigeres Argument gegen eine Neu- und eine damit einhergehende Überbewertung von Netzwerkstrukturen im Migrationsprozess. Die Arbeitsmarktforschung scheint nämlich einige deutliche Hinweise liefern zu können, dass Stellenvermittlungen über die Netzwerke der Mitarbeiter in einem bestimmten Segment des Arbeitsmarktes nicht die Ausnahme bildet, sondern die Regel darstellt und somit keineswegs auf Migrationsprozesse beschränkt ist.

Untersuchungen des Instituts Arbeit und Technik, Gelsenkirchen, über Rekrutierungswege im Bereich der un- und angelernten Arbeitskräfte zeigen, dass viele Betriebe den internen Suchweg über die Bekannten- und Verwandtschaftsnetzwerke der Beschäftigten intensiv nutzen (Bundesministerium für Wirtschaft und Arbeit 2005). Hier spielen vor allem Dingen die im Vergleich zu anderen Rekrutierungsstrategien geringeren Suchkosten eine bedeutende Rolle. Aber auch ein anderer Aspekt ist entscheidend. Die Aufgaben der Informationsvermittlung über die angebotenen und neu zu besetzenden Stellen sowie die Vor-Selektion wird auf die Beschäftigten übertragen, entlasten damit die Unternehmen und die neuen Arbeitskräfte können sich ein genaues Bild über die zukünftige Arbeitsanforderungen machen.

Bommes (Beauftragte der Bundesregierung für Migranten ... 2005) spricht im Zusammenhang des Problems von Stellenbesetzungen von einem „Unentscheidbarkeitsproblem", vor dem die Betriebe bei der Arbeitskräfteanwerbung stehen. Die Arbeitsmarktlage bringt es mit sich, dass in der Regel für eine neu zu besetzende Stelle mehrere Bewerber mit ähnlichen Qualifikationen zur Auswahl bereit stünden. Die Übertragung einer gewissen Vor-Selektion auf die Mitarbeiter kann hier das Unentscheidbarkeitsproblem ein Stück weit entschärfen.

Die Betriebe können beim Verfahren der internen Rekrutierung davon ausgehen, dass die Bewerber aufgrund der Schilderung der betrieblichen Arbeitsstrukturen durch die Beschäftigten über eine realistische Einschätzung verfügen und daher die künftigen Anforderungen im Arbeitsprozess beurteilen und auch einschätzen können, ob sie diesen gewachsen sind oder nicht. Ein nicht zu unterschätzender Gesichtspunkt bei der Rekrutierung von Mitarbeitern über den internen Arbeitsmarkt

---

4 Man schaue sich z. B. die Bremer Passagierlisten der Überseeauswanderer der Jahre 1920-1939 im Internet an; dort finden sich zahlreiche Hinweise, dass auch in dieser Zeit internationale Wanderungen im Verbund stattgefunden haben: www.passagierlisten.de

ist auch die Tatsache, dass die Beschäftigten mit ihrer Empfehlung eine gewisse Verantwortung für die Eignung und Arbeitsmotivation der Bewerber übernehmen, da die Mitarbeiter darauf achten, dass ihre Empfehlungen sie nicht in ein schlechtes Licht rücken (Bundesministerium für Wirtschaft und Arbeit 2005).

In diesem Zusammenhang ist noch ein weiterer wesentlicher Aspekt zu berücksichtigen. Die Landwirtschaft gehört zu denjenigen Wirtschaftsbereichen, die die höchste Fluktuation von Beschäftigten zu verzeichnen hat. Die Labour-Turnover-Rate – diese wird gefasst als die Summe von Einstellungsrate plus Abgangsrate, wobei die Einstellungsrate die Summe aller Einstellungen durch die Gesamtbeschäftigung bzw. die Abgangsrate die Summe aller Abgänge durch die Gesamtbeschäftigung bildet (vgl. Bellmann et al. 2006) – beträgt für die Land- und Forstwirtschaft für 2002 fast 50 % (zum Vergleich: für die Gesamtwirtschaft der Bundesrepublik 25 %), ist also doppelt so hoch wie der Durchschnitt der Beschäftigtenfluktuation in der gesamten Volkswirtschaft (Bundesministerium für Wirtschaft und Arbeit 2005). Die hohe Fluktuationsrate in der Landwirtschaft führt dazu, dass die landwirtschaftlichen Betriebe die Hälfte ihrer Belegschaften jedes Jahr neu einstellen müssen. Aus diesem Grunde liegt es nahe, die Kosten für die Mitarbeitersuche zu minimieren, indem man informelle Suchwege den zeit- und kostenintensiven Wegen der Arbeiterrekrutierung vorzieht.

Für den untersuchten Erdbeer-Hof liegt die Fluktuationsrate allerdings weit unter dem Bundesdurchschnitt. 2001 wurden 138 oder 17,8 % der Saisonarbeiter neu eingestellt. Aber auch hier kann man das Arbeitskräfterekrutierungsverfahren über den internen Arbeitsmarkt, d. h. über die persönlichen Netzwerke der Beschäftigten, als einen ökonomisch effizienten Weg kennzeichnen.

Als ein kleines Zwischenfazit zur Bedeutung persönlicher Netzwerke in der Arbeitsmigration kann folgendes festgehalten werden: was bei einem ersten Blick sich als eine spezifische Form und Eigenschaft temporärer Arbeitsmigration erweist – nämlich die Bedeutung persönlicher Netzwerke für die Vermittlung von Arbeitsgelegenheiten ins Ausland –, entpuppt sich bei näherer und genauerer Betrachtung als ein Vorgang, der sich völlig unabhängig von Migrationen nach ökonomisch-rationalen Kriterien entwickelt hat. Wenn Arbeitsmigration an diese vorgefundenen Strukturen nur anknüpft, sie aber nicht erst herstellt, so lassen sich diese Strukturen nur schwer zur spezifischen Kennzeichnung migrantischer Praktiken heranziehen.

Bevor auf die weitere Analyse von Netzwerkbeziehungen eingegangen wird, sollen hier noch einmal einige methodische Überlegungen vorangestellt werden. Zur genaueren Untersuchung der Beziehungen im

Netzwerk der polnischen Belegschaft des Erdbeer-Hofes wurden verschiedene betriebliche Unterlagen des die polnischen Arbeiter beschäftigenden Unternehmens ausgewertet. In Ergänzung dazu konnte auch auf die genauen Kenntnisse der im Betrieb ganzjährig beschäftigten Halb-Tageskraft, die sich um die „Pflege" des Arbeiterstammes kümmert und die Einstellungen organisiert, zurückgegriffen werden.

Das Gesamtnetzwerk, das hier untersucht werden soll, wird pragmatisch abgegrenzt. Es wird als Netzwerk polnischer Saisonarbeiter am Zielort definiert. Zum Gesamtnetzwerk gehören alle auf dem Erdbeer-Hof anwesenden polnischen Saisonarbeiter einer Erntesaison. Für die Erntesaison 2001 waren das 777 Personen. Zu berücksichtigen ist dabei, dass das Gesamtnetzwerk genau genommen größer sein muss, da auch diejenigen Personen dazu zu zählen sind, die zwar schon auf dem Erdbeer-Hof gearbeitet haben, in der Saison 2001 aber nicht anwesend sind und durchaus die Absicht haben, in Zukunft wieder auf dem Hof zu arbeiten. Diese Personen können aber nicht identifiziert werden und so kann sich die Untersuchung der Netzwerkstrukturen im Gesamtnetzwerk nur auf die in 2001 tatsächlich Beschäftigten stützen.

Tab. 27: Art und Anzahl der Beziehungen im Gesamtnetzwerk

Anzahl der Beziehun.	Verwandte		Nachbarn		Bekannte/Freunde	
	Häufigkeit	Prozent	Häufigkeit	Prozent	Häufigkeit	Prozent
0	281	36,2	480	61,8	576	74,1
1	331	42,6	71	9,1	87	11,2
2	60	7,7	67	8,6	60	7,7
3	44	5,7	45	5,8	27	3,5
4	37	4,8	37	4,8	8	1,0
5	8	1,0	13	1,7	13	1,7
6	7	0,9	11	1,4	6	0,8
7	8	1,0	0	0,0	0	0,0
8	0	0,0	27	3,5	0	0,0
9	0	0,0	12	1,5	0	0,0
10	0	0,0	14	1,8	0	0,0
11	1	0,1	0	0,0	0	0,0
Gesamt	777	100,0	777	100,0	777	100,0

Quelle: betriebliche Unterlagen des Erdbeer-Hofes, eigene Untersuchung

Als persönliche Beziehungen werden unterschiedliche Formen oder Kategorien identifiziert: Beziehungen der Verwandtschaft, Beziehungen der Nachbarschaft und Beziehungen zu Freunden und Bekannten.

Verwandtschaftsbeziehungen umfassen alle familiären Beziehungen unabhängig vom Verwandtschaftsgrad. Dazu gehören der Ehemann, die Ehefrau, Mutter, Vater, Schwager, Nichte usw. Diese Form der Beziehung konnte identifiziert werden mit Hilfe der Halbtagskraft, die seit Jahren die Personaleinstellungen organisiert und die polnischen Arbeiter und ihre familiären Verhältnisse gut kennt.

Als Nachbarschaftsbeziehungen wurden aus der umfangreichen Pflückerliste des Unternehmens alle diejenigen Personen und Adressen herausgefiltert, die die gleiche Anschrift haben und die nicht zu den Verwandten zählen.

Auch die Beziehung „Freunde/Bekannte" konnte durch die Analyse der vom Unternehmen zur Verfügung gestellten Daten rekonstruiert werden. Als Freundes- bzw. Bekannten-Beziehung wurden all die Beziehungen erfasst, die folgende Merkmale aufweisen: die Personen wohnen im gleichen Ort, sie reisen zum gleichen Datum an und wieder ab oder sie wohnen in den Arbeiterunterkünften zusammen und sie gehören nicht den beiden ersten Kategorien „Verwandtschaft" und „Nachbarschaft" an.[5]

Wurde bisher die Zugänglichkeit zum Gesamtnetzwerk analysiert und dabei die Bedeutung verwandtschaftlicher Beziehungen herausgestellt, so soll im Folgenden ein Blick geworfen werden auf die Verortung des einzelnen Saisonarbeiters im Gesamtnetzwerk, d. h. nach Größe und Struktur der egozentrierten Netzwerke gefragt werden.

Einen ersten Überblick über die Struktur des Gesamtnetzwerkes kann eine Sichtung der Anzahl der Beziehungen zunächst unabhängig von ihrer spezifischen Form geben.

Wie aus Tabelle 28 zu entnehmen ist, ist die Ein-Personen-Beziehung die häufigst vertretene Größe der persönlichen Beziehungen im betrieblichen Gesamtnetzwerk. 196 Personen oder 25,2 % der polnischen Saisonarbeiter stehen zu jeweils einem anderen Mitglied des Gesamtnetzwerkes in persönlicher Beziehung (Verwandter oder Nachbar oder Freund/Bekannter). 127 Personen oder 16,3 % des 777 Mitglieder zählenden Gesamtnetzwerkes haben keine persönlichen Beziehungen zu einem anderen Mitglied. Durchschnittlich hat jedes Mitglied drei persönliche Beziehungen im Gesamtnetzwerk.

---

5 Bei dieser Form der Datenkonstruktion wird vor allem die Beziehung „Bekanntschaft/Freundschaft" nicht exakt erfasst und dürfte damit im vorliegenden Sample unterrepräsentiert sein. So bleiben z. B. die Freundschafts- und Bekanntheitsbeziehungen, die die Probanden außerhalb ihres Wohnortes unterhalten, unberücksichtigt.

Die Streuungsbreite ist mit einem Minimum von 0 Beziehungen und einem Maximum von 17 Beziehungen relativ groß. Der arithmetische Mittelwert beträgt 3,06, der Median 2,0, die Standardabweichung 3,2. Man kann von einer eindeutig linksschiefen Verteilung sprechen.

Die Hälfte (51,7 %) der im Netzwerk vertretenen Mitglieder haben eine bis drei persönliche Beziehungen im Gesamtnetzwerk, aber nur 13,8 % der Saisonarbeiter haben sechs oder mehr Beziehungen.

Schaut man nun auf die spezifische Art der persönlichen Beziehungen (vgl. Tabelle 28 und Abbildung 10), so kann man feststellen, dass die Beziehungen zu Nachbarn überwiegen. 1083 oder 45 % der im Gesamtnetzwerk bestehenden Beziehungen (insgesamt sind das 2384 Beziehungen) sind Nachbarschafts-, 37 % Verwandtschaftsbeziehungen und 421 oder 18 % sind Beziehungen zu Bekannten und Freunden.

Auffällig ist, dass zwar eine große Zahl der Saisonarbeiter über keine Nachbarschaftsbeziehungen verfügt (480 Personen oder 61,8 %), gleichzeitig aber auch eine relativ große Menge der Saisonarbeiter (29,1 %) mit mehr als einem Nachbarn im Gesamtnetzwerk verbunden ist (zum Vergleich: bei den Verwandten sind das 21,2 % und bei Freunden/Bekannten 14,7 %). Das heißt, dass die Menge der Individuen, die Verwandtschaftsbeziehungen haben, größer ist als die Menge der Individuen, die Nachbarschaftsbeziehungen haben, Nachbarschaftsbeziehungen aber der am häufigsten vertretene Typ von Beziehungen ist, weil es mehr Individuen gibt, die mit mehr als einer Nachbarschaftsbeziehung im Netzwerk vertreten sind.

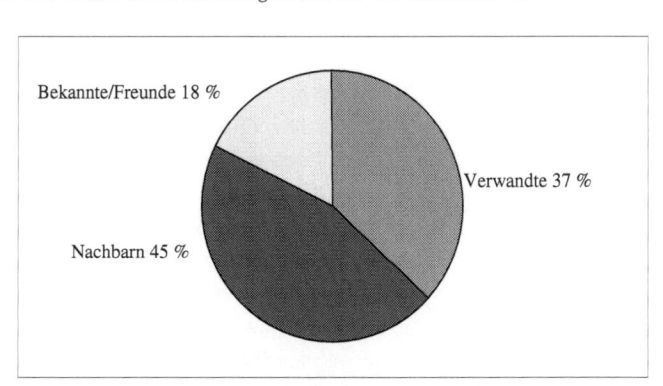

Abb. 10: Anteil der Beziehungsarten im Gesamtnetzwerk

Quelle: betriebliche Unterlagen des Erdbeer-Hofes, eigene Untersuchung

Die Mehrheit der Saisonarbeiter arbeitete in dem Jahr, auf das sich diese Untersuchung bezieht, nicht zum ersten Mal auf dem Erdbeer-Hof. Die Anzahl der Jahre der Beschäftigung variiert zwischen 14 Jahren und einem Jahr; der Durchschnittswert beträgt 4,3 Jahre (arithmetisches Mittel). 17,3 % der polnischen Erntehelfer haben 2001 das erste Mal auf dem Erdbeer-Hof gearbeitet, aber 38,7 % fünf Jahre und öfter.

In Bezug auf die Anzahl der Beziehungen im Gesamtnetzwerk liegt die Vermutung nahe, dass die Zahl der auf dem Erdbeer-Hof gearbeiteten Jahre diese maßgeblich beeinflusst. Die Überlegung scheint plausibel, dass je länger die Zeit ist, die ein Saisonarbeiter auf dem Erdbeer-Hof zubringt, desto größer müsste sein egozentriertes Netzwerk innerhalb des betrieblichen Gesamt-Netzwerkes sein. Einmal hat er mehr Gelegenheit, Freunde/Bekannte, Verwandte oder Nachbarn über die Vermittlung der Saisontätigkeit in das Netzwerk hinein zu holen, zum anderen könnte sich sein Freundes- und Bekanntenkreis im Laufe der Jahre auf dem Erdbeer-Hof vergrößern. Empirisch lässt sich ein solcher vermuteter Zusammenhang allerdings nicht bestätigen.

Die Berechnung des statistischen Zusammenhangs zwischen der Anzahl der auf dem Hof gearbeiteten Jahre und der Größe des personenzentrierten Netzwerks ergibt einen Korrelationskoeffizienten von 0,104 (Kendall-Tau-b, Signifikanzniveau 0,05, n=777). Damit lässt sich ein nur schwacher statistischer Zusammenhang nachweisen. Offensichtlich ist es so, dass die persönlichen Netzwerke in Bezug auf ihre Größe im Zeitverlauf relativ konstant bleiben. Weder vergrößert sich das persönliche Netzwerk am Zielort durch neue Freund- oder Bekanntschaften noch wird ein mehrmaliger Aufenthalt auf dem Erdbeer-Hof dazu genutzt, weitere Verwandte und Nachbarn oder auch Freunde und Bekannte dazu zu holen.

Zur Beschreibung eines Gesamtnetzwerkes findet in der Netzwerkforschung häufig die Maßzahl der Dichte Verwendung. Die Dichte beschreibt das Verhältnis der Anzahl der möglichen Beziehungen im Netzwerk zur Anzahl der realisierten Beziehungen. Diese Maßzahl variiert zwischen Null und Eins. Werte nahe Eins bedeuten eine hohe Dichte, Werte nahe Null bedeuten umgekehrt eine geringe Dichte. Dichte ist hier also als Maßzahl von Interaktionen zwischen den am Netzwerk beteiligten Mitgliedern zu verstehen. Ein hoher Wert deutet auf viele Verbindungen, ein niedriger Wert auf wenige Beziehungen hin (vgl. Jansen 1999, 105 f.).

Der Dichtewert für das hier untersuchte Gesamtnetzwerk beträgt 0,0039. Auch wenn Vergleichszahlen aus ähnlichen Untersuchungen nicht bekannt sind, so kann man an Hand dieses Wertes mit einiger Sicherheit auf ein Netzwerk schließen, das im Verhältnis zu den insgesamt möglichen eher wenige persönliche Beziehungen umfasst.

Neben der Beschreibung der Struktur des Gesamtnetzwerkes, wie sie bisher vorgenommen worden ist, sollen auch die am Gesamtnetzwerk beteiligten individuenbezogenen Netzwerke analysiert werden. In der Netzwerkforschung hat sich hier der Begriff des „egozentrierten Netzwerkes" eingebürgert. Die Beschreibung eines egozentrierten Netzwerkes gibt Antworten auf die Frage, mit welchen „alteri" „ego" persönlich verbunden ist. Die Verbundenheit mit und die Position im egozentrierten Netzwerk gibt Auskunft über die Leistungsfähigkeit des Netzwerkes für „ego". Je größer das Netzwerk und je mehr „alteri" darin vertreten sind, die untereinander keine persönlichen Beziehungen pflegen, desto größere Bedeutung kann das egozentrierte Netzwerk als Informationslieferant gewinnen und desto mehr Mittel stehen zur Verfügung die eigenen Ziele verwirklichen zu können (Burt 1983).

Dieser Auffassung, dass vor allem ein Netzwerk, welches nicht nur enge persönliche Beziehungen umfasst, für die Erreichung und Durchsetzung persönlicher Ziele von größerem Nutzen sein kann, liegt die Annahme Granovetters (1973, 1982) zu Grunde, dass der Informationsfluss in Netzwerken mit dichten Beziehungen, wie sie z. B. Verwandtennetzwerke darstellen können, relativ redundant ist, d. h. die einzelnen Mitglieder haben nur Zugang zu ähnlichen Informationen. Zugang zu neuen Informationskanälen und damit – im vorliegenden Fall – zu möglichen temporären Arbeitsmigrationsmöglichkeiten sind am ehesten von Netzwerkmitgliedern zu erlangen, die nicht direkt mit „ego" verbunden sind, sondern Brücken zu anderen egozentrierten Netzwerken bilden.

In Tabelle 28 sind Art und Anzahl der persönlichen Beziehungen für die einzelnen polnischen Saisonarbeiter dargestellt. Die Tabelle stellt eine Kreuztabelle mit drei Variablen dar; daher ist es ein wenig ungewöhnlich ihren Informationsgehalt direkt zu erfassen. Dargestellt wird die Anzahl der Probanden mit der Anzahl ihrer jeweils unterschiedlichen Beziehungen. Gelesen von links oben nach rechts unten nehmen die Beziehungen zu. Die Zahl 127 in der ersten Spalte der ersten Reihe des Datenfeldes bedeutet, dass von den 777 am Gesamtnetzwerk beteiligten Personen 127 keine persönlichen Beziehungen wie Verwandtschaften etc. zu anderen Saisonarbeitern der Erntesaison 2001 auf dem Erdbeer-Hof haben. Die Zahl 1 in der letzten Reihe bedeutet: es gibt eine Person, die Beziehungen zu sechs Bekannten/Freunde, vier Verwandten und vier Nachbarn hat.

Tab. 28: Individuelle Beziehungen im Gesamtnetzwerk

Anzahl Bekannte			Anzahl Nachbarn									
			0	1	2	3	4	5	6	8	9	10
0	Anzahl	0	127	23	15	10	6	4		11	2	5
	Verwandte	1	152	25	27	6	9	6	2	4	6	4
		2	33			2	7	1			3	
		3	24	3	5	3				5		
		4	14	2	3	4	2					2
		5	6									
		6	2							3		
		7	7									
		11	1									
1	Anzahl	0	21	3	2	9						
	Verwandte	1	27	3	6	2	1					
		2	4				3					
		3		1								
		4	2									
		6	2									
		7	1									
2	Anzahl	0	11	1	2				3		1	1
	Verwandte	1	13	3	3	3	1	2	1			2
		2	3				1			2		
		3	1									
		4					2	2				
		5		2								
3	Anzahl	0	8	4			1					
	Verwandte	1	9	1	2							
		3	1									
		4					1					
4	Anzahl	0	2				1	2				
	Verwandte	1	3		1							
5	Anzahl	0	1			1		2				
	Verwandte	1	3			1	2					
		4			1	1						
6	Anzahl	0	1				1					
	Verwandte	1	1									
		2								1		
		3								1		
		4					1					

Quelle: betriebliche Unterlagen des Erdbeer-Hofes, eigene Untersuchung

An zwei konkreten Beispielen soll die Einbettung („Embeddedness"[6]) der polnischen Saisonarbeiter in persönliche Netzwerkstrukturen inner-

---

[6] Der Begriff „Embeddedness" spielt für die Netzwerktheorie auch konzeptionell eine überaus wichtige Rolle. Das „Eingebettetsein" handelnder Ak-

halb des Gesamtnetzwerkes des Erdbeer-Hofes verdeutlicht werden. Die Netzwerkforschung geht dabei davon aus, dass je größer und vielfältiger das persönliche Netzwerk strukturiert ist, desto größer sind die Handlungsmöglichkeiten, die über das Netzwerk generiert werden können. Die Vielfalt eines egozentrierten Netzwerkes wird durch die Anzahl der unterschiedlichen Beziehungen bestimmt, im vorliegenden Fall also durch Kombination von Verwandtschaft, Nachbarschaft und Freundschaft/Bekanntschaft.

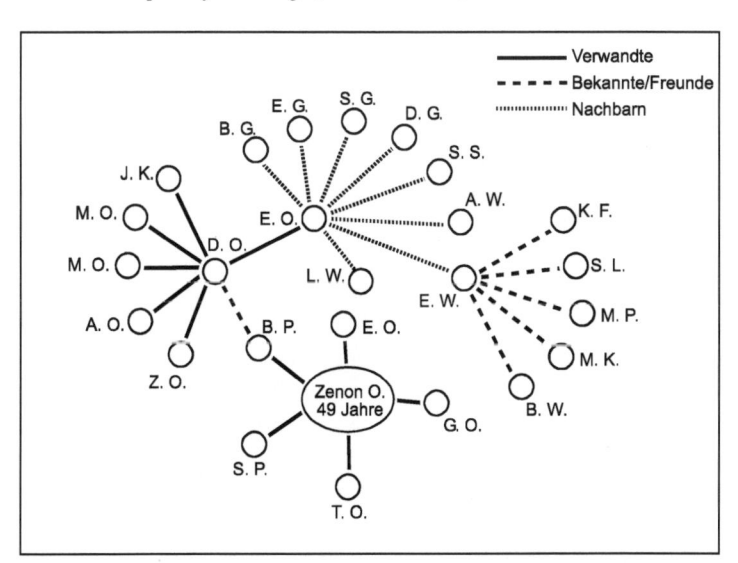

Abb. 11: Beispiel I für ein egozentriertes Netzwerk

Quelle: betriebliche Unterlagen des Erdbeer-Hofes, eigene Untersuchung, Graphik: Ute Dolezal, wegen der Übersichtlichkeit der Darstellung sind die weiteren Beziehungen zwischen alteri nicht dargestellt

Beispiel I (Abbildung 11) stellt das egozentrierte Netzwerk von Herrn O. dar. Herr O. ist 49 Jahre alt, arbeitet im neunten Jahr auf dem Erdbeer-Hof und ist mit Ehefrau, zwei Söhnen, Schwester und Schwager

teure in soziale Strukturen über Netzwerke als Feld von Handlungsopportunitäten, aber auch von Kontrolle und sozialen Normen soll die methodologischen Defizite einer akteurszentrierten Handlungstheorie beheben und das Individuum in gesellschaftliche Strukturen einbinden.

153

angereist.[7] Seine persönlichen Beziehungen zu den Mitgliedern des Gesamtnetzwerkes des Erdbeer-Hofes beschränken sich auf diese fünf Familienmitglieder; Nachbarn oder Freunde bzw. Bekannte von ihm sind nicht unter den anderen Saisonarbeitern zu finden. Seine Schwester ist mit Dariusz O. bekannt/befreundet, der wiederum mit sechs anderen Familienmitgliedern auf dem Erdbeer-Hof arbeitet. Dariusz O. bildet so die Verbindung zu Mitgliedern zweiter Ordnung des egozentrierten Netzwerkes von Herrn O. Eine Verwandte von Dariusz O. arbeitet zusammen mit acht Nachbarn auf dem Hof, von denen einer wiederum mit fünf Bekannten/Freunden angereist ist.

Das egozentrierte Netzwerk von Herrn O. umfasst fünf Personen seiner unmittelbaren persönlichen Beziehungen und drei unterschiedliche Subgruppen mit denen er über andere polnische Saisonarbeiter, die Brückenfunktionen übernehmen, verbunden ist. Insgesamt besteht sein Netzwerk aus 25 Personen: fünf Personen des Netzwerks 1. Ordnung, sieben Personen des Netzwerks 2. Ordnung, acht Personen des Netzwerks 3. Ordnung und fünf Personen des Netzwerks 4. Ordnung.

Das zweite Beispiel (Abbildung 12) stellt das egozentrierte Netzwerk von Frau Aleksandra S. dar. Frau S. ist 38 Jahre alt und zum dritten Mal zur Erntesaison auf dem Erdbeer-Hof. Sie ist mit ihrer Schwägerin gekommen und darüber hinaus zählt sie zu ihren persönlichen Beziehungen sechs Nachbarn und zwei Freunde/Bekannte.[8] Die beiden Bekannten/Freunde und ein Nachbar haben jeweils weitere direkte persönliche Beziehungen im Gesamtnetzwerk. Das egozentriertes Netzwerk von Frau Aleksandra S. endet allerdings schon mit den Mitgliedern 2. Ordnung, weil hier keine weiter gehenden Beziehungen zu beobachten sind. Das egozentrierte Netzwerk von Frau S. besteht so aus insgesamt 19 Personen, wobei neun den unmittelbaren persönlichen Beziehungen zuzuordnen sind.

Vergleicht man diese beiden Beispiele, so fällt auf, dass entgegen den allgemeinen Annahmen der Netzwerkforschung vielfältige persönliche Beziehungen nicht automatisch zu einem größeren egozentrierten Netzwerk führen. Im vorliegenden Fall scheint es genau umgekehrt zu

---

7 Der Tabelle 28 ist zu entnehmen, dass mit Zenon O. noch fünf weitere Saisonarbeiter mit der gleichen Anzahl an persönlichen Beziehungen und der gleichen Anzahl unterschiedlicher Beziehungen auf dem Hof arbeiten.

8 Hier kann mit Hilfe der Tabelle 29 festgestellt werden, dass Frau S. mit dieser Art der persönlichen Beziehungskonstellation ein Alleinstellungsmerkmal unter den 777 Saisonarbeitern besitzt. Kein weiterer Arbeitsmigrant zählt zu seinen persönlichen Beziehungen eine Verwandte, sechs Nachbarn und zwei Freunde/Bekannte.

sein: das durch drei unterschiedliche Beziehungstypen gekennzeichnete egozentrierte Netzwerk erster Ordnung von Frau S. führt nicht zu einem größeren egozentrierten Netzwerk insgesamt als das von Herrn O., der nur eine Form der persönlichen Beziehung (Verwandtschaft) in seinem Netzwerk erster Ordnung zu verzeichnen hat. Trotzdem beläuft sich sein persönliches Netzwerk insgesamt auf 25 Personen. Es scheint mehr vom Zufall abhängig zu sein, ob an den bestehenden Netzwerken erster Ordnung weitere Netzwerke über Brückenfunktionen Anschluss finden oder ob das Wachstum in eine zweite, dritte usw. Netzwerkordnung gestoppt wird.

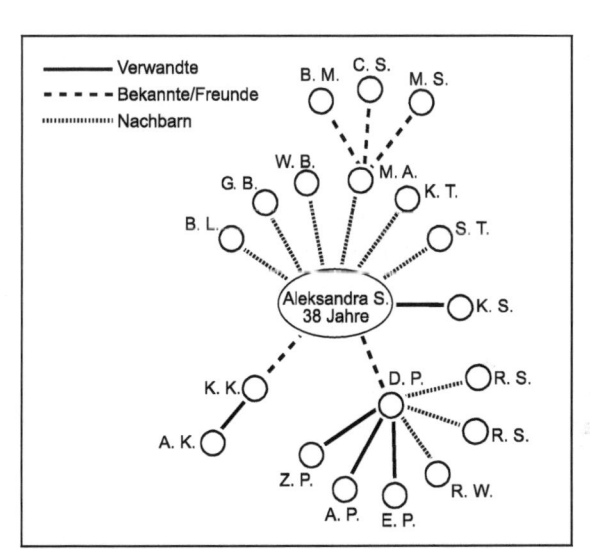

Abb. 12: Beispiel II für ein egozentriertes Netzwerk

Quelle: betriebliche Unterlagen des Erdbeer-Hofes, eigene Untersuchung, Graphik: Ute Dolezal, wegen der Übersichtlichkeit der Darstellung sind die weiteren Beziehungen zwischen alteri nicht dargestellt

Allerdings bleibt es ohnehin zweifelhaft, ob ein größeres oder vielfältigeres egozentriertes Netzwerk positive Auswirkungen auf den Erfolg temporärer Arbeitsmigration für den einzelnen Saisonarbeiter hat. Denn es ist nicht unbedingt einsehbar, worin ein solcher Zusammenhang eigentlich bestehen könnte. Dennoch lässt sich die Frage formulieren, ob zwischen beiden Größen ein (zumindest) statistischer Zusammenhang nachweisbar ist. Einer Beantwortung dieser Frage kann man sich mit folgenden Überlegungen nähern. Zunächst soll der Begriff „Erfolg" operationalisiert werden.

Ob temporäre Arbeitsmigration in Deutschland erfolgreich verläuft, wird an drei Variablen überprüft: a) einmal an der Anzahl der Jahre, die ein polnischer Arbeiter auf dem Erdbeer-Hof gearbeitet hat, b) an der Anzahl der Arbeitstage, die er auf dem Erdbeer-Hof in der Saison 2001 gearbeitet hat und schließlich c) an der Höhe des Lohnes, den er während der Erntesaison 2001 verdient hat. Diese drei Variablen können durchaus den Erfolg von Migration messen. Ganz besonders deutlich wird dieser Umstand bei der Lohnhöhe. Der überwiegende Teil der Saisonarbeiter stellt das Motiv „Geld verdienen" in den Mittelpunkt der Migration und so ist weiter zu schlussfolgern, dass der Erfolg der Wanderung desto größer einzuschätzen, je höher der Lohn ist.

Die Bedeutungsreichweite des egozentrierten Netzwerks oder die Eingebundenheit (Embeddedness) des Migranten in sein persönliches Beziehungsnetz wird als das Produkt aus der Anzahl der Beziehungen (Größe) und der Anzahl der unterschiedlichen Beziehungen (Netzwerkheterogenität) berechnet. Für die 777 im Sample vertretenen Personen werden Werte zwischen 0 und 51 erreicht. Das arithmetische Mittel liegt bei 5,6, der Median bei 3,0.

Für den Zusammenhang von Eingebundenheit und Anzahl der auf dem Erdbeer-Hof gearbeiteten Jahre wird ein Korrelationskoeffizient von 0,098 (Kendall-Tau-b, Signifikanzniveau 0,05, n = 777) und für den Zusammenhang von Eingebundenheit und Lohnhöhe von 0,066 (Kendall-Tau-b, Signifikanzniveau 0,05, n = 777) ermittelt. Der Zusammenhang von Eingebundenheit und Anzahl der Arbeitstage ist nicht signifikant. Die Größe des Korrelationskoeffizienten deutet darauf hin, dass zwischen den untersuchten Variablen nur ein sehr schwacher statistischer Zusammenhang besteht. Es kann also die Hypothese, dass zwischen der Größe und Heterogenität eines egozentrierten Netzwerks und dem Erfolg temporärerer Arbeitsmigration ein unmittelbarer Zusammenhang besteht, mit Hilfe der empirischen Untersuchungen auf dem Erdbeer-Hof nicht bestätigt werden.

Insgesamt muss man die Bedeutung von Netzwerkstrukturen im Migrationsprozess angesichts der vorliegenden Befunde stark relativieren. Wir haben gesehen, dass Verwandtschaftsnetzwerke und andere enge Beziehungen eine entscheidende Rolle bei der Vermittlung der Arbeitsgelegenheiten auf dem Erdbeer-Hof spielen. Granovetters These von der besonderen Bedeutung schwacher Beziehungen bei der Jobvermittlung kann hier also nicht zugestimmt werden. Eher scheinen Autoren in ihren Auffassungen bestätigt, dass für Tätigkeiten niedriger Qualifikationsstufen auch engere Beziehungen als Vermittlungsinstanz in Frage kommen (Wegener 1987, 1989, vgl. auch Brandt 2005 und Runia 2002a, 2002b); die Ursachen für diese Verhältnisse liegen aber nicht in den Netzwerkstrukturen selbst, sondern sind durch die Art des Rekrutierungsverfahrens verursacht.

Während Netzwerkstrukturen zwar für die Arbeitsvermittlung von Bedeutung sind, scheinen sie auf die Organisation des Arbeitsprozesses und die soziale Struktur der Belegschaft weniger Einfluss zu haben. Der ermittelte Dichtewert des Gesamtnetzwerkes deutet ja eher darauf hin, dass zwischen den Saisonarbeitern keine besonderen Interaktionsbeziehungen zu verzeichnen sind, zumindest nicht in dem Maße, wie es die netzwerkorientierte Migrationsforschung vermuten lässt. Auch der Umstand, dass ein Großteil der Arbeiterschaft aus nur wenigen Regionen Polens kommt, führt nicht dazu, dass „jeder jeden kennt". Die Saisonarbeiter haben klar abgrenzbare Beziehungsgefüge, die auch im Zeitverlauf recht stabil bleiben und sich kaum verändern.

In Bezug auf die Vermittlung der Arbeitsgelegenheiten kommen Netzwerkstrukturen eine große Bedeutung zu, aber es ist zweifelhaft, ob diese Netzwerkstrukturen als spezifisches Produkt des Migrationsprozesses interpretiert werden können, da sie Elemente einer ganz „normalen" Rekrutierungsstrategie in bestimmten Segmenten des Arbeitsmarktes darstellen.

Temporäre Migration als biographisches Ereignis – Ergebnisse qualitativer Interviews mit polnischen Saisonarbeitern

Man muss nicht die Auffassung von König (2002, 55) teilen, dass die Erforschung von Einstellungen, Deutungsmustern und „subjektiven Theorien" ein Menschenbild voraussetzt, welches in Abgrenzung zum Behaviorismus menschliches Tun nicht als Verhalten, sondern als Handeln deutet, um qualitativen Methoden in der Sozialforschung einen eigenständigen Platz einzuräumen. Zwar ist der Einschätzung zuzustimmen, in einem behavioristischen Modell, gebe es wenig Spielraum und eigentlich keinen Anlass zur Erforschung subjektiver Einstellungen, da Verhalten als durch Umweltreize determiniert betrachtet wird. Andererseits soll hier aber nicht der Schlussfolgerung zugestimmt werden, Intentionalität sei der wesentliche Motor menschlichen Handelns. Geschichte wird ebenso gemacht, wie sie erduldet und erlitten wird. Qualitative Sozialforschung hat diese Differenz im Blick zu behalten.

Die sozialwissenschaftliche Beschäftigung mit individuellen Einstellungen, subjektiven Theorien und Deutungsmustern kann nicht (nur) dazu dienen, individuelle Motivationslagen und individuelles Handeln zu erklären, sondern umgekehrt können mit Hilfe qualitativer Interviews individuelle oder auch kollektive Handlungen und Handlungsabläufe sinnhaft gedeutet werden. Die nachfolgenden Bemerkungen wollen die theoretische Einbettung der durchgeführten Interviews mit polnischen Saisonarbeitern deutlich machen und deren Methodik und Auswertung erläutern.

Vorüberlegungen zum Stellenwert qualitativer Interviews

Als wesentliches Merkmal der Abgrenzung qualitativer von standardisierten Verfahren gilt in der empirischen Sozialforschung der Umstand, dass in qualitativen Interviews keine Antworten vorgegeben sind, und dass die Befragten ihre Ansichten und Erfahrungen frei artikulieren können (vgl. z. B. Lamnek 2002). Qualitative Interviews zielen auf eine möglichst unvoreingenommene Erfassung individueller Handlungen, subjektiver Wahrnehmungen und Verarbeitungsweisen gesellschaftlicher Realität (Witzel 2000). In qualitativen Interviews sollen die Nachteile standardisierter Befragungen, die besonders darin liegen, dass diese nur die Zustimmung zu von außen vorgegebenen Konstrukten überprüfen, aufgehoben werden. Stattdessen werden die subjektiven Sichtweisen der interviewten Personen selbst erfasst (König 2002).

Allgemein geht es in der qualitativen Sozialforschung um zwei Fragestellungen: Einmal um die Frage, wie Alltagswissen in sozialen Kontexten produziert und reproduziert wird, zum anderen um die Frage, welche Weltsichten sich im Bewusstsein der Befragten repräsentieren. Etwas konkreter formuliert: 1. Wie gelangen Menschen in der Auseinandersetzung mit Umwelt zu ihren Vorstellungen über Welt und zu ihren Einschätzungen der in dieser Welt vorhandenen Phänomene? 2. Wie strukturieren und erklären Menschen ihr Handeln unter den Bedingungen der von ihnen bewerteten Handlungskontexte und situativen Bedingungen (Froschauer/Lueger 2003)?

Die methodologischen Grundlagen der qualitativen Sozialforschung speisen sich wissenschaftstheoretisch aus zwei Quellen: aus der Phänomenologie und aus der Hermeneutik. Das soll hier nicht weiter ausgeführt werden, sondern es soll lediglich darauf hingewiesen sein. Phänomenologisch ist die qualitative Methode in der Weise, dass sie theoretische Konstrukte vor dem eigentlichen empirischen Forschungsprozess bewusst kontrolliert oder ganz aufgeben will. Als hermeneutisches Verfahren orientiert sich der Einsatz qualitativer Interviews am interpretativen Paradigma der Geisteswissenschaften. Nicht kausales Erklären steht im Vordergrund des Erkenntnisinteresses, sondern „Verstehen". „Verstehen" wird dabei als nachvollziehendes Erfassen fremder Sinnformen begriffen. Die alltäglichen Methoden der Wirklichkeitskonstitution der Interviewpartner sollen verstehend begreifbar gemacht werden.

Für Kohli geht es in der qualitativen Sozialforschung darum, „einen methodischen Zugang zum sozialen Leben (zu) ermöglichen, der 1. möglichst umfassend ist, 2. auch die Eigenperspektive der handelnden Subjekte thematisiert und 3. die historische Dimension berücksichtigt. Es handelt sich also um eine Frontstellung gegen die reduktionistischen, objektivistischen und statischen Tendenzen gängiger Traditionen" (Kohli 1981, 273). „Möglichst umfassend" zu sein bedeutet in diesem Zusammenhang, dass die für jede forschende Tätigkeit notwendigen Selektions- und Reduktionsleistungen vom Wissenschaftler auf die „beforschten" Subjekte übertragen werden. Der Erkenntnisprozess wird als induktiv-deduktives Wechselverhältnis organisiert. Das unvermeidbare und offen zu legende Vorwissen dient als Rahmen für einen Fragen induzierenden Dialog zwischen Interviewer und Befragten. Gleichzeitig ist darauf zu achten, dass das Offenheitsprinzip verwirklicht wird, damit die eigenen Relevanzsetzungen der interviewten Subjekte zur Sprache kommen. Damit gerät die Eigenperspektive der Individuen mit ihren spezifischen Beobachtungs- und Deutungsmustern in den Mittelpunkt des wissenschaftlichen Interesses.

Nassehi fordert einen methodenkritischen Umgang mit dieser Herangehensweise und formuliert eine „erkenntnistheoretische Sparsamkeitsregel", die den Forscher dazu anhält, zwischen biographischen Texten narrativer Interviews und den Lebensläufen selbst deutlich zu unterscheiden. „Diesen methodenkritischen Zugang halten wir deshalb für erforderlich, weil wir an dem Grundsatz festhalten wollen, *daß die biographische Methode ausschließlich biographische Texte, erzählte Lebensgeschichten, also kommunikative Dokumente in den Blick nimmt und nicht das in diesen Texten kommunizierte vergangene Geschehen.*" (Nassehi 1995, 9; Hervorhebungen im Original)

Was Nassehi hier für das narrative Interview empfiehlt, soll im Grundsatz auch für die von mir durchgeführten Leitfaden- oder problemzentrierten Interviews gelten. Neben dem reinen Informationsgehalt der im Interview gemachten Aussagen werden Wertungen, Einstellungen, Selbstbeobachtungen des eigenen Lebenslaufs und Sinnkonstruktionen artikuliert. Es kann in der Auswertung der Interviews dann nicht darum gehen, diese auf ihren „Wahrheitsgehalt" zu überprüfen oder die Aussagen mit dem „wirklichen" Leben abzugleichen. Reflexionen auf Erfahrungen, auf das eigene Leben „bilden Lebensprozesse nicht einfach ab, sondern sind Reflexionen auf das gelebte Leben, mithin also *Realitäten eigener Art*, die von den Lebensprozessen selbst radikal zu unterscheiden sind." (Nassehi 1995, 61; Hervorhebungen im Original) Mit anderen Worten: Über das Leben zu reden ist etwas anderes als das Leben selbst. Qualitative Interviews bieten keinen Zugang zum „wirklichen" Leben der Befragten – wollte man dieses über die Interviews rekonstruieren, würde man sich auf einem sehr unsicheren Weg begeben, andererseits würden gerade die Qualitäten des qualitativen Interviews nicht ausgeschöpft werden können –, sie bieten einen Blick auf Reflexionen über das Leben. Darüber hinaus lassen problemzentrierte Interviews Rückschlüsse zu sowohl auf die soziale Umwelt der Interviewten als auch auf die individuelle Selektivität und sinnhafte Deutung der sozialen Umwelt (Nassehi 1995).

In der Perspektivität der Interviews auf das eigene Leben kommt auch zum Ausdruck, ob der Lebensverlauf eher als autonom oder eher als heteronom beschrieben wird. Wird die Entscheidung zur temporären Arbeitsmigration eher als Resultat eigenen Handelns oder eher als Resultat eines mehr oder weniger aufgezwungenen Verhaltens interpretiert? Damit wäre ein erstes inhaltliches Kriterium zur Auswertung der einzelnen Leitfadeninterviews angesprochen. Im kontrastiven Vergleich soll besonders die Aufmerksamkeit auf die Unterscheidung von Erleben / Handeln und Verhalten / Handeln gerichtet werden. Dabei ist wiederum die Differenz von Faktizität und Beobachtung in den Blick zu nehmen. Es geht also nicht darum, „ob etwas *Erleben* oder *Handeln* ‚ist', sondern es geht darum, ob etwas, das geschieht, als Erleben oder als Handeln behandelt wird" (Nassehi 1995, 354; Hervorhebungen im Original).

Die Differenz von Verhalten / Handeln orientiert sich am handlungstheoretisch hergeleiteten Unterschied von intentionalem, autonomem, also agierendem Handeln und passivem, reagierendem Verhalten. Die Differenz von Erleben und Handeln speist sich aus der Systemtheorie Luhmanns, der vom Erleben spricht, wenn Geschehenes der Umwelt oder anderen Personen zugerechnet wird, und der unter Handeln die Zurechnung des Geschehenen zur eigenen Person versteht (Luhmann 1984, 1990).

Die Interviews wurden im Zeitraum Juni bis August 2000 in landwirtschaftlichen Betrieben und Betrieben des Gartenbaus in der Region Niederrhein durchgeführt. In einem zuvor verteilten Anschreiben wurden die polnischen Saisonarbeiter über das Forschungsvorhaben informiert, seine Ziele kurz umrissen und eine völlige Anonymität den möglichen Interviewteilnehmern zugesichert. Die Durchführung der Gespräche fand mit dem Einverständnis und der Unterstützung der Eigentümer der Betriebe auf dem Betriebsgelände in eigens hergerichteten Räumlichkeiten statt. Die Betriebsinhaber waren bei den Gesprächen nicht anwesend und bei keinem der insgesamt 15 Interviews wurden die Gespräche von dieser Seite gestört. Auch konnte nicht festgestellt werden, dass die die polnischen Saisonarbeiter beschäftigenden Unternehmen in irgendeiner Form Einfluss auf den Gesprächsverlauf zu nehmen versucht haben.

Eine Auswahl der Interviewpartner nach sozialstrukturellen oder demographischen Merkmalen erfolgte nicht. Das wäre einerseits aus erhebungstechnischen Gründen nicht möglich gewesen, andererseits liegen über die Gruppe der polnischen Saisonarbeiter keine verlässlichen sozialdemographischen Angaben vor, die eine einigermaßen sichere Auswahl hätte gerechtfertigt erscheinen lassen. Die hier zur Sprache kommenden Fälle sprechen also ausschließlich für sich selbst. Eine Verallgemeinerung im Sinne einer statistisch abgesicherten Aussage ist damit nicht möglich. Qualitative Sozialforschung hat ein solches Vorhaben ja auch nicht im Sinn.

Die Interviews dauerten in der Regel eine bis anderthalb Stunden und wurden mit Hilfe eines Tonbandes aufgezeichnet. Keiner der Gesprächspartner hatte gegen die Tonbandaufzeichnung Einwände erhoben und die Interviewten hatten sich in der Gesprächssituation schnell an das Mitlaufen des Kassettenrekorders gewöhnt, so dass hier keine Irritationen zu verzeichnen waren.

Sämtliche Gespräche wurden von mir mit Hilfe einer Dolmetscherin in polnischer Sprache durchgeführt. Die Dolmetscherin ist „native speaker", ist in Polen aufgewachsen, war dort Lehrerin der Sekundarstufe und lebt zum Zeitpunkt der Erhebung seit 9 Jahren in Deutschland.

Die Leitfadeninterviews waren in drei größere Segmente strukturiert: 1. der persönlichen Vorstellung der Interviewer, 2. der Erzählphase und 3. der Vertiefungs- und Fragephase. Einleitend stellten sich der Interviewer und die Dolmetscherin persönlich vor und erläuterten das Anliegen des Forschungsprojekts. Die Erzählphase wurde durch drei oder vier offene Fragen strukturiert, die dazu dienen sollten, Einstellungen und Sichtweisen der Interviewpartner offen zu legen:

- Können Sie uns erzählen, welche Aufgaben Sie hier übernehmen und welche Schwierigkeiten dabei zu bewältigen sind?
- Wenn ein guter Freund zu Ihnen kommt und Sie bittet, ihm zu helfen, eine Arbeit als Saisonarbeiter zu bekommen, was könnten Sie ihm raten? Was wäre wichtig für Ihren Freund zu wissen?
- Von den 220 000 ausländischen Saisonarbeitern in Deutschland kommen ungefähr 210 000 aus Polen. Was meinen Sie, warum werden eigentlich vor allem Polen für die Saisonarbeit eingestellt? Und schließlich:
- Was ist der Hauptgrund für Sie in Deutschland zu arbeiten?

Die Vertiefungs- und Fragephase diente dazu, Verständnisfragen zu klären und angesprochene Themen noch einmal eingehender auszuführen.

Bei der Durchführung der Interviews hat es sich gezeigt, dass ein rigides Festhalten an dieser Dreiteilung nicht immer sinnvoll war, da der Erzählfluss der Befragten oft ins Stocken geriet und das Gespräch erst wieder durch Nachfragen in Gang gesetzt werden konnte. Deshalb ist öfter von diesem Schema abgewichen worden und Nachfragen wurden schon in der Erzählphase gestellt. Eine einleuchtende Erklärung dieses Problems scheint mir in der Zweisprachigkeit der durchgeführten Interviews zu liegen. Die Übersetzungen von einzelnen Redepassagen haben den Interviewpartnern eine sehr konzentrierte Gesprächsführung abverlangt, da sie des öfteren in ihrem Erzählen unterbrochen wurden und dann Schwierigkeiten hatten, wieder problemlos an dem eben Gesagten anzuknüpfen. Im Ergebnis hat dieser Umstand dazu geführt, dass die Interviewpartner in der Regel keine sehr langen Textpassagen produziert haben, was wiederum die Textinterpretation schwieriger macht.

Die Interviewmitschnitte wurden vollständig transkribiert und dann ins Deutsche übersetzt. Bei der Transkription unterscheidet Fuchs (1984) vier mögliche Formen, die sich in der Genauigkeit der Verschriftlichung des gesprochenen Wortes unterscheiden. Dabei reicht die Varianz von der Übertragung in normales Schriftdeutsch bis hin zur genauen Wiedergabe einschließlich möglicher Dialektbesonderheiten und der Erfassung der parasprachlichen Äußerungen (vergl. auch Mergenthaler 1986). Bedingt auch durch die Übertragung der Interviews ins Deutsche wurde sich für die einfachere Form der Transkription entschieden. Dass damit einige Informationen und Interpretationsmöglichkeiten verloren gehen, muss hingenommen werden, erscheint aber in Bezug auf das Gesamtergebnis als nicht so bedeutsam.

Weiter oben wurde auf das Fragegerüst der durchgeführten Interviews eingegangen und die wesentlichen inhaltlichen Frageschwerpunkte vorgestellt. Hier sei aber noch einmal darauf hingewiesen, dass bei der Durchführung der qualitativen Interviews nicht der Informationsaspekt – also die Frage nach dem „was" – im Vordergrund des Interesses steht, sondern die Frage nach dem „wie": Wieso erzählt der Befragte ausgerechnet die Ereignisse, die er beschreibt? Wieso lässt er andere aus? Wie verknüpft er seine verschiedenen Aussagen? Welche Bearbeitungs- und Bewältigungsformen lassen sich an den Aussagen beobachten? Welche politischen oder weltanschaulichen Deutungsmuster lassen sich in den Beschreibungen erkennen? Es geht also nicht um die Rekonstruktion von Geschehenem, sondern um die Analyse von Reflexionen über Geschehenes.

Diese so formulierte Zielsetzung hat Konsequenzen für die Art der Auswertung der Interviews und für die Darstellung ihrer Ergebnisse.

Häufig werden in der Auswertung qualitativer Interviews einzelne, scheinbar thematisch zusammenhängende Textpassagen aus verschiedenen Interviews zusammengeführt und analysiert (für die Geographie vgl. z. B. Wood 2003 oder auch Becker 1998). Dieses Vorgehen kann leicht zu unerlaubten Schlüssen führen, da die Passagen aus ihren jeweiligen sinnprägenden Kontexten herausgelöst werden. Abgesehen von dem Umstand, dass in einem solchen Verfahren der Leser keinerlei Möglichkeiten hat, die Schlussfolgerungen des Interpretierenden nachzuvollziehen, weil dessen Textselektionen im Verborgenen bleiben, wird man auch dem Ziel nicht gerecht, unterschiedliche Problemlösungskonzepte und Bewältigungsformen der einzelnen Interviewpartner herauszuarbeiten. Diese Interpretationsleistungen sind ja jeweils an den Gesamtzusammenhang der im Interview produzierten Texte gebunden. Im Vordergrund der Interpretationsarbeit steht deshalb also zunächst die Einzelfallanalyse.

In den Einzelfallanalysen wird textchronologisch Interview für Interview analysiert. Es sollen allerdings nicht alle 15 durchgeführten Interviews aufgearbeitet werden; zur Darstellung wird nur eine Auswahl von vier Interviews gelangen. Diese vier Gespräche wurden nach dem Kriterium der möglichst großen Varianz ausgewählt.

An die Rekonstruktion der Interviews schließt sich jeweils eine Zusammenfassung der Ergebnisse und eine Gesamtinterpretation des Falles an. Diese orientiert sich an folgenden Kriterien:

- Unterscheidung von Erleben/Handeln und Verhalten/Handeln. Weiter oben wurde schon darauf hingewiesen, dass die Interviewtexte im Hinblick auf die Eigenbeobachtung „autonomes oder heteronomes Agieren" zu analysieren sind.
- Analyse im Hinblick auf die Problemstellung und Problemlösung. Welche Probleme werden im Interviewtext angesprochen und wie hergeleitet? Welche Problemlösungen werden angeboten.
- Einordnung in die Gesamtbiographie. Hier sollen die Fragen beantwortet werden, welche Möglichkeiten die Texte bieten, den Stellenwert des Ereignisses „temporäre Arbeitsmigration" für die Gesamtbiographie des Interviewten einschätzen zu können.

Der Einzelfallanalyse schließt sich ein systematisch kontrastierender Fallvergleich an. Hier werden die unterschiedlichen oder sich wiederholenden Merkmale nach dem Prinzip minimaler und maximaler Kontrastierung miteinander verglichen (vgl. Gerhardt 1986). Die Strategie des minimalen Vergleichs untersucht die Interviewtexte im Hinblick auf ihre große Ähnlichkeit. Hier werden kollektive Gemeinsamkeiten und biographische Muster, die in allen vier vorgestellten Interviews zur Sprache kommen, herausgearbeitet. Der maximale Vergleich geht den anderen Weg und kontrastiert die Texte im Hinblick auf ihre maximale Verschiedenheit. Untersucht werden also Muster und Merkmale, die in dem Text nicht gehäuft auftreten. Ziel des kontrastiven Vergleichs ist es, zu verallgemeinerbaren Aussagen und Kategorien zu gelangen, die sich möglicherweise in ein Typologiekonzept überführen lassen.

Die hier vorgestellte Methode der Textinterpretation bringt es mit sich, dass längere Passagen aus den Interviewtexten wiedergegeben werden. Das hat den Vorteil, dass der Leser so in die Lage versetzt wird, die vorgenommenen Interpretationen auf ihre Stichhaltigkeit hin überprüfen zu können. Dass hierbei auch andere Interpretationen als die vorgenommenen möglich sind, liegt in der Natur der Texte selbst. Kein Text gibt von sich aus ein Analyseraster vor. Worauf es ankommt, ist der Umstand, die Kriterien offen zu legen, nach denen die durchgeführten Interviews analysiert werden sollen.

Den Interviewpartnern wurde vor den Gesprächen eine strikte Anonymität zugesichert. Aus diesem Grund werden im Folgenden die Namen durch die Chiffren Herr A., Frau B. usw. ersetzt. Auch die in den Interviewtexten vorkommenden Eigennamen (Personen, Ortsnamen usw.) werden anonymisiert.

Auswertung der Interviews

Interview mit Herrn A.

Herr A. ist im März 1968 geboren und lebt mit seiner Frau in einem kleinen Ort in der Nähe von Konin in der Region Wielkopolskie (neu gebildete Wojewodschaft nach der Gebietsreform). Herr A. ist zum ersten Mal 1992 in die Bundesrepublik zum Arbeiten gefahren. Er ist von Beruf Mechaniker und hat die technische Mittelschule besucht. Herr A. hat inzwischen ganz gut Deutsch gelernt, was ihn zu einer Art Vorarbeiter in dem Betrieb werden lässt. Er vermittelt zwischen den polnischen Saisonarbeitern, die kein Deutsch sprechen, und dem Arbeitgeber. Herr A. war ohne Umstände zu einem Interview bereit.

I: Können Sie uns erzählen, welche Arbeit Sie hier machen?
A: Ich arbeite körperlich, mit Möhren. Man muss Möhren ziehen, waschen, packen.
I: Ist das eine schwierige Arbeit?

A: Schwierige – nein, nicht schwierige. In Polen arbeitet man auch schwer. Diese Arbeit ist mittelschwierig.
I: Können Sie dazu ein bisschen mehr sagen? Ich glaube, die Felder werden gewässert?
A: Ja. Es muss gewässert werden. Dann kann man die Möhren besser rausziehen. Wenn die Erde trocken und hart ist, macht man das Möhrengrün kaputt und die Möhre bleibt in der Erde. Wenn die Erde nass ist, dann ist es leichter die ganze Möhre rauszuholen. Dann binden wir die Möhren zum Bund, laden sie in den Container, waschen, packen und laden sie in den Kühlschrank.
I: Arbeiten Sie im Akkord?
A: Ja.
I: Gibt es große Unterschiede in Ihrer Arbeitskolonne zwischen den einzelnen Kollegen? Das der eine ein Kilo in der Stunde erntet und der andere mehr?
A: Man soll sich anpassen. Man muss seine eigene Schnelligkeit ausarbeiten. Wenn man zum ersten Mal hier ist, hat man kein Training, die Hände tun weh und man ist schnell müde. Mit der Zeit gewöhnt man sich und dann geht alles leichter und schneller. Man hat sogar Zeit um eine Zigarette zu rauchen.
I: Wie lange dauert es denn bis man eingearbeitet ist?
A: Für mich waren zwei Wochen genug. Und ich bin zum zweiten Mal hier. Im vorigen Jahr hatte ich noch Probleme gehabt. Diesmal wiederholt sich alles und es ist nicht mehr so schwer.
I: Können Sie vielleicht mal einen typischen Arbeitstag beschreiben?
A: Das Wecksignal ist um 5 Uhr 30. Um 6 fahren wir ins Feld und machen einen Container voll. Dann haben wir 2, 3 Minuten Pause und arbeiten weiter bis 12 Uhr. In der Pause machen wir etwas zum Essen, man muss auch einkaufen fahren, ein bisschen schlafen und nach zwei Stunden geht die Arbeit weiter. Nachmittags arbeiten wir noch 3, 4 Stunden.
I: Und was machen Sie nach der Arbeit?
A: Man muss sich waschen, essen. Ein bisschen fernsehen und um 22 Uhr schlafen gehen. Ich muss 8 Stunden schlafen. Zu Hause mache ich es genau so. Ich plane so meinen Tag, dass ich schon um 21 Uhr mit allem fertig bin und um 22 Uhr schlafen gehen kann. In Polen muss ich auch um 5 Uhr 30 aufstehen. 8 Stunden muss ich schlafen.

In der Gesprächssequenz über die Arbeitsbedingungen während der Saisonarbeit stellt Herr A. einen Vergleich mit den Arbeitsbedingungen in seinem Heimatland an. Die Arbeit ist deshalb nicht schwierig, weil auch in Polen schwer gearbeitet wird. Da er also daran gewöhnt ist schwer zu arbeiten, betrachtet er die Arbeit auf dem Feld als „mittelschwierig". Sein Tagesablauf in Deutschland ist mit dem in Polen vergleichbar, der Rhythmus von Ruhe und Aktivität sogar identisch. Die Einarbeitung war für ihn nicht besonders schwierig. Zwei Wochen haben ausgereicht, die

Arbeit so erledigen zu können, wie es von der Arbeitsgruppe durch den gemeinsamen Gruppenakkord vorgegeben und erwartet wird.

In dem darauf folgenden Gesprächsabschnitt geht es um die Einschätzung der Anstrengungen, die unternommen werden müssen, um als Saisonarbeiter in Deutschland arbeiten zu können. Die Schilderungen von Herrn A. lassen darauf schließen, dass er darin kein großes Problem sieht. Ein Kollege und sein Bruder hatten ihn das erste Mal eine Arbeit nach Deutschland vermittelt, jetzt braucht er nur noch mit dem deutschen Arbeitgeber zu telefonieren und grünes Licht zu bekommen. Dass er in Deutschland arbeiten geht, wird von ihm in engen Zusammenhang mit seiner Arbeitslosigkeit in Polen gesehen, ohne allerdings hier einen ursächlichen Zusammenhang zu thematisieren. Für die Arbeitslosigkeit werden Rationalisierungen in seinem alten Betrieb und seine längere Abwesenheit, die durch die Ableistung des Militärdienstes bedingt war, angeführt.

I: Was haben Sie machen müssen um hierher zu kommen?
A: In diesem Jahr? (Name Arbeitgeber) anrufen und über mein Problem reden. Ich habe so ein Problem, dass ich in Polen eine Kündigung bekommen habe. Dann habe ich (Name Arbeitgeber) angerufen um meine Arbeit hier ausmachen zu können.
I: Und als Sie das erste Mal hierher kamen?
A: Das erste Mal hat mir ein Kollege diese Arbeit vermittelt. Man kam ins Gespräch, ich hatte noch Urlaub und bin hierher gekommen.
I: Ist das ein Kollege, der auch hier arbeitet?
A: Ja, er war im vorigen Jahr hier.
I: Ist denn die Arbeit hier sehr begehrt? Haben Sie persönliche Beziehungen zu dem Menschen, der Sie hierher gebracht hat oder kennen Sie den nur flüchtig? Wie ist das zustande gekommen, dass er Sie mitgenommen hat?
A: Ich muss nachdenken. Ich habe bei einem privaten Arbeitgeber gearbeitet. Er hat mir gesagt, dass er keine Arbeit mehr für mich hat. Wir haben mit diesem Kollegen in der gleichen Werkstatt gearbeitet und der sagte zu mir: „Man muss eine neue Arbeit suchen." Und so habe ich mich für diese Arbeit in Deutschland entschieden. Mein Chef in Polen hat mir dann doch keine Kündigung geschrieben. Ich habe Urlaub genommen und bin nach Deutschland gekommen. In diesem Jahr dagegen arbeite ich nicht mehr in Polen. Und meine Arbeit in Deutschland überhaupt hat folgende Geschichte. Ich habe in einer großen Firma gearbeitet. Dann habe ich meinen Militärdienst gemacht und als ich zurückkam, habe ich nach zwei Wochen eine Kündigung bekommen. Die haben die Arbeitsstellen einfach reduziert. Mein Bruder wollte gerade mit jemandem nach Deutschland zur Arbeit fahren, ich war ohne Arbeit, dann bin ich mitgefahren.

Im nächsten Abschnitt werden Erfahrungen beschrieben, die Herr A. bei seinen Aufenthalten in Deutschland gemacht hat.

I: Was war die wichtigste Erfahrung, die Sie hier gemacht haben?
A: Angenehme oder unangenehme?
I: Beides.
A: Die Beziehungen der Deutschen zu mir. Da, wo ich das erste Mal gearbeitet habe, haben mir die Deutschen sehr viel geholfen. Damals habe ich kein Deutsch verstanden. Meine Arbeitskollegen, die deutschen, haben mir alles mit Zeichensprache erklärt, auf die Uhr gezeigt, wann ich zur Arbeit kommen musste.
I: Wo haben Sie da gearbeitet?
A: Bei einem Bauern bei (Name des Ortes).
I: Das waren eher positive Erfahrungen, die Sie geschildert haben. Gibt es auch weniger gute?
A: Nein. Ich kann mich nicht daran erinnern. Ich habe noch nie eine Erniedrigung erlebt, keinen Verdruss.
I: Sie persönlich nicht. Und Ihre Kollegen?
A: Die Kollegen erzählen verschiedene Sachen. Man weiß nicht, ob sie die Wahrheit erzählen. Wenn sie noch etwas dabei trinken, dann kann man diese Erzählungen nicht ernst nehmen.
I: Können Sie sagen, was da erzählt wird?
A: Nein, das möchte ich nicht.

Für Herrn A. ist das Zusammenleben mit den Einheimischen während seiner Aufenthalte in Deutschland durch seine konkrete Arbeitssituation bestimmt. Hier hat er keine negativen, sondern eher positive Erfahrungen gemacht. In der Zeit, in der er noch kein Deutsch sprach und sich noch nicht verständigen konnte, haben seine deutschen Kollegen darauf Rücksicht genommen und ihm geholfen. Er hat zwar von anderen negativen Erfahrungen polnischer Saisonarbeiter gehört, bezweifelt allerdings den Wahrheitsgehalt dieser Schilderungen und möchte darüber auch nicht weiter berichten. Es entsteht der Eindruck, dass Herr A. negativen Erfahrungen keine Bedeutung beimessen will oder aber diese zumindest in der Interviewsituation nicht thematisieren möchte.

Die folgende Sequenz behandelt den „Ruf der Polen" in Deutschland, gibt also Gedanken wieder, die sich Herr A. über das Image der Polen bei den Deutschen macht.

I: Wenn ein guter Freund, der auch in Deutschland arbeiten möchte, zu Ihnen kommen würde, was würden Sie ihm raten? Was wäre wichtig für ihn zu wissen?

A: Vor allem muss man das Gesicht eines Menschen haben. Man darf kein Alkoholiker, Dieb, Verbrecher werden. Man muss sich korrekt benehmen.
I: Was meinen Sie mit „Gesicht haben"?
A: Es gibt eine solche Redewendung „ein Mensch mit Gesicht". Das ist ein vernünftiger, ehrlicher Mensch. Ein Mensch, auf den man sich verlassen kann.
I: Sie würden also nicht gerne jemanden mitbringen, der hier etwas Dummes machen würde?
A: Natürlich. Man darf nicht den Ruf der Polen kaputt machen. Es ist bekannt, dass man hier über die Polen Verschiedenes erzählt. Die Polen kommen hierher, weil die Polen Geld brauchen. Die Polen sind die billigsten Arbeitskräfte in Deutschland. Deshalb arbeiten sie hier.
I: Was meinen Sie, was die Arbeit hier in Deutschland so interessant für Polen macht?
A: Die Arbeit ist überhaupt nicht interessant. Jeder kommt um Geld zu verdienen. Würde ich jetzt in Polen eine sichere, gute Arbeit haben, würde ich nicht hierher kommen. Nur als Tourist und mit dem Geld.
I: Was ist denn der Hauptgrund für Sie in Deutschland zu arbeiten?
A: Ich muss Geld für die Miete, Heizung und für Brot für meine Familie haben. Ich muss meine Familie ernähren.
I: Gibt es neben dem Gelderwerb noch andere Gründe, weshalb Sie hierher kommen?
A: Nein, nur Geld.
I: Sie hatten gesagt, dass in Polen viel gesprochen wird, dass es in der Bundesrepublik ein Bild über Polen gibt. Welches Bild haben die Deutschen über die Polen?
A: Die Polen sind als Arbeiter sehr gut, aber mit der Kultur ist nicht immer alles in Ordnung.
I: Können Sie sagen, woher Sie diesen Eindruck haben.
A: Vom Fernsehen. In Polen und Deutschland gibt es verschiedene Sendungen.
I: Und welches Bild wird da wiedergegeben?
A: Z. B. die Kriminalität. Man redet darüber, dass die Polen Autos klauen oder dass sie am Bahnhof in Berlin auch klauen.
I: Sind Sie auch schon selber mal mit diesem Bild konfrontiert worden?
A: Ich empfinde es manchmal in Geschäften. Sie merken, dass wir Polen sind und vielleicht etwas klauen möchten. Man fühlt das.

In dem vorhergehenden Textabschnitt werden zwei unterschiedliche Sachverhalte verknüpft, von denen es zunächst scheint, als hätten sie nichts miteinander zu tun. Wenn Herr A. einen Bekannten als Saisonarbeiter nach Deutschland vermitteln würde, würde er darauf achten, dass diese Person sehr zuverlässig ist. Dabei geht es ihm nicht so sehr darum, dass er als Gewährsmann für das Verhalten des vermittelten Saisonarbeiters zur Verantwortung gezogen werden könnte, sondern darum, dass der Vermittelte das negative Bild über „die Polen" in der deutschen Öffentlichkeit bestätigen könnte. Dies gelte es zu vermeiden: „Man darf nicht den Ruf der Polen kaputt machen." Herr A. hält die seiner Ansicht nach in Deutschland vorherrschende Semantik über „polnische Kultur" zwar für falsch, möchte aber dennoch alles vermeiden, was dieses Bild bestätigen könnte – soweit er das beeinflussen kann. Auf seine konkreten eigenen Erfahrungen mit diesen gesellschaftlichen Vorurteilen geht der Interviewte nur kurz ein. Er „fühlt es", als polnischer Bürger beim Einkaufen genauer beobachtet zu werden. Welche Konsequenzen das für sein Verhalten und Befinden hat, lässt er unerwähnt.

Über die Gründe, warum polnische Staatsangehörige nicht nur vereinzelt, sondern in großer Zahl als Saisonarbeiter nach Deutschland gehen, vertritt Herr A. eine sehr deutliche Meinung. Sie gehen, weil es zu wenige Verdienstmöglichkeiten in Polen gibt, und sie werden von deutschen Arbeitgebern eingestellt, weil sie die billigsten Arbeitskräfte sind. Auch für ihn persönlich gelten diese Motive. Er arbeitet als Saisonarbeiter um Miete, Heizung und Brot bezahlen zu können.

In der nächsten Gesprächssequenz schildert Herr A. seine berufliche Laufbahn als temporärer Arbeitsmigrant im Ausland.

I: Können Sie sich daran erinnern, wann und von wem Sie zum ersten Mal gehört haben, dass es die Möglichkeit gibt, in Deutschland als Erntehelfer zu arbeiten?
A: Das war nach dem Jahr 1990 und genau, als die Grenze aufgemacht wurde.
I: Und wer hat darüber gesprochen, mit wem haben Sie sich darüber unterhalten?
A: Erst ist mein Bruder nach Deutschland gefahren und hat Geld mitgebracht. Das war viel Geld, jeder wollte so viel Geld haben.
I: Hat Ihr Bruder auch als Saisonarbeiter gearbeitet oder in einer anderen Form?
A: Er hat auch als Saisonarbeiter gearbeitet. Das erste Mal war er schwarz hier. In der Regel ist es so, dass man das erste Mal schwarz hierher kommt. Erst nach zwei Wochen bekommt man Papiere. Der Deutsche muss erst überprüfen, ob der Pole zu dieser Arbeit geeignet ist. Das ist normal.
I: Haben Sie in Ihrem Bekanntenkreis jemanden, der schon in den 80er Jahren in der Bundesrepublik gearbeitet hat?
A: Nein, ich weiß nur, dass es in diesem Ort solche Männer gibt. Aber ich kenne die Leute nicht.
I: „In diesem Ort"? Meinen Sie bei Ihnen zu Hause?

A: Im Nachbarort.
I: Zum Niederrhein kommen polnische Saisonarbeiter schon seit 1920. Ich frage mich, ob das auch in Polen bekannt ist?
A: Ich weiß nichts davon. Keiner hat mir davon erzählt.
I: Weiß man in Polen nicht, dass schon vorangegangene Generationen nach Deutschland gegangen sind?
A: Das weiß man aus der Geschichte.
I: Lernen Sie das in der Schule.
A: Ja, ja, in der Schule.
I: Wann waren Sie denn zum ersten Mal in Deutschland?
A: 1992.
I: Waren Sie da als Tourist oder haben Sie da gearbeitet?
A: Ich war als Tourist hier und habe gearbeitet. Ich war ca. drei Wochen hier und habe gearbeitet. Ich war hier mit meinem Bruder.
I: Darf ich mal nachfragen. Was meinen Sie mit „hier"? Am Niederrhein oder in (Name des Ortes)?
A: Ich war in der Nähe von (Name des Ortes).
I: Und wie oft haben Sie hier in Deutschland seit 1992, als Sie das erste Mal da waren, gearbeitet?
A: Danach habe ich als Saisonarbeiter gearbeitet. Ich habe auch drei Monate im Gewächshaus gearbeitet. Dort habe ich zwei Jahre nacheinander mit Blumen gearbeitet. Danach hatte ich die Pause gehabt, und nach der Pause arbeite ich hier mit Möhren.
I: Waren Sie auch schon einmal in einem anderen Land beschäftigt? Nicht in Deutschland, sondern woanders?
A: Ich war ein paar Wochen in der Ukraine, von meiner Firma aus.
I: Auch in den 90er Jahren? Oder war das vorher?
A: Das war 96 oder 97.

Herr A. hat seine Laufbahn als Arbeitsmigrant nach der Wende begonnen. Er schildert diesen Start als eine Begebenheit, die damals üblich war und von vielen angestrebt wurde. „Erst ist mein Bruder nach Deutschland gefahren und hat Geld mitgebracht. Das war viel Geld, jeder wollte so viel Geld haben." Dabei muss am Anfang die Unsicherheit der illegalen Arbeit in Kauf genommen werden. Der Gesprächspartner begründet diesen Umstand mit dem Hinweis auf die Interessen des Arbeitgebers, zunächst einmal überprüfen zu müssen, ob der Migrant auch tatsächlich für die Arbeit geeignet sei. Deshalb sei es „normal" am Anfang als Tourist in die Bundesrepublik einzureisen und erst danach die Arbeit als legale Saisonarbeitstätigkeit aufzunehmen. Auch der Wechsel der Arbeitsstelle wird als unproblematisch beschrieben. Die dazu auf Seiten der Arbeitsmigranten notwendige Flexibilität wird vorausgesetzt und nicht weiter thematisiert. Hier schließt eine Gesprächssequenz an, die noch einmal rechtliche Aspekte der Saisonarbeit zum Inhalt hat.

I: Haben Sie hier Kontakte zu polnischen Organisationen? Gibt es hier polnische Gewerkschaften oder andere Organisationen, die sich um Sie kümmern?
A: Ich weiß nichts davon. Ich kümmere mich um mich selber. Vielleicht kann der polnische Konsul helfen, wenn etwas passieren würde. Aber ob es wirklich so ist, weiß ich nicht. Ich habe noch keine Probleme gehabt.
I: An wen können Sie sich denn wenden, wenn es dann Probleme gibt? Z. B. mit der Bezahlung oder wenn Sie einen Unfall hätten.
A: Gott sei Dank, bis jetzt habe ich solche Probleme noch nicht gehabt. Wenn es ums Geld geht, dann weiß ich es nicht, mit wem ich darüber reden sollte. Und im Falle eines Unfalls? Ich weiß es auch nicht. Der einzige Weg ist vielleicht nach Polen anzurufen und um Hilfe zu bitten.
I: Gibt es denn in Polen Organisationen, die sich um polnische Saisonarbeiter in Deutschland kümmern?
A: Man kann nur eine Versicherung abschließen. Ich bin versichert. Ich kann es Ihnen zeigen. Das ist eine Unfallversicherung. Die ist bei der Arbeit gültig und wenn ich mich auf dem ganzen Territorium Deutschlands bewege, bin ich auch versichert.
I: Gibt es denn in Polen keine Organisationen, die sich um Sie kümmern? Gewerkschaften oder politische Parteien, die Saisonarbeit in Deutschland auch zum Thema machen?
A: Es gibt so etwas wie ein Arbeitsbüro oder wie das heißt, weiß ich nicht. Ich kann es nicht genau sagen. Vielleicht fällt es mir ein, dann sage ich es.
I: Arbeitsvermittlung?
A: Ja, ich glaube ja. Ich hatte sogar eine Adresse. Das befindet sich in Warschau. Einmal habe ich hier in Deutschland von Polizisten einen Zettel mit der Adresse bekommen. Sie haben uns auf der Straße angehalten und gefragt, was wir hier machen. Wir haben gesagt, dass wir nach einer Arbeit suchen, dann haben sie uns den Zettel mit der Adresse gegeben.
I: Das war die Adresse in Polen?
A: Ja genau.
I: Und wo sind Sie angehalten worden?
A: In Deutschland, auf dem Weg. Das war die deutsche Polizei.
I: Das ist ja interessant, dass deutsche Polizisten Ihnen die Adresse aus Polen geben. Wissen Sie noch, was auf dem Zettel war?
A: Da stand, dass Schwarzarbeit in Deutschland verboten ist, dass wir nur als Touristen und nicht länger als drei Monate in Deutschland bleiben dürfen. Und dann war da noch diese Adresse, wenn wir eine Arbeit hier finden möchten, sollten wir nach Warschau anrufen.

I: Das könnte vielleicht die polnische Arbeitsverwaltung gewesen sein?
A: Ja, das war das Arbeitsamt. Aber da stand der ganze Name. Ich habe da angerufen, man sagte mir, dass ich nach Warschau kommen sollte. Aber ich war nicht da.
I: Kommt das denn oft vor, dass Sie von Polizisten angehalten werden, wenn Sie mit einem Auto mit polnischem Kennzeichen unterwegs sind?
A: Ja, die Polizisten halten uns an. Aber wenn alles in Ordnung ist, dann hat man keine Probleme. Wenn man die grüne Karte und die Versicherung hat, wenn man legal hier arbeitet, keine Zigaretten schmuggelt und nicht zur Mafia gehört, dann hat man keine Probleme.
I: Aber es ist schwer zu dokumentieren, dass Sie kein Mafioso sind.
A: Wir fahren arbeiten. Und ein Mafioso braucht nicht zu arbeiten.
I: Sie können also Ihre Arbeitserlaubnis vorweisen. Wie ist das dokumentiert? Ist das im Visum, wo die Arbeitserlaubnis steht?
A: Das ist im Visum im Pass.
I: Und das ist der Unterschied zum Touristen-Visum?
A: Die Touristen brauchen kein Visum.
I: Ach richtig, genau.
A: Die Polizisten haben uns gesagt, dass man einfach als Tourist drei Monate vom Stempeldatum an hier bleiben kann. Und dass ich hier legal arbeite, kann ich dokumentieren.

Auch in dieser Textpassage wird deutlich, dass Herr A. den Komplex Arbeitsmigration ins Ausland als ein individuelles Problem ansieht. Er kennt keine Organisationen, die sich in irgendeiner Form um Saisonarbeiter außerhalb Polens kümmern und vermisst diese auch nicht. „Ich kümmere mich um mich selber" ist seine Antwort auf vielfältige Problemlagen. Selbst die polnische Arbeitsverwaltung ist keine Institution, die in seine Strategie der Arbeitssuche einbezogen wird. Wichtig ist für ihn, dass man sich an Gesetz und Ordnung hält, dann bekommt man auch keine Probleme in Deutschland.

An dieser Sequenz fällt vor allem die in ihrer Form etwas überraschende Art der Herstellung der Verbindung von deutscher Polizei und polnischem Arbeitsamt auf. Der Gesprächspartner erwähnt, dass er erst in Deutschland von der Polizei auf die Zuständigkeit der polnischen Arbeitsverwaltung hingewiesen wird. Das lässt darauf schließen, dass die institutionellen Rahmenbedingungen polnischer Saisonarbeit in Deutschland für den Interviewpartner nur insofern interessant sind, als diese Spielregeln vorgeben, gegen die er nicht verstoßen will. Einen positiven Bezug im Sinne einer unterstützenden Institution, die er für seine Belange kontaktieren könnte, sieht er in ihr nicht. Diese Einschätzung der polnischen Arbeitsverwaltung setzt sich in dem weiteren Verlauf des Gesprächs fort.

I: Wie wird Ihre Arbeit in Deutschland zu Hause von der Familie, von Freunden, Bekannten und Verwandten bewertet? Was sagen die dazu?
A: Das ist eine schwierige Frage. Manche Kollegen sind neidisch, und manche, die hier schon einmal waren, wissen, was hier los ist und sind nicht neidisch. Meine Familie ist zu Frieden, dass ich mir zu helfen weiß, dass sie sich keine Sorgen machen müssen. Wir können noch leben.
I: Welche Kontakte nach Hause halten Sie denn, wenn Sie hier arbeiten?
A: Per Telefon, einmal in der Woche. Und wenn ich Sehnsucht habe, rufe ich öfter an.
I: Und welche Kontakte halten Sie nach Deutschland, wenn Sie in Polen sind?
A: Ich muss sagen, fast keine. Ich telefoniere erst dann, wenn ich Geld verdienen muss.
I: Was machen Sie jetzt, wenn Sie nach Hause kommen? Sie sind arbeitslos. Wer kümmert sich da um Ihren neuen Job? Wie funktioniert das?
A: Keiner kummert sich darum. Ich muss mich selbst um alles kümmern. Ich bekomme Arbeitslosenhilfe, aber das reicht nicht.
I: Und vermittelt Sie das Arbeitsamt in Polen oder müssen Sie sich selber um eine neue Arbeitstelle kümmern?
A: Ich bin beim Arbeitsamt gemeldet, aber die haben sehr wenige Angebote. Am besten ist es, wenn man auf eigene Faust eine Arbeit sucht.

Was in dem vorhergehenden Gesprächsabschnitt schon gesagt worden ist, wird hier noch einmal aufgenommen: Herr A. kann sich nur auf sich selbst verlassen, von seinen eigenen Aktivitäten hängt es ab, ob er eine Arbeitsstelle findet. Er kann nicht damit rechnen, dass andere für ihn diese Aufgabe übernehmen.

Auf die Frage, wie die Personen aus seinem engeren Lebensumfeld seine Saisonarbeitstätigkeit in Deutschland einschätzen, führt Herr A. an, dass sie sich mit dieser Situation – genau wie er selber – arrangiert hätten. Nur diejenigen Bekannten seien neidisch auf seine Verdienstmöglichkeiten im Ausland, die die Arbeit hier in Deutschland nicht kennen.

Zum Ende des Gesprächs wird ein kurzer Blick in die Zukunft geworfen und noch einmal auf die Bedeutung der Saisonarbeit als Verdienstquelle eingegangen.

I: Wie sehen Sie denn die Zukunft Ihrer Arbeit hier in Deutschland? Was wird sich ändern, wenn Polen in die Europäische Union aufgenommen wird?

A: Es ist schwer zu sagen, aber ich glaube, die Arbeit wird weniger.
I: Können Sie sagen warum?
A: Das ist ganz einfach: alle Polen kommen hierher. Nein, das kommt vielleicht nicht so. Alle kommen nicht hierher. Ich habe das zum Spaß gesagt. Ich weiß es nicht. Es ist schwer zu sagen. Ich kann das nicht voraussehen. Aber es wird bestimmt nicht besser.
I: Haben Sie denn weiter vor, in Zukunft nach Deutschland zu kommen?
A: Wenn ich keine Arbeit in Polen habe, komme ich nach Deutschland. Hundertprozentig kann ich das nicht sagen, ob ich hierher komme. Ich kann z. B. (Name des Arbeitgebers) anrufen und eine Absage bekommen. Was soll ich dann machen? Ich könnte noch etwas anderes finden.
I: Die Saisonarbeit ist also keine Größe, mit der man gut kalkulieren kann? Man weiß nicht, ob das im nächsten Jahr noch möglich ist?
A: Nein, ich kann nicht damit rechnen. Aber das ist eine große Unterstützung, wenn man hierher kommen und Geld verdienen kann. Wir kommen alle hierher um Geld zu verdienen. Sehr oft auf Kosten der Gesundheit, der Trennung von der Familie.
I: Es wäre für Sie wichtig, dass die schwierige Arbeit, die Sie hier machen, auch entsprechend gewürdigt wird?
A: Man muss sich an diese Arbeit gewöhnen. In Polen arbeite ich auch schwer. Hier in Deutschland arbeite ich schon seit ein paar Jahren. Man kommt hierher um schwer zu arbeiten. In der Landwirtschaft ist die Arbeit sehr schwer. Ich bin es schon gewöhnt und heute finde ich die Arbeit mittelschwer. Wenn ich hierhin fahre, weiß ich genau, was mich erwartet.

Herr A. schaut nicht sehr optimistisch in die Zukunft. Zwar relativiert er sofort wieder die zuvor gemachte Aussage, durch den Beitritt Polens zur Europäischen Union würde die Saisonarbeit durch ein Überangebot an Arbeitskräften weiter an Wert verlieren, indem er sagt, er könne zukünftige Entwicklungen eigentlich nicht voraussehen. Er befürchtet aber, dass es „bestimmt nicht besser" werde. Auch seine eigene berufliche Situation in Deutschland ist mit vielen, nicht einfach kalkulierbaren Risiken behaftet. Solange er aber in Polen kein ausreichendes Einkommen beziehen könne, wird er versuchen, weiterhin in Deutschland zu arbeiten.

In dieser Gesprächspassage werden auch die zu Beginn des Interviews gemachten Aussagen über die Belastungen durch die Saisonarbeit in Deutschland ein wenig zurechtgerückt. Während zu Beginn des Gesprächs vom Sprecher der Eindruck erweckt wird, dass die Arbeit in Deutschland keine größeren Belastungen mit sich bringt, scheint in der Selbstbeschreibung des Interviewpartners zum Ende des Gesprächs diese Sichtweise aufgegeben zu werden. Die Arbeit wird nun als schwerer als zuvor beschrieben: „Man kommt hierher um schwer zu arbeiten. In der Landwirtschaft ist die Arbeit sehr schwer." Auch die Gesundheit werde durch die Arbeitsbedingungen in Mitleidenschaft gezogen und die Trennung von der Familie wird als schmerzlich empfunden.

Diese scheinbare Widersprüchlichkeit lässt sich zunächst einmal mit dem Hinweis auf die Interviewsituation erklären. Anders als in der schriftlichen Form von Aufzeichnungen, Manuskripten etc. werden Widersprüche in mündlichen Äußerungen nur schwer vom Sprecher selbst entdeckt und können folglich auch nur schwer von ihm geglättet oder gar ausgeräumt werden. In der täglichen Kommunikation fallen solche Arten von kleineren Widersprüchlichkeiten auch gar nicht weiter auf, sie gehören zum Alltag. Wenn jetzt in der Analyse der Interviewtexte diese Widersprüche aufgedeckt werden, so ist dieser Umstand zunächst einmal als wissenschaftliches Artefakt zu bewerten. In diesem Zusammenhang soll aber noch einmal darauf aufmerksam gemacht werden, worauf es bei den durchgeführten Interviews ankommt. Wie bereits ausgeführt worden ist, geht es nicht darum, die Aussagen der Interviewpartner auf ihren Wahrheitsgehalt zu überprüfen, innere Widersprüche aufzuspüren usw. Vielmehr sollen die Selbstbeschreibungen der Gesprächspartner herausgearbeitet und „ihre Sicht der Dinge" dargestellt werden. Dass dabei auch Widersprüche sichtbar werden, liegt an der Form der Kommunikation im Interview. Die Gesprächspartner sind ja keine in der Gesprächssituation geübten Personen, denen es vornehmlich darum geht, ein konsistentes, widerspruchsfreies Bild von sich zu zeichnen. Wenn also in der Textanalyse der Interviews Ungereimtheiten, Widersprüche usw. auftauchen, so sind diese Befunde ein Hinweis darauf, dass der Interviewpartner seine Wirklichkeit auch so erlebt. Sie sollten dem Interpreten keinen Anlass bieten, die „Glaubwürdigkeit" oder „Zuverlässigkeit" des Interviewten in Zweifel zu ziehen.

I: Haben Sie eine Erklärung dafür, warum die Deutschen diese Arbeit nicht machen?
A: Es lohnt sich nicht für das Geld zu arbeiten. Die Deutschen haben mehr Sozialhilfe als wir hier verdienen. Stimmt das?
I: Das weiß ich nicht. Also ich würde das sicherlich nicht so allgemein sagen.
A: Ich weiß nicht, ob das stimmt. Ich habe das nur gehört. Wie viel Geld bekommt man als Sozialhilfeempfänger?
I: Es kommt darauf an, wie viele Kinder Sie haben, wo Sie wohnen. Und ich würde sagen, dass, wenn man Ihren Job den ganzen Monat macht und damit eine Familie ernähren will, das in Deutschland nicht möglich ist.

A: Wenn ich hier leben würde, wäre das für mich auch zu wenig. Wenn ich die Miete bezahlen müsste, das Essen kaufen müsste. Wir leben hier sehr billig.
I: Verdienen Sie 12,50 DM pro Stunde?
A: Nein, 9,00 DM.
I: Auch im Akkord?
A: Nein, wenn wir mehr Möhren fertig haben, dann verdienen wir mehr Geld. Aber das Minimum ist 9,00 DM. Aber wenn wir mehr arbeiten, kriegen wir mehr Geld.
I: Ist das nicht 12,00 DM ungefähr?
A: Selten.
I: Wenn man zu diesem relativ geringen Lohn noch die Sozialabgaben abzieht, die Steuer, die man hier bezahlen müsste, dann wird das unter 10,00 DM liegen. Das geht nicht, dass man damit eine Familie ernähren kann.
A: Das weiß ich. Deshalb lohnt es sich für einen deutschen Bauer einen Polen zu beschäftigen. Er hat dann eine billige Arbeitskraft. Würde sich das für ihn nicht lohnen, würde er uns bestimmt nicht einladen.
I: Wie viel verdienen Sie denn in Polen pro Stunde?
A: Brutto 4,00 DM. Man muss noch die Versicherung bezahlen, dann macht das 3,20 DM oder 3,40 DM.
I: Sind die Polen Lebenskünstler? Oder wie funktioniert das?
A: Lebensmittel sind in Deutschland billiger als in Polen. Ich weiß es selber nicht. Wir müssen das einfach durchstehen. Deshalb kommen wir hierher.

Im letzten Abschnitt des Interviews bezieht sich Herr A. in seiner Erklärung, warum keine einheimischen Arbeitskräfte für die Saisonarbeit zur Verfügung stehen, auf ein in Deutschland üblicherweise vorhandenes Bild der sozialen Absicherung. Inländische Saisonarbeitskräfte lassen sich danach deshalb nicht finden, weil die Transferzahlungen der sozialen Sicherungssysteme wenig Anreiz böten, auch gering bezahlte Arbeiten aufzunehmen: „Die Deutschen haben mehr Sozialhilfe als wir hier verdienen."

In den sich daran anschließenden Äußerungen wird noch einmal deutlich, warum Herr A. in Deutschland als Saisonarbeiter arbeitet. Zwar reicht der Lohn für diese Arbeit in Deutschland nicht aus, eine Familie zu ernähren, aber die Verdienstmöglichkeiten in Polen sind noch geringer. In Deutschland verdient Herr A. das Drei- bis Vierfache gegenüber dem Stundenlohn in Polen. Auf die Frage, wie unter diesen Voraussetzungen ein Leben zu organisieren sei, antwortet er mit einer gewissen Resignation: „Ich weiß es selber nicht. Wir müssen das einfach durchstehen. Deshalb kommen wir hierher."

Zusammenfassung und Gesamtinterpretation
In der Zusammenfassung und Gesamtinterpretation des Interviews mit Herrn A. geht es darum, Antworten auf folgende Fragen zu finden:. Welche Problemstellungen lassen sich aus dem Interviewtext herausarbeiten, welche Lösungen werden präsentiert? Wie wird in der Selbstbeobachtung des Interviewpartners sein Verhalten eingeschätzt? Nimmt er sich eher als Handelnder (autonomes Agieren) oder eher als Verhaltender (heteronomes Agieren) wahr? Welchen Stellenwert hat die Erfahrung „Arbeitsmigration" in der Gesamtbiographie?

Das Grundproblem, mit dem Herr A. sich konfrontiert sieht, ist die Frage, wie er ein einigermaßen ausreichendes Einkommen auf Dauer sicherstellen kann. Schon die in Polen üblicherweise zu verzeichnenden Lohnhöhen lassen es schwierig erscheinen, die materielle und soziale Existenz einer Familie abzusichern. Da Herr A. arbeitslos geworden ist und sich die Arbeitssuche in Polen als schwierig erweist, ist dieser Weg zur Existenzsicherung zunächst einmal verbaut. Ein Ausweg aus dem Problem bietet ihm die Möglichkeit zur Pendel-Migration in die Bundesrepublik.

An vielen Stellen des Textes wird mit diesen problematischen Lebensumständen nun in der Weise umgegangen, indem versucht wird, die mit der prekären Einkommenssituation einhergehende schwierige Lebenslage als nicht weiter hinterfragbare Normalität zu deuten. Dazu gehört die Einschätzung der persönlichen Belastung durch die Art der Arbeit, die Anpassungsleistungen im unmittelbaren Arbeitsprozess, der Arbeitsrhythmus, die Einstellungsprozeduren der deutschen Arbeitgeber bis hin zum „Nicht-Auffallen-Wollen" während der Freizeit. In all diesen Bewertungen geht es darum, die Erfahrungen der Arbeitsmigration als im Vergleich zum sonstigen Erfahrungsschatz als „normal" gelten zu lassen und so die Mühen, die mit dem Pendeln zwischen Polen und Deutschland verbunden sind, zu rechtfertigen.

Die Frage, ob Herr A. sich als Handelnder oder als passiv Agierender beschreibt, ist nicht eindeutig zu beantworten. Zwar wird deutlich, dass er nicht von sich aus aktiv geworden ist, um die Arbeitsaufnahme in Deutschland zu realisieren, indem er sich z. B. um eine Stelle bei der zuständigen polnischen Arbeitsverwaltung beworben hätte, sondern es eher einem Zufall zu verdanken ist, dass er in der Bundesrepublik eine Saisonarbeitstätigkeit hat aufnehmen können („Man kam ins Gespräch, ich hatte noch Urlaub und bin hierher gekommen." „Mein Bruder wollte gerade mit jemandem nach Deutschland zur Arbeit fahren, ich war ohne Arbeit, dann bin ich mitgefahren."). Die Art und Weise aber, wie sein Verhalten nach der einmal getroffenen Entscheidung zur Arbeitsmigration beschrieben wird, lässt das Bild eines positiv Handelnden entstehen.

Die Selbstbeschreibungen deuten darauf hin, dass Herr A. sich als jemanden sieht, der in einem gewissen Rahmen Handlungsautonomie beweist, indem er sich bemüht, „das Beste" aus der Situation zu machen (nicht nur der Interviewtext selber bietet für diese Interpretation einige Anhaltspunkte; auch die Tatsache, dass Herr A. in einem gewissen Umfang die deutsche Sprache erlernt hat, deutet darauf hin).

Zusammenfassend kann man die Position des Gesprächspartners vielleicht folgendermaßen charakterisieren: Herr A. sieht sich als passives Objekt problematischer ökonomischer und sozialer Verhältnisse, in diesen Verhältnissen aber als handelndes Subjekt.

Weil der Interviewpartner in seinen Reflexionen immer wieder bemüht ist, seinem Leben als Arbeitsmigrant „Normalität" zu verleihen, ist es in gewisser Weise auch verständlich, dass dem Ereignis „Arbeitsmigration" kein besonderer Stellenwert in der Gesamtbiographie zugeordnet wird. So wie die sozialen und ökonomischen Verhältnisse in Polen „einfach durchzustehen" sind, so wird auch die Arbeitsmigration nach Deutschland als unausweichliches und damit notwendigerweise zu bewältigendes Ereignis aufgefasst.

Interview mit Herrn B.

Das Gespräch mit Herrn B. ist Anfang Juni 2000 geführt worden. Der Gesprächspartner ist zum Zeitpunkt des Interviews 48 Jahre und wohnt in einer Kleinstadt in der Wojewodschaft Mazowieckie. Er ist verheiratet und hat einen erwachsenen Sohn. Er ist gelernter Schlosser und arbeitet seit vielen Jahren als Fahrer bei der Landesstraßenverwaltung. In dem Jahr, in dem das Gespräch stattfindet, ist er zum zweiten Mal als landwirtschaftlicher Saisonarbeiter in Deutschland.

I: Können Sie sich daran erinnern, wann Sie zum ersten Mal gehört haben, dass es die Möglichkeit gibt, in Deutschland als Saisonarbeiter zu arbeiten?
B: Man wusste das schon seit langer Zeit. Seit ein paar Jahren weiß ich davon.
I: War das noch vor der Wende? Wann war das?
B: Vielleicht vor fünf oder sechs Jahren. Manche haben in verschiedenen Firmen gearbeitet und sind von diesen Firmen zur Arbeit nach Deutschland geschickt worden.
I: Waren das Bekannte oder Berufskollegen?
B: Ein Kollege war hier, das war (Name des Kollegen). Er hat mich auch hierher geholt. Ich wollte ein bisschen mehr von der Welt sehen. Ich bin jetzt schon 48 Jahre alt und ich habe nie gedacht, dass ich hier sein könnte. Man muss etwas sehen. Ich war neugierig wie hier die Straßen aussehen, welche

Schilder auf der Straße sind. Hier ist es besser als bei uns. In Polen gibt es größeren Vandalismus. Das ist tragisch.
I: Sie können hier zu Ihrem Beruf, den Sie in Polen ausüben, etwas dazu lernen? Nehmen Sie hier Anregungen mit nach Hause?
B: Es gibt sehr große Unterschiede. Ich habe später meinen Kollegen erzählt wie das alles hier aussieht, wie man hier arbeitet. Mein Chef war eine Zeit lang als Kontraktarbeiter in Libyen.

Gleich zu Gesprächsbeginn schildert Herr B., in welchen Zusammenhängen er von der Möglichkeit der Saisonarbeit in Deutschland erfahren hat. Seine Aussage „Man wusste das schon seit langer Zeit," steht hier allerdings eher für ein kollektives Gedächtnis als für seine konkrete Person. In einen unmittelbaren Kontakt mit Arbeitsmigrationsgelegenheiten ist er erst 1994 oder 1995 durch Kollegen gekommen. Dieser Kontakt war es schließlich auch, der das Arbeiten in Deutschland ermöglicht hat.

Welche Motive bei Herrn B. für die Arbeitsaufnahme entscheidend waren, schildert er auf höchst undramatische Weise: Mit 48 Jahren wollte er endlich etwas „von der Welt" sehen, und da sich die Gelegenheit bot, hat er sie ergriffen. Dieses allgemeine Interesse verbindet Herr B. mit seinem speziellen beruflichen Interesse als Mitarbeiter der Straßenverwaltung. Der Aufenthalt in Deutschland bietet ihm die Möglichkeit, seinen beruflichen Horizont zu erweitern. Er will die Gelegenheit nutzen und sich ein Bild davon machen, wie es in einem anderen Land aussieht. Nach seiner Rückkehr nach Hause hat er vor, diese neuen Erfahrungen in irgendeiner Weise zu verwerten.

Hier soll zwar nicht der Analyse und Interpretation des gesamten Gesprächs vorgegriffen werden, dennoch sei schon an dieser Stelle darauf hingewiesen, dass in dem Gespräch ein bestimmtes Bild immer wieder auftaucht. Herr B. betont, dass die Beschilderung der Straßen mit Verkehrszeichen (der Umstand, dass dieses Thema im Interview überhaupt Erwähnung findet, ist aus dem speziellen beruflichen Blickfeld des Interviewpartners zu erklären) in Deutschland besser geregelt sei als in Polen. In Polen gäbe es großen Vandalismus, der Verkehrsschilder und andere Verkehrseinrichtungen immer wieder zerstöre. Dieser Hinweis auf ein Bild, welches die Bundesrepublik als ein Land mit geordneten, „ordentlichen" Verhältnissen wahrnimmt, wird sich noch an einigen anderen Stellen im Gespräch wiederholen und scheint ein wesentliches Kriterium für den Gesprächspartner zu sein, Deutschland als Wanderungsziel interessant zu finden.

In der folgenden Gesprächssequenz geht es um die erinnerte Geschichte von Auslandserfahrung im persönlichen Umfeld des Interviewpartners. Er berichtet davon, dass seine Mutter als Zwangsarbeiterin in Deutschland war und verknüpft ihre Erfahrungen mit denen seines eigenen Aufenthalts in der Bundesrepublik.

I: Es kommen schon ziemlich lange polnische Saisonarbeiter zum Niederrhein. Man spricht davon, dass es schon seit den 20er Jahren so ist. Haben Sie auch Bekannte oder Familienmitglieder, die hier gewesen sind? Wissen Sie etwas darüber?

B: Von meiner Familie war keiner hier. Aber ich kenne einen Mann aus (Name des Ortes), der hier war und dann hier dauerhaft geblieben ist. Ich weiß nicht, ob er schon jemanden aus seiner Familie hier hatte oder es ihm hier so sehr gefallen hat. Er ist einfach hier geblieben.

I: Haben Sie noch Kontakte zu ihm?

B: Nein, ich weiß nicht, wo er ist. Meine Mutter war hier als Zwangsarbeiterin. Irgendwo in der Nähe von Frankfurt. Ich würde gerne dahin fahren und schauen, wie dieser Ort jetzt aussieht, aber ich habe keine Adresse. Ich weiß nicht, ob das Frankfurt am Main oder an der Oder war. Ich kenne den Nachnamen des Deutschen. Er heißt (Name). Meine Mutter war bei ihm, zwei Jahre und zwei Monate.

I: War Ihre Mutter in der Landwirtschaft oder in einem Industriebetrieb beschäftigt?

B: Das war Viehzucht und Wiesen, Heu.

I: Hier in Wesel war vor kurzem auch eine Gruppe aus Polen; das waren Menschen, die Zwangsarbeit gemacht haben. Manchmal wird so ein Kontakt organisiert.

B: Ich würde das auch gerne sehen, wo meine Mutter war und ihr danach alles erzählen. Ich weiß es nicht, ob die Leute noch leben.

I: Will Ihre Mutter auch mal hierher kommen?

B: Ich weiß es nicht, sie ist schon alt, über 80. Aber ich denke, dass sie bestimmt herkommen und schauen würde, was sich geändert hat.

I: Hat Sie Ihnen viel erzählt als Sie noch jung waren?

B: Ja, sie hat erzählt.

I: Das heißt, Sie haben schon ein Bild von Deutschland bekommen?

B: Ja, jetzt aber ist das schon sehr nebulös.

I: Als ehemalige Zwangsarbeiterin hat Ihre Mutter bestimmt kein positives Bild von Deutschland gezeichnet?

B: Nein, meine Mutter hat erzählt, dass der Bauer, bei dem sie gearbeitet hat, ein guter Mensch war. Die Leute haben überall Ordnung gehabt. Das gefiel den Menschen. Ich merke das auch, dass hier Ordnung herrscht. Das kann man überall merken. Ich habe das beobachtet, dass hier im Dorf sehr wenige Menschen arbeiten. Bei uns arbeiten viele Leute im Dorf. Die Deutschen haben

sehr schöne Agrarmaschinen, eine gute Ausrüstung. Bei uns fehlt das alles noch.
I: Aber es gibt vielleicht mehr Arbeitsplätze für die Menschen?
B: Na ja, die Arbeitslosigkeit gibt es schon auch, aber die freien Arbeitsplätze gibt es noch. Die Menschen machen einfach eine Umschulung und arbeiten in einem anderen Beruf. Ich denke, wenn jemand arbeiten möchte, dann findet er überall eine Arbeit.
I: Haben Sie Ihren Beruf nach der Wende gewechselt oder schon vorher?
B: Noch vor der Wende. Noch zu sozialistischen Zeiten. Das war 1974, im Februar. Ich wollte das nicht, aber nach dem Militärdienst hatte ich den Führerschein der zweiten Kategorie bekommen und meine Kollegen haben zu mir gesagt: „Du bist noch jung, geh als Fahrer arbeiten, dann musst Du nicht mehr in den vier Wänden sitzen." Ich habe das als eine gute Idee empfunden. Jetzt arbeite ich als Fahrer.

Im Gegensatz zum einleitenden Gesprächsabschnitt, in dem Herr B. nur vage eine erst kurz zurückliegende Vergangenheit erinnert (den Zeitpunkt, zu dem er zum ersten Mal von der Möglichkeit erfahren hat, in Deutschland als Saisonarbeiter beschäftigt werden zu können, kann er nur ungenau angeben: „Vielleicht vor fünf oder sechs Jahren."), kann er die Dauer eines Ereignisses, das wesentlich weiter in der Vergangenheit zurückliegt und das er auch nicht aus eigenem Erleben kennt, sehr genau bestimmen. Herr B. 's Mutter war „zwei Jahre und zwei Monat" bei einem Bauern in Deutschland zur Zwangsarbeit verpflichtet. Ebenso kann er den genauen Zeitpunkt seines Berufswechsels angeben. Diese Selektivität des Erinnerungsvermögens wirft ein bezeichnendes Licht auf die Bewertungsmechanismen biographischer Ereignisse. Nicht das, was erst seit kurzer Zeit der Vergangenheit angehört, wird am besten und lückenlos erinnert, sondern das, was mit größerer Bedeutung versehen wird.

Vor diesem Hintergrund lässt sich weiter schlussfolgern, dass für Herrn B. die ihm aus den Schilderungen seiner Mutter wiedergegebenen Erfahrungen der Zwangsarbeit ein größeres Gewicht besitzen als die Information, dass es Möglichkeiten gibt, in Deutschland arbeiten zu können. Insofern ist es auch aufschlussreich, dass die erinnerten Schilderungen der Mutter in direktem Anschluss an seine eigenen Erfahrungen verbalisiert werden. Inhaltlich wird auch hier wieder das Bild vom „ordentlichen Deutschland" reproduziert. Die Mutter war bei einem Bauern zwangsverpflichtet, der ein guter Mensch war. Zwischen einem „guten Menschen" und „Ordnung halten" besteht in den Schilderungen des Gesprächspartners ein direkter Zusammenhang, wenn er beide Einschätzungen miteinander verknüpft: „meine Mutter hat erzählt, dass der Bauer, bei dem sie gearbeitet hat, ein guter Mensch war. Die Leute haben überall Ordnung gehabt." Unmittelbar an diese Aussage, die sich auf die Erfahrungen seiner Mutter bezieht, stellt er eine Verbindung zur heutigen Situation her: „Ich merke das auch, dass hier Ordnung herrscht. Das kann man überall merken."

Im weiteren Gesprächsverlauf wird deutlich, dass Herr B. Arbeitslosigkeit nicht als Bedrohung seiner eigenen sozialen und ökonomischen Existenz ansieht. Für ihn gilt der Grundsatz, dass wer arbeiten will, auch Arbeit findet. Vor diesem Hintergrund wird verständlich, dass die in Polen herrschende Unterbeschäftigung als ursächlicher Faktor für die Arbeitsmigration nach Deutschland von Herrn B. nicht in Betracht gezogen wird.

Das Interview wird mit folgender Sequenz fortgesetzt:

I: Haben bei Ihrer Tätigkeit hier in Deutschland auch Arbeitsvermittler eine Rolle gespielt?
B: Nein, mein Kollege hat den Chef gefragt, ob ich hier arbeiten kann. Der Chef hatte noch freie Plätze und brauchte noch Leute. Er hat meine Unterlagen zum Arbeitsamt geschickt. Ich habe eine Vorladung bekommen, um meine Papiere abzuholen.
I: Kennen Sie keine Arbeitsvermittler in Polen?
B: Man kann nur auf diese Weise legal hierher kommen. Von den Medien weiß ich, dass es auch illegale Vermittler gibt.
I: Wie wird diese Frage der illegalen Arbeit in der polnischen Öffentlichkeit diskutiert?
B: Es ist schwer zu sagen. Ich habe darüber nicht nachgedacht. Ich glaube, dass alle sehr gerne hierher fahren.
I: Ich habe gehört, dass illegale Arbeiter hier angefangen haben zu arbeiten und dann zurück nach Polen transportiert wurden.
B: Aber das ist überall so. Ich habe einen Kollegen, der in Schweden war. Da arbeiten auch viele Menschen schwarz. Fast alle. Das ist kein Problem. Der Kollege hat mir erzählt, dass man in Schweden auf der Straße keinen Alkohol trinken darf. Die Menschen haben das mit Absicht gemacht, um Aufmerksamkeit zu erregen, um verhaftet zu werden und damit kostenlose Ernährung und eventuell eine Arbeit zu bekommen. Die haben das mit Absicht gemacht, um überleben zu können.
I: Sind Sie das erste Mal in Deutschland?
B: Ich bin zum zweiten Mal hier. Das erste Mal war es im vorigen Jahr.
I: Wie lange haben Sie gearbeitet als Sie zum ersten Mal hier waren?
B: Genau so eine Saison. Sieben Wochen. Das ist etwas zu lang. Zu lange Trennungszeit. Man hat auch mit dem Urlaub Probleme. Eine oder zwei Wochen kann man ganz ruhig hier bleiben, um etwas zu besichtigen und sehen zu können. Aber sieben Wochen sind zu lang.

I: Waren Sie schon vor Ihrer Beschäftigung als Saisonarbeiter hier in Deutschland? Nicht zum Arbeiten, aber als Tourist?
B: Nein, und ich weiß auch nicht, ob ich noch einmal hierher zum Arbeiten kommen werde. Ich möchte meinen Urlaub mit meiner Familie verbringen.

In dieser Gesprächssequenz wird deutlich, dass die Saisontätigkeit in Deutschland für Herrn B. von keiner sehr großen ökonomischen Bedeutung ist. Er ist erst zum zweiten Mal hier und wahrscheinlich wird er auch nicht wieder kommen. Statt im Ausland zu arbeiten, möchte er seinen Urlaub lieber mit der Familie verbringen. Auch das Problem der illegalen Arbeit ist für ihn kein Thema, das besonderer Ausführungen bedarf. Er kennt es nur aus zweiter Hand und hat sich darüber noch keine Meinung gebildet.

I: Können Sie vielleicht einen typischen Arbeitstag schildern?
B: Der Chef sagt uns immer, wann wir am nächsten Tag aufstehen sollen. Das ist unterschiedlich. Zum Feld fahren wir um 5 oder 6 Uhr. Das hängt vom Wetter ab. Wenn es schönes Wetter gibt, dann haben wir mehr Arbeit. Wir arbeiten bis 12 Uhr und dann gibt es Mittagspause. Die dauert drei oder vier Stunden. Danach arbeiten wir so lange bis die Arbeit fertig ist. Bis zum Ende. Bis 18, 19 oder 20 Uhr. Manchmal sogar bis 12 Uhr. Heute arbeiten die Kollegen noch. Es gibt mehr Spargel. Manchmal machen wir früher Schluss und dann haben wir Freizeit. Das alles hängt vom Wetter ab. Wenn es regnet, dann ist alles mit Schlamm vermischt.
I: Und was machen Sie abends?
B: Ich wasche mich, esse und gehe dann schlafen. Wir sehen auch fern. Wir haben auf dem Trödelmarkt eine Satellitenanlage gekauft. Jetzt können wir auch polnische Sendungen empfangen. Wir können kein Deutsch.
I: Haben Sie schon die Anlage montiert?
B: Ja, und wir haben sie schon ausprobiert. Alles funktioniert gut.
I: Haben Sie Handball gesehen, Polen gegen Deutschland?
B: Nein, wir waren sehr müde und sind früher schlafen gegangen. Gestern haben wir ausnahmsweise sehr lange gearbeitet. Bis 22 Uhr 30.
I: Auch noch richtig Spargel gestochen?
B: Die ganze Zeit. Wir mussten alles zu Ende machen.
I: War es denn noch hell genug?
B Ja, auf dem Feld waren wir bis 22 Uhr und dann mussten wir noch hier Ordnung machen und alles für den nächsten Tag vorbereiten.

Der Arbeitsalltag wird relativ distanziert als eine Abfolge bestimmter Ereignisse beschrieben. Bewertungen werden fast gar nicht vorgenommen. Weder wird sich über die Arbeitsbedingungen beklagt, noch werden die Arbeitszeiten kritisiert; auch positive Bewertungen bleiben aus. Herr B. stellt keinen Vergleich zwischen seinen Arbeitsbedingungen in Deutschland und denen in Polen an. Der Leser bekommt den Eindruck als seien die Arbeitsumstände eigentlich kein Thema für ihn, auf das einzugehen sich lohnen könnte.

Das Gespräch wird mit seiner Einschätzung der Situation zu Hause während seiner Abwesenheit fortgesetzt.

I: Wer übernimmt während Ihrer Abwesenheit zu Haus Ihre Aufgaben?
B: Meine Frau und mein Sohn hilft auch.
I: Welche Kontakte haben Sie denn in der Zeit nach Hause?
B: Ich telefoniere. Immer sonntags.
I: Das heißt, Sie wissen was zu Hause los ist.
B: Ja, ich bin auf dem Laufenden.
I: Was sagen Ihre Frau und Ihr Sohn dazu, dass Sie hier arbeiten?
B: Bis jetzt hatten sie nichts dagegen. Aber doch, meine Frau hat mich ein bisschen schief angesehen. Im Haus gibt es auch viel Arbeit. Man braucht auch männliche Hände.
I: Und was sagen Ihre Arbeitskollegen dazu, dass Sie hier arbeiten?
B: Meine Kollegen wissen, dass ich hier bin. Vielleicht sind sie etwas neidisch. Sie wollen auch bestimmt etwas anderes sehen.
I: Und worauf sind sie neidisch?
B: Weil man hier was besichtigen kann. Dieses kleine Stück Welt.

In der vorhergehenden Gesprächssequenz wird noch einmal deutlich, welche Bedeutung die Saisonarbeit im Wertekanon von Herrn B. hat. Obwohl seine Frau keine starke Befürworterin der Arbeitsmigration ihres Mannes ist, hat die Familie nichts gegen seinen Aufenthalt in der Bundesrepublik während seines Jahresurlaubs einzuwenden. Seine Kollegen, so schätzt der Gesprächspartner das ein, sind nicht auf seine Verdienstmöglichkeiten im Ausland neidisch, sondern darauf, dass er etwas von der Welt sehen kann. In der Beschreibung der Reaktion seiner Umwelt auf die Saisonarbeitstätigkeit in Deutschland kommt zum wiederholten Male zum Ausdruck, dass die Möglichkeit, ein Zusatzeinkommen zu erwerben, für Herrn B. nur von zweitrangiger Bedeutung ist. Wichtiger sind die mit dem Aufenthalt verbundenen anderen Gelegenheiten. Auch für diese Einschätzung werden im weiteren Verlauf des Gesprächs Belege aufgezeigt.

I: Von den 220 000 ausländischen Saisonarbeitern in Deutschland kommen ungefähr 210 000 aus Polen. Was meinen Sie, warum werden eigentlich vor

allem Polen für die Saisonarbeit eingestellt? Was macht die Arbeit in Deutschland für viele Polen so attraktiv?
B: Vielleicht der Verdienst. Wenn man das umrechnet, das ist bestimmt ein großer Unterschied. Vielleicht möchten die Polen hier etwas kaufen. Aber bei uns gibt es jetzt auch fast alles. Aber manchmal gibt es das, was man im Moment braucht, nicht.
I: Wie lange müssen Sie in Polen für den Lohn, den Sie hier in sieben Wochen bekommen, arbeiten?
B: Lange. Genau ein halbes Jahr. Unsere Verdienste sind gering. Ich arbeite in einer staatlichen Firma. Vielleicht kann man in einer privaten Firma besser verdienen. Aber in einer staatlichen Firma ist die Arbeit sicher. Zum Beispiel im Krankenhaus verdienen die Menschen sehr wenig.
I: Meinen Sie, dass das der Hauptgrund ist, warum viele Polen in Deutschland während des Urlaubs arbeiten?
B: Ich glaube schon. Das ist eine gute Verbindung: arbeiten und auch etwas besichtigen und etwas kaufen können. Wenn man einen Ausflug machen möchte, muss man das selber finanzieren. Und hier haben wir eine Kostenrückgabe. Und das ist wichtig. Hier kann man etwas kaufen und auch den Haushaltsetat aufbessern. Und ein Ausflug dauert nur zwei oder drei Tage. Das ist zu kurz. Und wenn man hier arbeitet, kann man alles besser sehen und den Menschen und sein Brauchtum besser kennen lernen.
I: Haben Sie konkrete Vorstellungen, was Sie mit dem Geld, das Sie hier verdienen, machen wollen?
B: In diesem Jahr habe ich eine Wohnung gekauft und kann die Raten jetzt bezahlen. Und ich möchte noch hier etwas einkaufen.
I: Noch mal zu den Gründen, die außerhalb des finanziellen Bereichs liegen. Was sind das für konkrete Gelegenheiten oder auch Vorteile, die Sie durch den Aufenthalt in der Bundesrepublik haben?
B: Was besichtigen, sehen, kaufen.

„Besichtigen, sehen, kaufen" – das ist der Dreischritt um den es in der Saisonarbeit bei Herrn B. geht. Zwar glaubt auch er, dass für die Mehrheit der polnischen Saisonarbeiter das Zusatzeinkommen im Vordergrund steht, für ihn aber kommt es auf die Verbindung unterschiedlicher Möglichkeiten an – wobei das „Besichtigen" höchste Priorität hat.

Das Gespräch setzt sich fort mit der Frage nach der Regelung der Anwerbestoppausnahmeverordnung, nach der die Saisonarbeitstätigkeit in Deutschland von Ausländern zeitlich begrenzt wird.

I: Sie können in Deutschland nur 49 Tage im Jahr arbeiten. Finden Sie das ungerecht?

B: Nein, das ist in Ordnung. Meiner Meinung nach ist das sogar zu viel. Ich habe einen Monat Urlaub, und 49 Tage, das ist viel mehr als ein Monat. Ich habe zwei Wochen in Polen vorgearbeitet, sonst wäre mein Chef nicht einverstanden. In meinem Fall hat mir mein Chef gesagt: „Fahre und schaue wie die Straßen in Deutschland aussehen. Dann weißt Du, was bei uns gemacht und verbessert werden muss."
I: Das heißt, für dieses Jahr haben Sie kein Urlaub mehr, um mit Ihrer Familie wegfahren zu können?
B: Leider nicht. Deshalb komme ich im nächsten Jahr vielleicht nicht hierher. Ich möchte gerne mit meiner Familie nach Masuren fahren.
I: In diesem Jahr haben Sie keine Zeit mehr?
B: Wir haben alle samstags frei. Das ist die Rettung.

Auch in der vorhergehenden Sequenz wird an einem immer wieder auftauchenden Bild angeknüpft. Herr B. kommt nach Deutschland um etwas zu sehen. Selbst von seinem Chef erhält er den Auftrag „fahre und schaue". Die spezifischen Verhältnisse in Deutschland in Bezug auf den Straßenzustand sollen als Beispiel dienen, die Situation in Polen zu verbessern.

Im darauf folgenden Gesprächsabschnitt gibt Herr B. eine Einschätzung der Zukunftsaussichten zur Saisonarbeit ab, kommt aber auch hier wieder auf sein besonderes berufliches Interesse zu sprechen.

I: Wie sehen Sie die Zukunft der Arbeit in Deutschland?
B: Nach dem Beitritt Polens in die EU entwickelt sich das noch, aber es würde sich nicht mehr so lohnen. Ich glaube es wird nicht mehr so große Unterschiede zwischen der DM und dem ZŁ geben.
I: Was meinen Sie, wann Polen in die EU eintreten könnte?
B: Ich glaube, dass Polen noch drei Jahre braucht. Wenn das überhaupt passiert. Aber ich denke schon.
I: Was wird sich noch alles in Polen ändern?
B: Die Regierung. Das ändert sich oft.
I: Woran liegt das?
B: Das ist ein Kampf um die Macht. Jeder möchte Macht haben und wenn er die Macht schon hat, dann tut er nichts.
I: Sind Sie selbst politisch aktiv? In einer Partei oder einer Gewerkschaft?
B: Nein. Früher war ich bei der Solidarność, aber bei uns gab es zu wenige Mitglieder und unsere regionale Solidarność ist untergegangen. Ich bin noch immer für die Solidarność.
I: Ist die Solidarność nicht auch in der Regierung?
B: Ja, aber das ändert sich ständig. Das ist schwer zu verstehen.

I: Wenn Sie das in Polen nicht verstehen, wie sollen wir das dann in Deutschland kapieren?
B: Ich glaube, dass es in der Regierung überall gleich ist. Vielleicht ist das gut, wenn die von oben sich gegenseitig kontrollieren und die Fehler zeigen.
I: Meinen Sie, dass seit der Wende mehr Polen im Ausland eine Arbeit suchen?
B: Ich glaube schon. Früher war es viel schwieriger ins Ausland zu fahren. Es war schwer ein Visum zu bekommen. Nicht nur für Deutschland.
I: Aber von welcher Seite? Von der deutschen oder der polnischen Seite?
B: Die Polen haben die Schwierigkeiten gemacht.
I: Sind Sie zufrieden, dass Sie hier in Deutschland arbeiten können?
B: Ja, ich bin zufrieden, dass ich hier in Deutschland bin. Ich weiß nicht, ob ich auf eine andere Weise hierher kommen könnte. Erst mal habe ich überlegt, ob ich wirklich fahren sollte. Und dann habe ich mich entschieden. Das ist nicht so weit weg. Nach Osten würde ich nicht fahren. Da habe ich Angst.
I: In der Bundesrepublik und insgesamt in der EU wurde darüber diskutiert, dass, wenn Polen und andere Staaten des ehemaligen Ostblocks in die EU eintreten werden, der Arbeitsmarkt von polnischen Menschen überschwemmt werden würde. Wie sehen Sie denn diese Ängste? Sind sie berechtigt oder nicht?
B: Ich glaube, eher nicht. Vielleicht am Anfang. Aber später normalisiert sich alles. Wenn es zwischen der DM und dem ZŁ nicht so große Unterschiede geben wird, dann lohnt es sich nicht mehr hier zu arbeiten. Ich möchte noch zur Straßenbeschilderung zurückkehren. Wir sind hier auf der Autobahn gefahren und ich habe nur geringe Zerstörungen bemerkt. Bei uns ist es sehr schlimm. Das machen die jungen Leute, die nach der Disco nach Hause gehen. Bei uns sind die Abweissteine weiß-rot und hier grün-schwarz-weiß. Einmal wurden bei uns an einem Tag auf einer Straße 60 Abweissteine kaputt gemacht. Im Landesmaßstab wird viel Geld verschwendet. Hier habe ich nur drei kaputte Abweissteine gesehen. Das ist normal. Manchmal wegen eines Unfalls. Bei uns, glaube ich, wurde das mit Absicht zerstört. Ich weiß nicht, warum. Ich denke, die Strafe ist für die Tat zu niedrig. Das muss man ändern, wenn Polen zur EU gehören möchte.

Nach Auffassung von Herrn B. wird das zur Zeit noch existierende Kaufkraftgefälle zwischen der Bundesrepublik und Polen mit dem Beitritt in die EU und der weiteren Entwicklung abnehmen und dafür sorgen, dass immer weniger Polen nach Deutschland zum Arbeiten fahren. Insofern müsste man in Deutschland keine Angst haben, dass der Arbeitsmarkt von preiswerter polnischer Arbeitskraft „überschwemmt" werde.

Auf die Frage, ob er zufrieden sei, in Deutschland arbeiten zu können, antwortet Herr B., dass er zufrieden sei, in Deutschland zu sein. Nicht, dass er in Deutschland arbeiten kann, ist für ihn wichtig, sondern sich in dem Land überhaupt aufhalten zu können.

Für den Leser überraschend, knüpft Herr B. anschließend wieder eine Verbindung zwischen dem bevorstehenden EU-Beitritt Polens und seinen beruflichen Erfahrungen. Polen wäre gut beraten, dass der Staat vor der Aufnahme in die EU für größere Ordnung auf den Straßen eintritt, indem Täter, die Straßeneinrichtungen zerstörten, härter bestraft werden sollten. Auch hier wird Deutschland wieder als Vorbild dargestellt, in dem mehr Ordnung herrscht und von dem Polen lernen kann.

In der letzten Interviewsequenz wird dieses Bild wiederum aufgegriffen, aber auch hier wieder in sehr unterschiedlichen Zusammenhängen.

I: Haben Sie bei Ihrem Aufenthalt in der Bundesrepublik schon einmal so etwas wie Ausländerfeindlichkeit zu spüren bekommen?
B: Nein, ganz im Gegenteil. Hier grüßen sich die Menschen sogar dann, wenn sie sich persönlich nicht kennen. Das gefällt mir. Bei uns gibt es so etwas nicht. In Polen grüßt man den, den man gut kennt.
I: Was meinen Sie was die Deutschen über die Polen denken?
B: Das ist bestimmt unterschiedlich. Aber ich denke, dass sie nichts Schlimmes denken. Aber es gibt überall verschiedene Menschen, manche sind sehr unordentlich. Ich denke, dass die Deutschen keinen Groll mehr gegen die Polen hegen. Vielleicht noch ältere Leute. Aber die Jugendlichen bestimmt nicht. Wer ist hier schuldig? Keiner. Für die Schulden der vorhergehenden Generation sind die jungen Leute nicht verantwortlich. Das geht nicht.
I: Meinen Sie, dass die historischen Ereignisse keine Rolle mehr spielen?
B: Eher nicht.
I: Meinen Sie, dass man vergessen könnte was passiert ist?
B: Ja, ich denke so. Man soll verzeihen. Wir haben jetzt einen Papst, der genau so darüber redet. Wie kann man im Hass leben? Das Verzeihen ist eine menschliche Sache. Ich habe z. B. keine Vorbehalte. Ich bin ein Katholik.
I: Ihr Chef hat mir erzählt, dass er deshalb gerne Polen einstellt, weil er meint, dass sie mehr als andere mit Landwirtschaft zu tun haben.
B: Das kann sein. Ich glaube, dass es z. B. bei den Russen etwas anders ist. Ich komme aus einem Dorf. Meine Eltern hatten einen kleinen Bauernhof. Deshalb verstehe ich diese Arbeit gut. Aber bei uns ist die Ausrüstung sehr schlecht. Bei uns ist es viel schlimmer als hier. Man muss sehr viel mit den Händen machen. Hier habe ich gesehen, dass man sehr wenig mit den Händen macht. Fast alles machen Maschinen. Und es lohnt sich das zu sehen.
I: Sind Sie auf Ihrer Anreise von jemandem angesprochen worden?

B: Ich bin mit meinem Kollegen mit dem Auto hierher gekommen. Wir wurden von niemandem angesprochen. In Polen habe ich eine Arbeitskollegin, die auch hier arbeiten wollte. Wir haben darüber gesprochen. Und auf der Reise hat uns niemand angesprochen.

I: Frau (Name der Person) hat erzählt, dass, als sie mit dem Bus gefahren ist, auf den Stationen immer kuriose Leute kommen. Manchmal sprechen sie die Passagiere an, zeigen verschiedene Tricks mit Karten und wenn man nicht vorsichtig ist, kann man Geld verlieren.

B: Ich habe gehört, dass man sich in Deutschland noch sicher fühlen kann, aber in Polen ist es leider schon gefährlich

Auch im letzten Gesprächsabschnitt wird deutlich, dass Herr B. Deutschland als Vorbild sehen möchte. Das erstreckt sich auf das persönliche Miteinander (in Polen wird nur derjenige gegrüßt, den man gut kennt) über den Mechanisierungsgrad der Landwirtschaft („Hier habe ich gesehen, dass man sehr wenig mit den Händen macht. Fast alles machen Maschinen.") bis hin zur größeren Sicherheit vor kriminellen Übergriffen („Ich habe gehört, dass man sich in Deutschland noch sicher fühlen kann, aber in Polen ist es leider schon gefährlich."). Alle diese Punkte machen für Herrn B. die Bundesrepublik zu einem interessanten Reiseland und begründen seinen Entschluss, als Saisonarbeiter nach Deutschland zu gehen.

Zusammenfassung und Gesamtinterpretation

Es ist nicht ganz einfach den vorliegenden Interviewtext im Rahmen der für die Interpretation entwickelten Vergleichskategorien Problemstellung/Problemlösung, Verhalten/Handeln und Einordnung in die Gesamtbiographie zu bewerten. Schon die Herleitung der Motivationslage sprengt den Erfahrungsrahmen dessen, was in der Migrationsforschung unter „normaler" Arbeitsmigration verstanden wird. Während bei der Arbeitsmigration der Gelderwerb im Vordergrund steht, d. h. die Mühen der Wanderung deshalb auf sich genommen werden, um Möglichkeiten der Einkommenserzielung wahrnehmen zu können, was im Heimatland nicht oder nicht im gleichen Umfang möglich ist, bietet der Interviewtext nur wenige Hinweise darauf, dass auch bei Herrn B. der Gelderwerb bei seiner Saisontätigkeit in Deutschland die dominierende Rolle spielt. Zwar räumt Herr B. vorsichtig ein, dass es wahrscheinlich die Verdienstmöglichkeiten sind, die so viele Polen nach Deutschland kommen lassen, für ihn spielen die Einkommensmöglichkeiten aber nur eine untergeordnete Rolle.

Herr B. begründet sein Kommen mit einem anderen Motivationsstrang. Er ist schon 48 Jahre alt und langsam wird es für ihn Zeit, etwas von der Welt zu sehen. Da hat sich ihm die Möglichkeit geboten, als Saisonarbeiter nach Deutschland zu gehen, und die hat er ergriffen, wovon er selbst etwas überrascht ist: „Ich habe nie gedacht, dass ich hier sein könnte."

Der Text verbindet an verschiedenen Stellen dieses allgemeine Interesse „ein bisschen mehr von der Welt" zu sehen mit dem speziellen beruflichen Interesse des Straßenverwaltungsarbeiters und stellt Deutschland als Land dar, in dem Ordnung herrscht, von dem nicht nur Herr B., sondern Polen insgesamt lernen kann. Das ist dann auch das eigentliche Motiv, mit dem Herr B. seine Saisonarbeit in Deutschland begründet. Welche allgemeinen Aspekte lassen sich aus seinen Erfahrungen in Deutschland ableiten, die über seine persönlichen Ambitionen hinausreichen.

Persönliche Probleme, die eventuell eine persönliche Problemlösungsstrategie hätten erforderlich erscheinen lassen, werden im Text nicht formuliert. Der Text berührt die persönliche Ebene nur sehr vage, an einigen wenigen Stellen, etwa dort, wo Herr B. erzählt, dass seine Frau ihn nur ungern nach Deutschland gehen lässt, da sie ihren Mann im Haushalt brauchen könnte. In der Hauptsache werden allgemeine Aspekte im Vergleich Deutschland – Polen zur Sprache gebracht, wobei Deutschland immer als Vorbild erscheint.

Auch die Frage, ob Herr B. sich als passiv Verhaltender oder als handelnde Person beschreibt, lässt sich nicht eindeutig beantworten. Da der Gesprächspartner keine eindeutigen auf seine Person bezogenen Probleme formuliert und folglich auch keine Problemlösungsstrategien entwickelt, fehlt das entscheidende Handlungsgerüst, vor dessen Hintergrund die Frage zu beantworten wäre. Herr B. erscheint in dem Interviewtext dann auch weniger in der Rolle einer handelnden Person, sondern eher als Beobachtender. Er beobachtet und vergleicht die Verhältnisse in Deutschland mit denen in Polen. Daraus werden keine Handlungsanweisungen, die für ihn persönlich gelten könnten, formuliert, sondern aus dem Vergleich wird eine Entwicklungsrichtung abgeleitet, die Polen als Gesamtgesellschaft zu nehmen hätte. In Bezug aber auf das vorherrschende Motiv des Herrn B., ein Stück von der Welt kennen zu lernen, liegt es nahe, von einer handelnden Person zu sprechen. Zwar agiert er nicht in dem Sinne autonom, dass er Ziele formuliert und dann die entsprechenden Schritte unternimmt, diese Ziele zu verwirklichen. Er ergreift aber eine nach seiner Einschätzung mehr oder weniger zufällig sich ergebende Chance zur Arbeitsmigration und hierin beweist er sich als aktiv Handelnder.

In der Selbstbeschreibung des Herrn B. hat der Akt des Migrierens nach Deutschland für seine Gesamtbiographie keine sehr große Bedeutung. Er ist finanziell auf Arbeitsmigration nicht angewiesen, hat mit seinem zweimaligen Aufenthalt in der Bundesrepublik seine Neugier befriedigt und für die zukünftige Lebensplanung spielt die Saisonarbeitstätigkeit in Deutschland eine nur untergeordnete Rolle. Der Gesprächspartner beabsichtigt nicht, in den nächsten Jahren zum Arbeiten wieder zu kommen. Die Saisonarbeit in Deutschland spielt für Herrn B. nur eine episodenhafte Rolle, eine Rolle, die abgeschlossen scheint.

Interview mit Frau C.

Frau C. ist zum Zeitpunkt des Gesprächs 34 Jahre alt. Sie kommt aus einer Kleinstadt in der Wojewodschaft Mazowieckie. Sie ist verheiratet und Mutter von drei Kindern im Alter von 8 bis 14 Jahren. Frau C. hat eine Ausbildung zur Einzelhandelskauffrau absolviert, übt diesen Beruf aber seit der Geburt ihres ersten Kindes nicht mehr aus und ist seitdem Hausfrau und Mutter. Sie ist zum fünften Mal als Saisonarbeiterin am Niederrhein.

Frau C. hatte sich zwar zu dem Gespräch bereit erklärt, war aber während des Interviews sehr zurückhaltend, so dass der Gesprächsfaden immer wieder abzureißen drohte und sich ein „Frage- und Antwortspiel" entwickelte, das nicht typisch für Leitfadeninterviews sein sollte. Das Gespräch soll dennoch hier vorgestellt werden, weil es Sichtweisen wiedergibt, die in den anderen Interviews so nicht vertreten wurden.

I: Können Sie sich daran erinnern, wann Sie zum ersten Mal davon gehört haben, dass es in Deutschland die Möglichkeit gibt, als Erntehelfer zu arbeiten?
C: Das war vor vier oder fünf Jahren. Meine Kollegin war hier in Deutschland bei der Erdbeerernte beschäftigt und unser Chef kam und suchte Polen, die als Saisonarbeiter bei ihm arbeiten möchten. Meine Kollegin hat mir davon erzählt. Ich dachte mir, dass ich auch gehen kann. Nicht nur um Geld zu verdienen, sondern auch um etwas besichtigen zu können. Deutschland gefällt mir sehr. Hier ist frische Luft und ich kann gut atmen.
I: Haben Sie zuerst woanders gearbeitet?
C: Nein. Das war meine Kollegin. Sie hat mir alles erzählt. Ich war zum ersten Mal hier gewesen.
I: Wie lange macht ihre Kollegin das schon?
C: Lang. Ich weiß es nicht genau. Vielleicht sieben Jahre.
I: Kommt sie aus Ihrem Ort?
C: Nein, aber aus der Umgebung.
I: Machen das viele aus Ihrer Umgebung?
C: Na ja, vielleicht nicht so sehr viele, aber manche kommen hierher.

I: Spielen bei der Vermittlung Arbeitsvermittler in Polen eine Rolle?
C: Nein, nein nur danach, wenn die Papiere aus Deutschland kommen, dann muss das Arbeitsamt alles erledigen. Dann bekommen wir unsere Papiere im Arbeitsamt in Polen.
I: Sind Sie von Herrn (Name des Arbeitgebers in Deutschland) angefordert worden?
C: Ja.
I: Können Sie mir das noch einmal erklären. Wie oft und wie lange Sie hier waren?
C: Ich war viermal hier, immer sieben Wochen, d. h. 48 Tage.
I: Und immer zur Spargelernte, hier bei Herrn (Name des deutschen Arbeitgebers)? Haben Sie nie woanders gearbeitet?
C: Nein, ich habe nicht woanders gearbeitet. In der Freizeit besichtigen wir alles. Wir fahren nach Holland, wir machen verschiedene Touren, Spaziergänge am Fluss. Wir sorgen für Abwechslung und es ist super.

In dem einleitenden Gesprächsabschnitt schildert Frau C., über welche Verbindungen sie nach Deutschland gekommen ist. Wie bei dem größten Teil der polnischen Saisonarbeiter ist auch bei Frau C. die Vermittlung über ihren persönlichen Bekanntenkreis erfolgt. Schon in den ersten Sätzen versucht die Gesprächspartnerin ihre Motivation, nach Deutschland zu kommen, deutlich zu machen. Nicht der Gelderwerb steht im Vordergrund ihres Kommens, sondern sie reist in die Bundesrepublik um hier etwas zu besichtigen, weil Deutschland ihr gut gefällt: „Hier ist frische Luft und ich kann gut atmen."

Abgeschlossen wird die erste Gesprächssequenz mit der neuerlichen Bestätigung, dass der Aufenthalt in der Bundesrepublik der Gesprächspartnerin sehr gut tut. Damit soll deutlich werden, welche Prioritäten sie mit der Saisonarbeit verbindet. Für Frau C. ist die Arbeit in Deutschland eine willkommene Abwechslung vom Alltag in Polen.

In der darauf folgenden Sequenz, in der nach Kontakten in Deutschland gefragt wird, berichtet Frau C. wiederum von ihren Freizeitaktivitäten.

I: Haben Sie in Ihrer Familie jemanden, der hier auch gearbeitet hat?
C: Nein, nur ich war hier. Ich war auch in anderen Ländern, aber nicht zur Arbeit. Von meiner Familie arbeitet hier keiner.
I: Haben Sie hier Freunde und Bekannte in Deutschland?
C: Ja, aber nicht in (Name der Stadt), sondern in (Name der Stadt).
I: Treffen Sie sich auch mit anderen Saisonarbeitern in Ihrer Freizeit?
C: Ja, wir machen gemeinsame Ausflüge, besichtigen etwas. Das ist einfach eine kleine Gruppe von Polen.

I: Sie haben aber keine organisierten Treffpunkte? Bleibt das Ihrer Initiative überlassen?
C: Das ist nur unsere eigene Initiative. Es gibt keine organisierten Treffen. Wer sollte das organisieren?

In dem nächsten Gesprächsabschnitt wird Frau C. nach ihrem Arbeitsalltag in Deutschland gefragt.

I: Können Sie vielleicht einen typischen Tag hier schildern?
B: Wir müssen morgens früh aufstehen. Unsere Arbeit beginnt um 7 oder 8 Uhr. Nach dem Frühstück gehen wir zu Feld und arbeiten bis 12 Uhr. Danach haben wir eine Pause, drei Stunden. Und dann arbeiten wir noch drei Stunden oder länger. Das hängt davon ab, wie viel Arbeit es gibt.
I: Und danach?
C: Danach fahren wir einkaufen oder machen einen Spaziergang.
I: Wie sind Sie hier mobil? Das ist ja ein bisschen außerhalb der Stadt.
C: Ich habe Bekannte, die auch hier sind. Sie haben Autos.
I: Und wie kommen Sie mit der Männergesellschaft klar?
C: Alle sind sehr freundlich zu mir. Ich bin hier im Moment die einzige Frau. Es war noch eine Frau da, meine Kollegin. Aber sie hat ihre Arbeit schon zu Ende gemacht und ist zurück nach Polen gefahren.

Die Gesprächspartnerin beschreibt den Tagesablauf recht nüchtern. Probleme werden nicht angesprochen und auch der Umstand, dass sie momentan die einzige Frau bei der Arbeit ist, bereitet ihr keine Sorgen. Dieser positive Blick auf das eigene Leben setzt sich fort, als Frau C. darüber berichtet, wie in ihrer Familie mit ihrer Abwesenheit umgegangen wird.

I: Wer macht Ihre üblichen Arbeiten zu Hause, wenn Sie hier sind?
C: Ich habe eine sehr gute Mutter und einen sehr guten Mann, der sich um alles kümmert. Meine Mutter ist zu Hause, wenn die Kinder zur Schule gehen. Die Mutter kocht für alle. Bei den Hausaufgaben hilft die Frau von meinem Bruder. Und abends prüft sie mein Mann, wenn er nach Hause kommt.
I: Leben Sie in einer Großfamilie zusammen?
C: Wir haben ein eigenes Haus. Meine Mutter wohnt in diesem Haus, aber sie hat ihren eigenen Haushalt.
I: Was sagt Ihre Familie dazu? Wie wurde das aufgenommen, dass Sie 48 Tage nicht da sind?
C: Ich komme sehr gerne hierher. Das Klima hier ist für mich sehr günstig. Für mich ist das wie eine Kur. Deshalb ist mein Mann damit einverstanden.
I: Und Ihre Kinder?

C: Ich habe ständigen telefonischen Kontakt mit meinen Kindern. Wir telefonieren fast jeden Tag und unterhalten uns lange.
I: Das heißt, Sie wissen, was zu Hause läuft.
C: Natürlich.
I: Und wenn Sie in Polen sind, haben Sie dann auch Kontakte nach (Name der Stadt)?
C: Nein, das alles bricht bis zum nächsten Jahr ab
I: Wie wird das bei Ihnen zu Hause diskutiert, dass Sie überhaupt in Deutschland arbeiten? Wie wird das bewertet?
C: Das ist schwer zu sagen. Das Geld ist nicht das Wichtigste. Sie freuen sich einfach auf die Einkäufe. Die Kinder möchten, dass ich einen Computer für sie kaufe. Ich möchte hier einen Computer kaufen. Die Kinder sind zufrieden, dass ich hier bin und ihre Wünsche erfüllen kann.

Für Frau C. gibt es keinen Grund sich Sorgen zu machen, dass während ihrer Abwesenheit von zu Hause etwa die Kinder nicht richtig versorgt würden, ihr Ehemann mit der Organisation des Haushalts überfordert wäre oder sonst etwas schief gehen könnte. Ihre Mutter, ihre Schwägerin und auch der Ehemann können ihre verschiedenen Rollen übernehmen und ausfüllen. Die Kinder können die Abwesenheit der Mutter verschmerzen, weil sie jeden Tag mit ihnen telefoniert und weil sie versprochen hat, ihnen bestimmte Wünsche zu erfüllen. Das ist der eine Argumentationsstrang, mit dem Frau C. begründet, dass sie ohne Probleme für eine gewisse Zeit von zu Hause fortgehen kann. Ein anderer schließt sich an die Frage an, was die Familie zu ihrer Saisonarbeit in Deutschland sagt. Hier argumentiert sie, dass es ihr gut tue nach Deutschland zu kommen, weil der Aufenthalt für sie wie eine Kur sei. Weil sie ihren Aufenthalt so positiv sieht, ist auch ihr Ehemann damit einverstanden, dass sie nach Deutschland zum Arbeiten fährt.

In der darauf folgenden Gesprächssequenz geht es noch einmal um die Gründe, die die Gesprächspartnerin mit der Saisonarbeit in Deutschland verbunden sieht.

I: Von den 220 000 ausländischen Saisonarbeitern, die jährlich in Deutschland arbeiten, kommen 210 000 aus Polen. Was meinen Sie dazu? Können Sie das erklären?
C: Es ist schwer zu sagen. Ich glaube, dass jeder seine eigenen Gründe hat. Ich z. B. betrachte das als eine gute Erholung. Ich fühle mich hier wie in einer Kur. So viele Polen arbeiten hier? Das habe ich nicht gewusst.
I: Was ist denn für Sie der Hauptgrund, dass Sie hier arbeiten? Wie können Sie das beschreiben?

C: Bestimmt nicht nur das Geld. Wenn die Zeit kommt, dann weiß ich, dass ich hierher fahren möchte. Hier ist es schön, angenehm. Ich kann etwas Schönes kaufen.
I: Kaufen Sie die Sachen für Ihren persönlichen Bedarf?
C: Ja, alles für den persönlichen Bedarf.
I: Will Ihr Mann auch hierher kommen und arbeiten?
C: Nein, mein Mann hat eine gute Arbeit in Polen. Er arbeitet in Polen und braucht nicht hierher zu kommen.

Frau C. glaubt nicht, dass es einen besonderen Grund gibt, warum der größte Teil der polnischen Saisonarbeiter nach Deutschland kommt. Sie meint, dass jede Person ihre eigenen Gründe habe, um anschließend wieder auf ihre eigenen Motive sprechen zu kommen. Hier wiederholt sie schon Gesagtes. Nicht der Gelderwerb ist das wesentliche Motiv, sondern der Erholungswert, den sie mit dem Aufenthalt in Deutschland verbindet. Eine kleinere Rolle spielt die Möglichkeit, von dem Lohn Anschaffungen zu tätigen, die nicht unmittelbar notwendig („etwas Schönes kaufen") und vornehmlich für die Kinder bestimmt sind.

Der Hinweis, dass ihr Mann nicht nach Deutschland kommen brauche, weil er eine gute Arbeit in Polen habe, verweist wiederum auf das Bild der finanziellen Unabhängigkeit, das die Interviewpartnerin von sich zeichnet.

Die Saisonarbeit in Deutschland ist mittlerweile zu einem festen Bestandteil ihres Lebens geworden, darauf deutet ein fast schon poetisch zu bezeichnender Satz hin: „Wenn die Zeit kommt, dann weiß ich, dass ich hierher fahren möchte." Die Saisonarbeit in Deutschland ist für Frau C. die Gelegenheit, etwas Besonderes und Außergewöhnliches in ihrem Leben machen zu können. Die Freude an diesem Besonderen möchte sie auch mit ihrer Familie teilen und insbesondere möchte sie ihre Kinder daran teilhaben lassen. Daher plant sie einen gemeinsamen Urlaub mit der Familie in Deutschland zu verbringen.

Trotz ihrer Begeisterung für Deutschland kann sie es sich nicht vorstellen, dauerhaft in der Bundesrepublik zu leben. Eine Übersiedlung kommt für sie nicht in Frage, da Polen ihre Heimat ist.

I: Reden Sie mit Ihren Bekannten und Freunden darüber? Möchten die vielleicht auch hierher kommen?
C: In meiner Familie fragt jeder, wie es hier war. Besonders meine Mutter und die Kinder. Ich habe meinen Kindern gesagt, dass, wenn ich zurück nach Hause komme, dann nimmt der Papa Urlaub und wir fahren mit der ganzen Familie vielleicht für eine Woche nach Deutschland. Ich möchte sehr gerne,

dass meine Kinder das auch alles sehen können. Es wären schöne Ferien für meine Kinder. Ich werde ihnen alles zeigen.
I: Und das lässt sich realisieren?
C: Natürlich. In diesem Jahr möchte ich das realisieren. In den Ferien.
I: Die Überlegung, für immer nach Deutschland zu kommen, gibt es bei Ihnen nicht?
C: Nein, ich habe ein Haus in Polen, meine Familie. Ich komme sehr gerne her, aber nur für eine bestimmte Zeit. Dann will ich zurück nach Polen. Polska jest Polska. Polen ist Polen.
I:: Was bedeutet das „Polska jest Polska" für Sie?
C: Polen ist meine Heimat. Da sind meine Eltern, meine Familie, mein Haus – mein ganzes Leben ist da.
I: Ja, aber Sie meinen, dass es hier schön ist, dass sie das Ihrer Familie zeigen möchten.
C: Ja, genau. Und jetzt möchte ich in den Ferien mit meiner Familie nach Deutschland reisen.

Im folgenden Gesprächsabschnitt wird versucht, Fragen zu thematisieren, die über den unmittelbaren persönlichen Erfahrungshorizont hinausreichen und die eigene Biographie in einen größeren gesellschaftlichen Zusammenhang stellen könnten. Hier zeigt es sich, dass die Interviewpartnerin kaum bereit ist, sich auf eine solche Perspektive einzulassen, einmal indem sie sagt, sie wisse nichts darüber oder indem sie nur sehr kurze Einschätzungen abgibt.

I: Sie können hier nur 48 Tage arbeiten. Finden Sie das ungerecht?
C: Nein, ich finde das normal. Ich arbeite hier 48 Tage und brauche nicht länger zu bleiben. Wenn ich meinen Urlaub mit der Familie in Deutschland verbringen möchte, kann ich immer kommen, wann ich will. Es gibt kein Verbot.
I: Polen möchte in den nächsten Jahren in die EU eintreten. Wie sehen Sie die Entwicklung, die sich in Polen zeigt? Auch die in Ihren eigenen Lebensverhältnissen?
C: Im Moment ist das schwer zu sagen. Ich glaube, es ist schon höchste Zeit, dass Polen auch in der EU ist. Aber was danach kommt, weiß ich nicht. Ich denke, dass es besser wird.
I: In welcher Beziehung?
C: Es wird keine Grenzen geben und man wird nicht so lange in einer Warteschlange an der Grenze stehen müssen. Es wird genau so problemlos wie zwischen Deutschland und Holland sein.
I: Aber das bedeutet gleichzeitig, dass, wenn Polen Mitglied in der EU ist, dass die Grenzen mit der Ukraine und Weißrussland zugemacht werden. Es

bestand ja bis vor kurzem keine Visumspflicht für z. B. Ukrainer oder Weißrussen für die Einreise nach Polen.
C: Ich weiß nicht viel darüber und ich möchte keinen Blödsinn erzählen. Ich weiß einfach nicht, was kommt.
I: Was hat sich in Polen allgemein seit der Wende geändert?
C: Ich glaube, dass sich für mich persönlich nichts geändert hat.
I: Sie können z. B. reisen. Früher war das nicht so problemlos.
C: Ja, und ich finde das gut, dass ich reisen kann.
I: Seit den 20er Jahren, kurz nach dem ersten Weltkrieg, kommen schon Polen – auch als Saisonarbeiter – an den Niederrhein.
C: Ich habe mir keine Gedanken darüber gemacht.
I: Wussten Sie das nicht?
C: Nein, ich habe das nicht gewusst, dass das schon so lange dauert.
I: In Ihrem Bekanntenkreis oder in Ihrer Familie wurde nicht darüber gesprochen? Das ist in Polen nicht bekannt?
C: In Polen kann man auch Spargel kaufen, aber wer den gestochen hat, weiß ich nicht. Ich möchte in diesem Jahr auch in meinem Garten Spargel pflanzen.
I: Würden Sie denn sagen, dass in der polnischen Öffentlichkeit, z. B in der Zeitung, die Saisonarbeiter in Deutschland überhaupt kein Thema ist?
C: Ich habe Arbeitsofferten in der Zeitung gesehen. Aber das interessiert mich nicht. Ich würde solche Möglichkeiten nie nutzen.

Auch im letzten Abschnitt des Interviews kommt Frau C. wieder auf denjenigen Punkt zu sprechen, der sich wie ein roter Faden durch das ganze Gespräch zieht und der ihr besonders wichtig zu sein scheint: sie mag Deutschland, sie fühlt sich wohl in diesem Land.

I: Herr (Name des Arbeitgebers) hat mir erzählt, dass er auch deshalb polnische Arbeiter einstellt, weil die einen anderen Bezug zur Landwirtschaft haben.
C: Ich weiß es nicht. Vielleicht hat er Recht. Ich meine, dass der Pole bei der Arbeit sehr solide ist. Wenn ein Pole was macht, dann gut und zu Ende.
I: Haben Sie ein Erklärung dafür, warum keine Einheimischen hier arbeiten?
C: Ich weiß es nicht. Diese Arbeit ist überhaupt nicht so schwer, dass man davor Angst haben müsste. Ich weiß nicht, warum die Deutschen das nicht machen. Das ist natürlich eine andere Arbeit als im Büro bei dem Computer. Das ist ein großer Unterschied.
I: Aber Sie kommen damit klar. Das ist für Sie keine große Anstrengung, die nicht zu bewältigen wäre.
C: Ich habe keine Probleme und komme mit der Arbeit sehr gut zurecht.
I: Sie haben hier noch nie Probleme gehabt, so dass man hätte jemanden einschalten müssen?

C: Nein, unser Arbeitgeber ist sehr ehrlich. Er behütet uns und sorgt dafür, dass uns niemand Unrecht tut. Ich bin sehr zufrieden.
I: Sind Sie auch mit dem Geld zufrieden?
C: Das Geld ist für mich nicht alles. Das Geld ist eine Erwerbssache. In Polen arbeitet man auch und man verdient auch Geld.
I: Ich bedanke mich für das Gespräch. Haben Sie noch etwas, was Ihnen auf der Seele liegt?
C: Ich möchte noch sagen, dass ich in vielen anderen Ländern war, z. B. Italien, Tschechoslowakei, in Ungarn und Russland. Aber in Deutschland gefällt es mir am besten.
I: Können Sie erklären warum? In Italien z. B. ist es auch schön.
C: In Italien ist es auch schön, aber hier sind andere Menschen. Alle sind sehr freundlich.

Wie das Gespräch begonnen hat, so beendet es die Interviewpartnerin: mit einer Lobeshymne auf Deutschland. Aufgewertet wird dieses Lob dadurch, dass Frau C. andere Auslandserfahrungen anführt und einen Vergleich anstellt. Deutschland und seine Bewohner schneiden in diesem Vergleich am besten ab. Da können andere Länder nach ihrer Auffassung nicht mithalten.

Den positiven Eindruck, den die Gesprächspartnerin von den Menschen in Deutschland im Allgemeinen beschreibt, wird auch auf Personen im Konkreten übertragen. Dabei wird ein leicht antiquiert anmutendes, paternalistisches Bild vom deutschen Arbeitgeber gezeichnet: „[...]unser Arbeitgeber ist sehr ehrlich. Er behütet uns und sorgt dafür, dass uns niemand Unrecht tut. Ich bin sehr zufrieden." Mit diesem Bild schließt sich der Argumentationskreis und kehrt an seinen Ausgangspunkt zurück: Frau C. gefällt es sehr gut in Deutschland, deshalb fährt sie dorthin.

Zusammenfassung und Gesamtinterpretation
Die grundlegende Problemstellung des Interviewtextes liegt in der Beschreibung der Motivstruktur, mit dem der Aufenthalt in Deutschland durch die Gesprächspartnerin begründet wird. Einer inneren Stimme folgend weiß sie, dass sie nach Deutschland fahren muss: „Wenn die Zeit kommt, dann weiß ich, dass ich hierher fahren möchte." Alle anderen Einlassungen im Interview werden diesem Ziel untergeordnet.

Dabei ist das wichtigste Argument, das im Text an mehreren Stellen angeführt wird, der Umstand, dass Frau C. sich in Deutschland wohl fühlt, die Saisonarbeit gar als Kuraufenthalt beschreibt. Zweifel an dieser Position werden nicht zugelassen. So wird bestritten, dass der Gelderwerb ein Motiv ihres Kommens sein könnte, der Arbeitsprozess selbst einiges an körperlichem Einsatz abverlangt, der Arbeitgeber in Deutschland eventuell mit der Beschäftigung polnischer Saisonarbeiter eigene Interessen verfolgt, und auch die Beschreibung, dass zu Hause während ihrer Abwesenheit alles wohl gerichtet sei, dient diesem Ziel. Der Text liefert ausschließlich Argumente für einen Aufenthalt in Deutschland, Gegenargumente werden nicht thematisiert und aus der Betrachtung ausgeschlossen.

Zusammenfassend kann man festhalten, dass Frau C. dem Problem des „Fahrens nach Deutschland" mit einer Problemlösungsstrategie des semantischen „Verniedlichens" begegnet. In ihrer Beschreibung der Saisonarbeit ist kein Platz für irgendeine Form von kritischer Auseinandersetzung. Auch eine Einordnung in einen über die unmittelbare persönliche Anschauung hinausgehenden gesellschaftlichen oder politischen Zusammenhang wird nicht unternommen oder gar abgewehrt.

Die Frage, ob Frau C. sich in dem Interviewtext als handelnde oder passiv erduldende Person beschreibt, lässt sich relativ eindeutig beantworten. Nichts deutet darauf hin, dass die Gesprächspartnerin sich als eine von ihren Lebensumständen zur temporären Arbeitsmigration gedrängte Person erlebt. Das Gegenteil scheint der Fall zu sein – ihre Entscheidungen sind von hoher Freiwilligkeit geprägt, in denen ökonomische Notwendigkeiten oder andere gesellschaftliche Umstände keine Rolle spielen. Frau C. beschreibt sich als eine Person, die ihr Leben so eingerichtet hat, dass die Aufnahme der Arbeit im Ausland möglich wird. Insofern stellt sie sich als handelnde, autonom agierende Person dar.

Die Bedeutung der Arbeitsmigration für die Gesamtbiographie der Interviewpartnerin wird in dem Gespräch sehr hoch eingeschätzt. In den fünf Jahren ihres Kommens ist die Arbeitsmigration zum festen Bestandteil ihres Lebens geworden, den sie nicht mehr missen möchte und dem ein hoher Stellenwert beigemessen wird.

Interview mit Herrn D.

Herr D. ist im Mai 1974 geboren. Er lebt zusammen mit seinen Eltern in einer Kleinstadt in der Wojewodschaft Wielkopolskie und ist gelernter Fernmeldetechniker. Er arbeitet nicht mehr in seinem ursprünglichen Beruf, sondern als Fahrer in einem privaten Unternehmen. Zum Zeitpunkt des Interviews ist der Gesprächspartner ledig, wird aber in naher Zukunft heiraten. Herr D. war gerne zu einem Interview bereit und das Gespräch verlief in einer entspannten Atmosphäre.

In der ersten Gesprächssequenz berichtet Herr D. über seinen Heimatort in Polen und über seine Arbeit in Deutschland. Das Dorf in dem er aufgewachsen ist, das heute zu der Kleinstadt gehört, in die er vor einiger Zeit umgezogen ist, befindet sich nach seinen Schilderungen im strukturellen Wandel. Früher hätten die Bewohner fast ausschließlich von der Landwirtschaft gelebt. Heute hingegen werde Landwirtschaft nur noch als Nebenerwerb betrieben. Als ein weiteres Indiz für den Strukturwandel wird über ausländische Investitionen berichtet. So werde eine schwedische Kartonagenfabrik gebaut und auch eine holländische Firma errichtet eine Niederlassung in seinem Heimatort.

In seinem Bericht über den Arbeitsalltag während der Saisonarbeit erwähnt Herr D. vor allem, dass er mehr Stunden zu arbeiten habe und die Arbeit auch anstrengender sei als die seiner Kollegen, da er nicht auf dem Feld eingesetzt werde, sondern die Maschinen zum Waschen der Möhren bedienen müsse. Diese größere Beanspruchung durch die Arbeit gehe aber auch mit einem größeren Verdienst einher und das sei schließlich der entscheidende Faktor, auf den es ihm ankomme. Jeder Saisonarbeiter komme nach Deutschland um Geld zu verdienen; da sind die zwei oder drei Stunden, die er gewöhnlich am Tag länger als seine Kollegen arbeitet, eher eine willkommene Möglichkeit als dass sie Anlass zur Beschwerde geben würden.

In den Schilderungen über seinen Heimatort fällt auf, dass Herr D. über sein eigenes persönliches engeres Lebensumfeld hinausschaut und auch allgemeine gesellschaftliche Entwicklungen in den Blick nimmt. Im weiteren Verlauf des Interviews wird man feststellen können, dass der Gesprächspartner an einigen Stellen bereit ist, eine solche Perspektive einzunehmen und sein eigenes Leben in einen größeren Zusammenhang von gesellschaftspolitischen Entwicklungen stellt.

I: Können Sie uns sagen, woher Sie kommen und wo Sie wohnen?
D: Ich komme aus (Name des Ortes), genauer aus (Name des Ortes). Das ist 6 km von (Name des Ortes) entfernt, aber jetzt gehört der Ort zu (Name des Ortes). In (Name des Ortes) habe ich 18 Jahre gewohnt, jetzt wohne ich in (Name des Ortes). (Name des Ortes), das ist praktisch ein Dorf, aber jetzt gehört es schon zur Stadt. Heutzutage werden die Städte immer weiter ausgebaut. Die Stadt kauft die Grundstücke und baut Wohnhäuser. Damals, als ich dort gewohnt habe, war das noch ein größeres Dorf. Früher haben die Leute nur von der Landwirtschaft gelebt. Jetzt haben die meisten noch einen kleinen landwirtschaftlichen Betrieb, aber arbeiten auch in verschiedenen Firmen in (Name des Ortes). Die Schweden haben in (Name des Ortes) eine Fabrik gebaut, die Kartons produziert. Es wird auch eine holländische Firma aufgemacht.
I: Welche Arbeiten machen Sie hier?

D: Ich arbeite vor allem körperlich. Ich bin hier schon zum zweiten Mal. Vor einem Jahr war ich auch hier. Ich wasche die Möhren. Ich bin nicht auf dem Feld. Ich arbeite hier und wasche das, was die anderen vom Feld bringen.
I: Haben Sie die gleiche Arbeitszeit?
D: Nein, ich arbeite länger. Sie machen schon Schluss auf dem Feld und bringen noch Möhren. Ich muss sie noch zwei, drei Stunden waschen. Ich arbeite länger, bekomme aber auch mehr Geld. Das ist etwas schlimmere Arbeit als auf dem Feld. Man muss mehr arbeiten, aber ich habe auch mehr Arbeitsstunden und mehr Geld.
I: Können Sie mal einen typischen Arbeitsalltag hier schildern?
D: Jeder kommt hierher um Geld zu verdienen. Wenn man für zwei Monate kommt, möchte man die meisten Stunden haben, um möglichst viel Geld haben zu können. Das ist so weit von zuhause. Heute sitzen wir nur und arbeiten nicht. Es ist besser, wenn man arbeitet. Die Zeit vergeht schneller. Wir stehen vor 6 Uhr auf, um 6 Uhr gehen wir zur Arbeit. Wir arbeiten bis 12 oder 13 Uhr und danach haben wir eine Pause, Mittagspause. Gegen 14 Uhr gehen wir wieder arbeiten. Wie lange wir arbeiten, hängt dann von der Bestellung ab und davon, was wir noch zu tun haben. Und später muss man sich waschen und schlafen gehen. Am nächsten Tag ist es das Gleiche.
I: Sie haben gesagt, dass Sie länger als andere arbeiten müssen. Bis wie viel Uhr arbeiten Sie?
D: Sie beenden ihre Arbeit um 19 Uhr und ich arbeite bis 21, 22 Uhr.
I: Und was machen Sie nach der Arbeit?
D: Ich bin so müde, dass ich fast gar nichts mehr mache. Ich muss mich waschen, was essen, dann ein bisschen aufräumen und schlafen gehen.

Im folgenden Gesprächsabschnitt geht Herr D. auf das Verfahren der Vermittlung von Saisonarbeiterstellen in Deutschland ein.

I: Was haben Sie machen müssen, um hierher zu kommen?
D: Verschiedene Leute machen Verschiedenes. Ich habe gerade einen Bekannten, der arbeitet hier. Er hat mit dieses Angebot besorgt. Durch diese Bekanntschaft bin ich hier. Das war (Name des Bekannten).
I: Vermittelt (Name des Bekannten) diese Arbeit?
D: Das sind verschiedene Leute. Gerade für diese Saison ist das (Name des Bekannten). Diese Arbeit kriegt man nach dem Bekanntschaftsprinzip.
I: Sind das Bekannte, die das schon gemacht haben?
D: Ja, einer muss anfangen. Die Leute erledigen das unterschiedlich. Manche bezahlen, die anderen machen noch etwas anderes.
I: Welche Wege gibt es noch?
D: Meine Bekannten versuchten das per Internet zu erledigen. Aber es hat nicht geklappt.

I: Also, persönliche Beziehungen werden durch Aktivitäten im Internet ersetzt?
D: Überall kann man was finden. Jeder auf seine eigene Art. Wer Bekannte hat, wie ich, dann vermitteln die Bekannten diese Arbeit. Mein Kollege z. B. hat keine Bekannten. Er hat eine Internetadresse bekommen, er sollte was schicken. Da muss man Gebühren zahlen. Per Internet kann man auch eine Arbeit in Deutschland finden. Aber bei uns macht man das noch selten. Ich z. B. habe zum ersten Mal so was über Internet gehört. Und er hat alles geschickt, aber in diesem Jahr kein Angebot bekommen. Und für die Annonce im Internet musste er bezahlen.
I: Sind das deutsche oder polnische Vermittler?
D: Ich kann mich nicht daran erinnern. Ich glaube polnische. Aber die nehmen Geld für die Übersetzung. Das kostet auch Geld. Man muss vom Polnischen ins Deutsche übersetzen. Ich glaube, das war doch im deutschen Internet, weil er seine Papiere hierher nach Deutschland geschickt hat.

Nach Einschätzung des Gesprächspartners gibt es in Polen zwar verschiedene Wege an eine Stelle als Saisonarbeiter in Deutschland zu gelangen, das wesentliche Prinzip aber ist eine Vermittlung über Bekannte, und zwar über Bekannte, die schon längere Zeit in Deutschland arbeiten und sich dort auskennen. Manche Polen müssen für die Vermittlung zahlen, andere – wie er – können sie als kostenlosen Freundschaftsdienst in Anspruch nehmen. Herr D. schildert diesen Umstand recht neutral und emotionslos. Offensichtlich ist die Art der Vermittlung für ihn kein Gegenstand an dem sich sein Gerechtigkeitsempfinden gestört fühlen könnte. Die etwas diffus wirkende Aussage „Verschiedene Leute machen Verschiedenes" deutet darauf hin, dass er von unterschiedlichen Wegen Kenntnisse hat, in Deutschland eine Anstellung als Saisonarbeiter zu finden. Eine genauere Stellungnahme und Beurteilung der unterschiedlichen Möglichkeiten, von denen einige sicherlich auch einem eher prekären oder illegalen Umfeld zuzuordnen sind, mutet der Sprecher sich hier nicht zu, sondern lässt eine Bewertung offen.

In der nächsten Gesprächssequenz vergleicht Herr D. die Saisonarbeit in der Landwirtschaft mit denjenigen Erfahrungen, die er als Saisonarbeiter im Schaustellergewerbe gesammelt hat. Auch hier betont er wieder, dass die Höhe des Verdienstes der ausschlaggebende Faktor bei der Bewertung der Arbeit sei. Des weiteren führt er an, dass er bisher keinen Bekannten, Freund oder Verwandten zur Saisonarbeit nach Deutschland vermitteln könne, weil dazu weder seine Erfahrungen ausreichten noch dass er bisher genügend tragfähige Kontakte hätte herstellen können, um anderen eine Stelle besorgen zu können.

I: Was war die bisher wichtigste Erfahrung, die Sie hier gemacht haben?
D: Einmal war ich hier und einmal auf der Kirmes. Hier ist die Arbeit schwieriger, aber ich kriege mehr Geld. Auf der Kirmes war es nämlich so, dass es an manchen Tagen keine schwere Arbeit gab, und an anderen Tagen mussten wir auch in den Nächten schwer arbeiten. Die Kirmes zieht jede Woche zu einer anderen Stadt. Da war es wirklich schwer und man bekam weniger Geld.
I: Wenn ein guter Freund zu Ihnen kommen würde und Sie bittet, ihm zu helfen, eine Arbeit als Saisonarbeiter zu bekommen, was würden Sie ihm raten? Was wäre wichtig für Ihren Freund zu wissen?
D: In Polen weiß jeder, dass man hier umsonst kein Geld kriegt. Man muss schwer arbeiten, aber die Arbeit ist viel besser bezahlt als in Polen. Und wenn es um Vermittlung geht, dann würde ich noch keinen Versuch machen, eine Arbeit jemandem zu vermitteln. Für mich hat das auch eine andere Person gemacht. Ich habe nicht so viel zu sagen. Vielleicht würde ich den, der für mich alles erledigt hat, fragen, ob er noch einen Platz hat.
I: Was würden Sie erzählen, was Ihren Freund hier erwartet?
D: Über diese Arbeit hier? Ich könnte nichts genaues erzählen. Ich würde ja nicht wissen, wo der Freund arbeiten würde. Auf dem Feld oder auf der Maschine. Ich würde ihm vielleicht allgemein erzählen, wie die Arbeit hier ist, wie mein Arbeitstag aussieht. Das ist alles. Ich kann aber vermuten, dass mein Freund auf dem Feld arbeiten würde. Dann müsste ich ihm sagen, dass man auf den Knien arbeiten muss. Ich wundere mich, dass hier auch solche Menschen kommen, die schon Probleme mit den Knien haben. Diese Arbeit macht die Knie kaputt.

Im weiteren Verlauf des Gesprächs werden einige Gründe angeführt, warum viele Polen in Deutschland als Saisonarbeiter arbeiten.

I: Von den 220 000 ausländischen Saisonarbeitern in Deutschland kommen ungefähr 210 000 aus Polen. Wie erklären Sie den großen Anteil von Polen an den Saisonarbeitern.
D: Es ist so: wenn die Polen gut bezahlt werden, werden sie auch gut arbeiten. Wir sind doch Nachbarländer. Deutschland ist ein nahe gelegenes Land, es gibt hier die Möglichkeit ein bisschen Geld zu verdienen. Deshalb fahren die Polen nach Deutschland. Ich habe mit meinem Kollegen darüber gesprochen. Wir haben festgestellt, dass sich für uns die Arbeit noch lohnt. Aber es gibt in Polen solche Regionen, wo die Leute mehr als wir verdienen. Und für diese Leute lohnt es sich nicht, diese Arbeit zu machen. Es geht z. B. um die Warschauer Wojewodschaft. Für diese Menschen ist es besser, wenn man dort eine feste Arbeit hat und in Polen arbeitet. Das sind Regionen, die besser entwickelt sind. Es heißt, dass wenn man bei uns z. B. als Fahrer arbeitet, man zwei- oder dreimal weniger verdient, als Fahrer der in Posen oder Warschau

arbeitet. Viele Leute aus (Name des Ortes) arbeiten als Beauftragte in Warschau oder in Posen.
I: Welche Region in Polen ist denn am wenigsten entwickelt?
D: Ich kann das nicht genau sagen. Ich meine, dass es Dörfer gibt, die weit weg von großen Städten liegen. Als Fahrer bin ich viel unterwegs. Ich fahre oft durch ganz Polen und merke, dass die Dörfer, die weit weg von den Städten liegen und am Ende der Welt sind, wirklich arm sind. Ich kann jetzt nicht genau sagen, wo das ist. Vielleicht in der Nähe von Lublin. Ich rede nicht über die Stadt Lublin. Die Stadt selber ist gut entwickelt. Nur über die kleinen Dörfer, die Landwirtschaft. Die sind ganz hinten.

Zur Erklärung temporärer Arbeitsmigration von Polen nach Deutschland führt Herr D. drei unterschiedliche Argumente an. Das erste Argument gleicht eher einem Stereotyp und lässt sich als vorweggenommenes Gegenargument gegen ein anderes Stereotyp lesen. „Wenn die Polen gut bezahlt werden, werden sie auch gut arbeiten" – diese Feststellung richtet sich gegen die weit verbreitete, von Herrn D. vielleicht geteilte, zumindest aber zur Kenntnis genommene Ansicht vom „faulen Polen", „polnischer Wirtschaft" und ähnlicher in der Öffentlichkeit kolportierter Vorurteile gegenüber Polen. Diesem Stereotyp stellt er das aus der Gewerkschaftsbewegung stammende Stereotyp von „gute Arbeit gegen gute Bezahlung" gegenüber.

Das zweite Argument bezieht sich auf die geographische Nähe von polnischem und deutschem Arbeitsmarkt: „Deutschland ist ein nahe gelegenes Land, es gibt hier die Möglichkeit ein bisschen Geld zu verdienen." So führen die Möglichkeit des Geldverdienens und die nachbarschaftliche Lage zur Arbeitsmigration.

Im dritten Argument vertritt Herr D. die Auffassung, dass regionale Lohndifferenzen der entscheidende Erklärungsfaktor für die Arbeitsmigration darstellt. Auf dieses Argument geht Herr D. etwas ausführlicher ein. Er habe die Erfahrung gemacht, dass in bestimmten, besser entwickelten Regionen Polens die Menschen nicht nach Deutschland fahren. Für die Bevölkerung dort würde sich das einfach nicht lohnen. Herr D. führt an, dass es in Polen Regionen gäbe, in dem der Durchschnittslohn zwei- bis dreimal niedriger läge als in anderen. Vor allem aus diesen Regionen emigrierten Menschen nach Deutschland.

I: Was ist für Sie der Hauptgrund in Deutschland zu arbeiten?
D: Das Geld. Ich habe eine feste Arbeit in Polen. Ich arbeite als Fahrer, obwohl ich einen anderen Beruf habe. Ich habe eine feste Arbeit. Aber es reicht mir nur zum Leben. Und man braucht ein bisschen mehr. Ich bin noch jung. Während des Urlaubs kann ich etwas dazu verdienen.

I: Gibt es neben dem Gelderwerb noch andere Gründe?
D: Es hätte keinen Zweck für zwei Monate so weit von Zuhause zu fahren. Würde ich das in Polen verdienen, würde ich nicht nach Deutschland kommen. Ich heirate im September. Man denkt an die Zukunft. Ich brauche das Geld.
I: Sie haben vorhin gesagt, dass Ihre Kollegen auf dem Feld arbeiten und Sie eine andere Arbeit machen. Wer teilt denn diese Arbeit ein und nach welchen Kriterien?
D: (Name des Arbeitgebers). Und warum, weiß ich nicht. Z. B. auf der Waschanlage kann jeder arbeiten. Aber man muss die Behälter ziemlich hochheben und wenn man klein ist, dann hat man Probleme. Wenn man groß ist, dann ist das einfacher.
I: Haben Sie auf die Organisation der Arbeit keinen Einfluss?
D: Wenn ich merken würde, dass die Arbeit zu schwer ist für mich, dann würde ich auf dem Feld arbeiten gehen oder was anderes machen. Wenn ich selber merken würde, dass die Arbeit für mich nicht geeignet ist, dann würde ich das dem Chef sagen, dass ich woanders arbeiten möchte.
I: Gibt es so was wie einen Vorarbeiter, der ein bisschen die Arbeit organisiert?
D: Die Grundlage bilden die Sprachkenntnisse. In unserer Gruppe gibt es drei Leute, die Deutsch verstehen. Wenn wir z. B. alle dastehen und (Name des Arbeitgebers) etwas sagt, dann muss das übersetzt werden. Sie machen das. Aber die Arbeit teilen wir selber zwischen uns auf. Wir bekommen von (Name des Arbeitgebers) unser Arbeitspensum. Die Kollegen, die Deutsch verstehen, übersetzen alles und erst dann können wir arbeiten.
I: Sie hatten vorhin gesagt, wenn die Polen gut bezahlt werden, dann werden sie auch gut arbeiten. Würden Sie denn sagen, dass Sie persönlich gut bezahlt werden?
D: Bestimmt besser als in Polen. Und ich weiß, dass man in Polen für die gleiche Arbeit dreimal weniger kriegt. Es lohnt sich hierher zu kommen und zu arbeiten. Man bekommt mehr Geld. Ob ich gut bezahlt bin? Das weiß ich nicht. Meiner Meinung nach muss man sehen, ob ein Deutscher für die gleiche Bezahlung hier arbeiten würde.
I: Das wird er nicht tun.
D: Ich weiß es.
I: Da gibt es große Schwierigkeiten Einheimischen so eine Arbeit zu vermitteln.
D: Noch eine Sache fällt mir ein. Für das, was ich hier in zwei Stunden verdiene, müsste ich in Polen acht Stunden arbeiten.

In der obigen Gesprächssequenz bekräftigt Herr D. zum wiederholten Mal, dass es die Verdienstmöglichkeiten sind, die ihn nach Deutschland kommen lassen. Er habe zwar in Polen eine feste Arbeit, der Lohn reiche aber nur für das tägliche Leben, Extrawünsche seien damit nicht zu realisieren und auch für die Zukunft könne man nichts aufsparen. In Deutschland verdiene er drei- bis viermal so viel wie in Polen. Wäre der Lohn in Polen höher, würde er nicht nach Deutschland kommen.

Auf die Frage, ob er denn seine Saisonarbeit als gut entlohnt betrachte, erwidert der Gesprächspartner, dass er im Vergleich zu seinem Heimatland auf jeden Fall besser bezahlt werde. Im Grunde könne man diese Frage aber nur beantworten, wenn man schaue, ob auch Einheimische für den gleichen Lohn, den er bekomme, die gleiche Arbeit machen würde. Da kommen ihm aber Zweifel.

Im folgenden Gesprächsabschnitt wird ein recht prekäres Thema angeschnitten, das die Aufmerksamkeit auf einen Umstand richtet, der eher im illegalen Raum angesiedelt ist und daher normalerweise nur schwierig zu thematisieren ist. Die eingangs gestellte Frage schließt sich an den von Herrn D. in einer vorhergehenden Gesprächssequenz erwähnten Umstand, dass die Dauer des Arbeitstages im Prinzip von der jeweiligen Auftragslage abhängig sei, es deshalb auch Tage gäbe, an denen nicht gearbeitet würde und folglich auch kein Lohn verdient werden könne. Allerdings ist die rechtliche Situation so, dass die Bestimmungen der Anwerbestoppausnahmeverordnung die Arbeitserlaubnis zur Saisonarbeit an einen bestimmten Betrieb knüpft und es nicht zulässt, dass für ein anderes Unternehmen oder eine Privatperson während des Aufenthaltes in der Bundesrepublik gearbeitet wird. Wenn dennoch versucht wird, arbeitsfreie Tage dadurch zu überbrücken, dass die eine oder andere Tätigkeit bei einem anderen Auftraggeber ausgeführt wird, so ist das illegal und dem Saisonarbeiter droht die Ausweisung und eine Sperrzeit für die nächste Saison. Herr D. berichtet dennoch, dass es durchaus üblich sei einen Versuch in diese Richtung zu unternehmen. Voraussetzung sei allerdings, dass man die deutsche Sprache einigermaßen beherrsche. Die Art und Weise, in der der Gesprächspartner über diesen Sachverhalt berichtet, lässt darauf schließen, dass das beschriebene Verhalten als üblich gilt und die möglichen Konsequenzen nicht thematisiert werden.

Zum Ende des Gesprächsabschnitts betont Herr D. noch einmal, dass es bei der Arbeit in Deutschland ums Geld gehe und nicht – wonach der Interviewer gefragt hatte – um Spaß.

I: Sie sagten vorhin, es sind solche Tage wie heute, wenn Sie nicht arbeiten können, weil keine Arbeit da ist, weil niemand die Möhren braucht. Sie haben nichts zu tun. Kümmern Sie sich dann um eine andere Arbeit?
D: Das heißt ja. Woanders, das ist unterschiedlich. Das gefällt mir, dass (Name des Arbeitgebers) fast immer was für uns findet. Natürlich nur, wenn er etwas hat. Nur heute hatten wir wirklich nichts zu tun. Würde (Name des Ar-

beitgebers) was für uns haben, würde er uns die Arbeit geben. Genauso war es im letzten Jahr.

I: Gibt es auch eine Möglichkeit außerhalb dieses Bauernhofes zu arbeiten?

D: Wenn man die deutsche Sprache kennt, dann gibt es welche.

I: Deutsch zu können ist die Voraussetzung?

D: Ja, das ist überall gleich. Wenn man nicht sprechen kann, hat man keine Möglichkeiten.

I: Und was sind das für Arbeiten, wenn es dazu kommt?

D: Hauptsächlich in der Landwirtschaft. Bei den Bauern, die große Bauernhöfe haben, kann man immer für einen Tag Arbeit finden.

I: Sie haben auch gesagt, dass Sie auf der Kirmes gearbeitet haben. Wann war das und wer hat Sie dahin vermittelt? Wie lange haben Sie da gearbeitet?

D: Das hat mir auch ein Bekannter vermittelt. Ich konnte da sehr lange arbeiten, aber ich habe nicht so viel Urlaub in Polen gekriegt. Ich war fünf Wochen da. Es war in der Nähe von Luxemburg.

I: In welchem Jahr?

D: Das war vor vier Jahren.

I: Hat Ihnen da die Arbeit mehr Spaß gemacht als hier?

D: Bei der Arbeit hier braucht man keinen Spaß zu haben. Man braucht Geld. Aber wenn schon, dann hat mit die Arbeit auf der Kirmes nicht so viel Spaß gemacht.

Im weiteren Verlauf des Gesprächs schildert der Interviewpartner, seit wann er davon weiß, dass man als Saisonarbeiter in Deutschland arbeiten kann. Er unterscheidet dabei zwischen einem allgemeinen Wissen („jeder Pole weiß") über die Saisonarbeit und einen unmittelbaren, anwendungsorientiertem Wissen, welches die Arbeitsmigration ermöglicht. Nach seiner Auffassung waren die Anfänge der Saisonarbeit durch Schwarzarbeit dominiert, während heutzutage die Mehrheit der Saisonarbeiter legal in Deutschland arbeiten würde. Die legale Arbeit habe den Nachteil, dass man durch die bürokratischen Prozeduren, die mit der Saisonarbeit zusammenhängen, erst sehr spät erfahre, ob die Arbeitsvermittlung auch wirklich zustande käme. Die Art der Vermittlung unterscheide sich zwischen legaler Saisontätigkeit und Schwarzarbeit nicht. Das vorherrschende Prinzip sei hier wie da das der Bekanntschaft.

I: Können Sie sich daran erinnern, wann und wo Sie zum ersten Mal gehört haben, dass es die Möglichkeit gibt, in Deutschland als Erntehelfer zu arbeiten?

D: Dass es hier überhaupt die Möglichkeit gibt, habe ich schon vor langer Zeit gehört. Aber darüber, dass ich auch eine Möglichkeit habe, beim (Name des Arbeitgebers) arbeiten zu können, hat mir (Name des Bekannten) erst vor zwei Jahren gesagt. Und vorher habe ich auf der Kirmes gearbeitet. Diese Arbeit habe ich auch durch einen Bekannten bekommen. Jeder Pole weiß, dass es in Deutschland schon seit 10 Jahren diese Arbeit gibt. Früher hat es sich mehr gelohnt. Jetzt weniger. Früher haben die Leute meist schwarz gearbeitet. Jetzt hat die Mehrheit schon Papiere. Voriges Jahr musste ich lange auf meine Papiere warten. Fast bis zum Ende war ich nicht sicher, ob ich hier arbeiten darf. Erst wenn man die Papiere hat, ist man sicher.

I: Wissen Sie, wie das abgelaufen ist, als die Polen hier noch schwarz gearbeitet haben? Wie kam das zustande? Wer hat das vermittelt?

D: Das war genau so. Auch nach dem Bekanntschaftsprinzip. Manche bezahlen für die Vermittlung, die anderen revanchieren sich auf andere Weise. Das ist unterschiedlich. Ich bin durch meine Bekanntschaft hierher gekommen. Ich musste nicht bezahlen.

I: Waren auch vorhergehende Generationen, Ihr Vater oder Ihre Mutter in Deutschland?

D: Nein, nur mein Onkel war hier. Aber er hat mir keine Arbeit vermittelt. Er hat hier als Fahrer gearbeitet.

I: Wissen Sie, wann das war?

D: Vor fünf, sechs Jahren.

In der folgenden Sequenz berichtet Herr D. über die Reaktionen seiner Bekannten und Freunde auf seine Saisonarbeitstätigkeit in Deutschland. Zunächst weist er darauf hin, dass das Arbeiten im Ausland im Prinzip nichts besonderes, sondern etwas ganz normales sei. Ungefähr die Hälfte der Personen seines Freundes- und Bekanntenkreises fahre schließlich auch zum Arbeiten nach Deutschland. Problematischer sei es mit seiner Freundin, seiner zukünftigen Frau. Hier müsse die Einsicht über das Gefühl siegen. Er gibt seiner Freundin zwar recht, dass es wirklich nicht schön sei, vor allem den Sommer getrennt voneinander verbringen zu müssen, aber die Einsicht in die Notwendigkeit des Geldverdienens, um sich jenseits des zum Leben unmittelbar Notwendigen Konsumwünsche erfüllen zu können, sei wichtig und so sei sie eben „trotzdem einverstanden."

Auch in diesem Abschnitt wird deutlich, dass der Interviewtext immer wieder zwei unterschiedliche Perspektiven einnimmt. Einmal wird von einer persönlichen Betrachtungsweise ausgegangen, in der das unmittelbar eigene Leben beschrieben wird. Diese persönliche Perspektive wird dann aber wiederholt mit Überlegungen kontrastiert, die sich auf einen größeren gesellschaftlichen Zusammenhang beziehen.

I: Wie wird Ihre Arbeit in Deutschland zu Hause von der Familie, von Freunden, Bekannten und Nachbarn bewertet?

D: Was die meinen? Wenn es um meine Freunde geht, dann fährt praktisch eine Hälfte von ihnen auch nach Deutschland zur Arbeit. Manche sind vielleicht ein bisschen neidisch, weil, wenn man zurückkommt, man Geld mitbringt. Manche gehen mit Herzlichkeit heran. Die wissen, dass man hier arbeiten geht, um Geld zu verdienen. Etwas anderes ist es mit meiner Freundin. Sie hat schon Sehnsucht nach mir und sie möchte, dass ich schon nach Hause komme. Ihr wäre es lieber, wenn ich nicht wegfahren würde. Die zwei Monate sind eine lange Zeit, besonders im Sommer. Wenn ich nach Hause zurückkomme, dann ist der Sommer schon vorbei.

I: Also, Sie diskutieren darüber. Möchte z. B. Ihre Freundin Sie davon abhalten?

D: Ich bin noch in einer guten Lage. Ich habe eine Arbeit in Polen. Aber es gibt viele Leute, die keine Arbeit haben. Die leben nur von Arbeitslosenhilfe und ich weiß nicht, welcher Meinung ihre Ehefrauen sind. Ich meine, die schicken sogar ihre Männer ins Ausland um zu arbeiten und Geld zu verdienen. Und ich persönlich, ich habe eine Arbeit und ich kann leben. Aber das Leben ist so, dass man immer ein bisschen Geld gut gebrauchen kann. Man möchte eine Wohnung kaufen und einrichten, vielleicht sein Auto wechseln. Das verdiene ich nicht in Polen. Man muss hierher kommen. Und meine Freundin weiß das auch und versteht es. Sie will nicht, aber ist trotzdem einverstanden. So ist es.

Im nachfolgenden Gesprächsabschnitt geht es um die Frage der Arbeitsorganisation im heimischen Betrieb während der Abwesenheit und um Unterschiede in der Personalpolitik zwischen privaten und staatlichen Unternehmen in Polen.

I: Wer macht Ihre üblichen Aufgaben, die Sie zu Hause zu erledigen haben, wenn Sie nicht da sind?

D: Bei der Arbeit gibt es einen Vertreter. In meiner Arbeit muss ich selber einen Vertreter aussuchen. Und zu Hause habe ich keine besonderen Verpflichtungen, noch nicht. Ich wohne bei meinen Eltern und nach zwei Monaten bin ich wieder zu Hause.

I: Bekommen Sie erst dann Urlaub, wenn Sie jemanden haben, der Ihre Arbeit macht?

D: Ja, ich rede nur über meine Firma. Bei uns ist es so. Ich arbeite bei einem privaten Unternehmen und da gibt es andere Regeln, als in den staatlichen Firmen. In der vorherigen Saison war ein Mitarbeiter aus meiner Firma auch hier. Das ist mein Kollege. Er war hier seit April. Dann haben wir uns abgewechselt. Er ist nach Hause gefahren und ich bin hierher gekommen. In unserer Firma wurde ein Ersatzfahrer für die Urlaubszeit eingestellt. Für die Periode von April bis November. Wenn ich nach Hause komme, dann fährt ein anderer Kollege nach Deutschland arbeiten. Aber nicht hierher. Der Kollege macht Kränze, die man z. B. zu Ostern oder Weihnachten an die Tür hängt. Aber wo das ist, weiß ich nicht. Das ist eine große Gruppe von Polen, die zur Arbeit fährt. Etwa 160 Männer aus (Name des Ortes) fahren auch dahin. Mein Kollege fährt nur vor Weihnachten. Aber das sind sehr große Gruppen, sechs bis sieben Busse fahren. Ich glaube, die arbeiten in der Nähe von Holland.

I: Sie sagten eben, es gibt einen ziemlich großen Unterschied, wo man arbeitet, ob in einem staatlichen Betrieb oder in der Privatwirtschaft. Worin besteht dieser Unterschied?

D: Die staatlichen Firmen sind mehr stabilisiert. Die berücksichtigen den Arbeiter und seine Rechte. Und bei der privaten Firma ändert sich alles von Monat zu Monat. Es könnte z. B. so sein, dass ich heute eine Arbeit habe und morgen keine. Ich bin ein Beispiel dafür. Wenn ich nach Hause komme, muss ich vielleicht kündigen. Mein Chef möchte meinen Arbeitsvertrag ändern. Ich habe schon gesehen wie viel ich verdienen werde und bin mit dem neuen Verdienst nicht einverstanden. Es bleibt nichts anderes übrig, als eine Kündigung zu schreiben. Es ist bekannt, dass wenn der Arbeitgeber was ändert, es dann für den Arbeitnehmer immer ungünstig ist. Die staatlichen Firmen sind stabiler und die Arbeit ist sicher. Die Arbeiter von staatlichen Unternehmen haben mehr Privilegien. Das, was man kriegen sollte, kriegt man auch, z. B. Zuschüsse, Arbeitskleidung, Reinigungsmittel und Urlaubsgeldzuschuss. Bei dem privaten Arbeitgeber kriegt man meistens gar nichts, wenn man das nicht selber verlangt.

I: Haben Sie auch beobachtet, dass die Leute, die in der Privatwirtschaft arbeiten, eher ins Ausland zur Saisonarbeit fahren als Menschen, die bei staatlichen Betrieben beschäftigt sind?

D: Ja, ich glaube, dass man in einer staatlichen Firma mehr Geld verdienen kann. Vielleicht nicht immer, aber oft. Und andererseits, wenn man in einer solchen Firma arbeitet, dann liegt einem viel an dieser Arbeit, weil diese sicher ist. Man kriegt nicht so einfach eine Kündigung. Bei einem privaten Arbeitgeber kann es passieren, dass, obwohl man gut arbeitet, nach einem Monat trotzdem eine Kündigung bekommt. Die privaten Firmen sind flexibler. Wenn man nicht so viel Urlaub hat, kann man einen unbezahlten Urlaub nehmen. Mit einem privaten Arbeitgeber kann man sich besser einig werden.

I: Gibt es auch zwischen privaten und staatlichen Unternehmen Lohnunterschiede?

D: Das ist unterschiedlich. Ich komme z. B. aus (Name des Wohnortes) und da sind viele Gruben, Elektrizitätswerke. Diese großen Betriebe bezahlen viel mehr.

Herr D. berichtet darüber, welche Vorkehrungen in seinem Betrieb getroffen werden, damit mehrere Mitarbeiter im Zeitraum April bis November nach Deutschland arbeiten gehen können, ohne dass es zu größeren Störungen des Betriebsablaufes kommt. Die Kollegen stimmen den Zeitpunkt ihrer Abwesenheit untereinander ab. Wenn der eine wieder aus Deutschland zurückkommt, fährt der nächste usw. Außerdem wird eine zusätzliche Kraft für die Hauptreisezeit eingestellt. Auch hier wird die Saisonarbeit in Deutschland als eine bloße Normalität dargestellt. Es werden von den unterschiedlichen Beteiligten viele Arrangements getroffen, um die temporäre Arbeitsmigration nach Deutschland mit den unterschiedlichen Erfordernissen in Polen in Einklang zu bringen.

Einen wesentlichen Unterschied zwischen privaten und staatlichen Unternehmen sieht Herr D. in den Lohndifferenzen. Nach seiner Auffassung verdienen die Arbeiter in staatlichen Betrieben mehr als in privaten Unternehmen. Außerdem sei ihr Arbeitsplatz sicherer und die Beschäftigten seien nicht so rechtlos den Unternehmensentscheidungen ausgesetzt. Als eine weniger positive Eigenschaft wird die geringere Flexibilität staatlicher Unternehmen z. B. hinsichtlich der Urlaubsregelung angeführt.

I: Haben Sie Freunde und Bekannte in Deutschland? Hatten die auch Einfluss darauf, dass Sie nach Deutschland gekommen sind?
D: Ich habe Bekannte. Aber die hatten keinen Einfluss auf meine Entscheidung.
I: Welchen Kontakt haben Sie nach Deutschland, wenn Sie in Polen sind?
D: Sie besuchen uns oft. Ich bin bei meiner Oma groß geworden. Noch vor dem Krieg hatte meine Oma eine befreundete deutsche Familie, die in der Nachbarschaft wohnte, gehabt. Während des Krieges haben sie sich gegenseitig geholfen. Jetzt lebt diese Familie in Deutschland. Wir besuchen uns gegenseitig.
I: Diese Beziehungen haben aber keinen Einfluss darauf, dass Sie nach Deutschland zum Arbeiten gehen?
D: Das ist nur eine Bekanntschaft. Wir reden nicht über die Arbeit. Die Frau arbeitet bei Volkswagen, der Mann bei Audi. Ich frage nicht, ob sie mir eine Arbeit vermitteln können, weil ich genau weiß, dass es bei solchen Firmen keine Arbeit für mich gibt. Was anderes ist es mit der Landwirtschaft.
I: Haben Sie schon daran gedacht, dauerhaft in Deutschland zu bleiben?
D: Dauerhaft vielleicht nicht. Aber mir gefällt das Leben hier sehr. Ich träume davon, dass es in Polen genau so wird. Man ist hier ruhiger, man braucht nicht ständig hinter dem Geld herzulaufen. Hier ist es ruhiger. Ich glaube, hier reicht es, wenn man eine Arbeit hat, dann kann man schon auf dem mittleren Niveau leben. Und bei uns muss man um das Geld kämpfen, um überleben zu können. Wenn man eine Arbeit wie ich habe, dann kann man nur von Monat

zu Monat leben. Als ich hier bei der Kirmes gearbeitet hatte, habe ich etwas Schönes, das ich noch heute in Erinnerung habe, gesehen. Da war ein älteres Ehepaar, das bei der Kirmes mitgefeiert hatte. Die hatten so viel Spaß dabei. Und die alten Menschen bei uns, die ihre Rente kriegen, haben sogar kein Geld fürs Überleben.

Im vorhergehenden Abschnitt berichtet Herr D. von privaten Verbindungen nach Deutschland, die aber auf seine Entscheidung zur Arbeitsmigration keinen Einfluss gehabt haben. Er erkennt sehr deutlich, dass es die arbeitsrechtlichen Bestimmungen verhindern, dass er in Deutschland außerhalb der Landwirtschaft eine Arbeit erhalten kann.

Auf die Frage, ob er schon einmal daran gedacht habe, dauerhaft in Deutschland zu bleiben, erwidert der Gesprächspartner, dass er das wohl nicht vorhabe, er aber davon träume, dass die Lebensverhältnisse in Polen eines Tages mit denen in Deutschland vergleichbar seien. Dabei ist es für ihn in erster Linie erstrebenswert, dass das Einkommensniveau einen geregelten Lebensstandard ermögliche. In Polen hingegen müsse man um „das Geld kämpfen" und das Leben sei deshalb viel unruhiger und anstrengender. Vor allem älteren Menschen fehle es oft am Notwendigsten zum einfachen Überleben.

Zum Abschluss des Gesprächs vergleicht Herr D. die sozialökonomische Situation im heutigen Polen mit der vor der Wende und geht auf die Zukunftsaussichten im Zusammenhang eines Beitritts zur Europäischen Union ein.

I: Was hat sich seit 89, also seit der Wende in Ihrem Heimatort oder auch allgemein in Polen verändert?
D: Ich weiß noch, wie es damals war und ich sehe, wie es heute ist. Früher war es so, dass jeder eine Arbeit hatte. Man musste sich nicht um Arbeit kümmern. Die Arbeit war immer da. Die Menschen haben das vielleicht schon vergessen. Jetzt gibt es nicht so viel Arbeit. Ich glaube aber, dass sich unser Lebensstandard verbessert hat. Damals gab es nicht so viele Autos, Farbfernseher. Um das alles haben zu können, muss man sehr viel arbeiten. Früher gab es eine Gleichheit. Und jetzt gibt es drei Kasten: die höhere, die mittlere und die Menschen, die gar nichts haben. Und sehr schlimm steht es bei uns um die Landwirtschaft. Jetzt ist die Zeit gekommen, in der es sich überhaupt nicht lohnt, einen Bauernhof zu haben und in der Landwirtschaft zu arbeiten. Die Mehrheit, die einer Stadt nahe wohnt, hat noch Bauernhöfe, arbeitet aber auch in verschiedenen Betrieben. Und die, die weit weg von großen Städten und Betrieben wohnen und nur von der Landwirtschaft leben, erleben eine Tragödie.
I: Haben Sie auch Landwirtschaft zu Hause?

D: Meine Eltern haben 3,5 ha. Aber die verpachten das alles. Wenn man die Maschinen leihen muss, dann lohnt sich das nicht. Meine Eltern arbeiten in einer Zeche.
I: Sehen Sie einen Zusammenhang mit den Veränderungen und dem, dass jetzt mehr Menschen ins Ausland gehen?
D: Ja, viele sind davon vom Leben gezwungen. Die haben keine Arbeit in Polen und müssen hier Geld verdienen. Oder die verdienen so wenig, dass das Geld nur für die Miete und Heizkosten reicht. Und wovon sollte man leben?
I: Es hat auch schon zu sozialistischen Zeiten Arbeitsmigration nach Deutschland gegeben.
D: Damals gab es vielleicht noch einen größeren Verdienstunterschied. Ich denke, dass jeder, der hier gearbeitet hat, Geld verdienen wollte. Es gab auch Emigration. Es ist bekannt, dass der Sozialismus nicht besonders gut war und viele Leute emigriert sind. Jetzt hat man viel mehr Möglichkeiten, man ist frei. Aber diese Freiheit ist auch durch das Geld begrenzt.
I: Wie sehen Sie für die Zukunft Ihre Arbeit in Deutschland? Was wird sich ändern, wenn Polen zur EU kommt?
D: Meine Meinung nach? Ich würde sehr gerne die Lohnerhöhung in Polen sehen. Dass man nicht so weit weg fahren muss, um besser verdienen zu können. Es wäre gut, wenn man auch in Polen gut verdienen könnte. Hätte ich genug in Polen verdienen können, dass ich überleben und noch etwas sparen könnte, würde ich nicht hier arbeiten. Hätte ich die Möglichkeit in Polen mehr zu verdienen, dann wäre es mir lieber, in Polen eine feste Arbeit zu haben und da zu bleiben. Ich verdiene jetzt zu wenig. Deshalb muss ich in Deutschland arbeiten, um meine Wohnung einrichten zu können.
I: Was meinen Sie, wenn Polen der EU beitritt, erhöht sich dann das gesamte Lohnniveau in Ihrem Land?
D: Wenn der Lohn steigt, dann wird es gut. Aber wenn der Lohn nicht steigt, dann weiß ich nicht, was kommt. Für wen lohnt es sich dann in Polen zu arbeiten? Wenn es so bleibt wie es ist, dann bin ich dagegen, dass Polen der EU beitritt. Es gibt zu große Unterschiede zwischen Polen und dem Westen. Die Westländer können in Polen sehr viel investieren. Und bei uns hat sich vor 10 Jahren der Markt geöffnet. Unsere Unternehmen verdienen erst Geld. Unsere Unternehmen würden von Fremdkapital gefesselt sein. Niemand würde seinen eigenen Betrieb haben, alle würden für die Union arbeiten. Das ist meine Meinung.
I: Was meinen Sie, werden die Polen dann auf dem deutschen Arbeitsmarkt Freizügigkeit genießen und ohne große Formalitäten hierher kommen können?
D: Für viele wird das die große Bequemlichkeit. Wenn man z. B. Geld brauchen wird, dann wird man ins Auto steigen und ohne Visum nach Deutschland fahren. Man kommt hierher, findet eine Arbeit und wird arbeiten. Aber was für einen Zweck hat der Beitritt von Polen in die EU, wenn man im Ausland ar-

beit suchen muss? Man sollte im eigenen Land Geld verdienen, um auf einem bestimmten Niveau leben zu können.

Im Vergleich des heutigen Polens mit dem vor der Wende kommt Herr D. zu dem Ergebnis, dass im sozialistischen Polen Arbeitslosigkeit unbekannt war und eine größere Gleichheit zwischen den Menschen geherrscht habe. Heute gebe es mehr Freiheit und der Lebensstandard sei gestiegen, aber die Freiheit werde durch das fehlende Geld begrenzt.

Menschen, die von der Landwirtschaft leben müssen, sind nach Auffassung des Interviewpartners die eindeutigen Verlierer des gesellschaftlichen Umbruchs. Obwohl auch schon zu sozialistischen Zeiten Arbeitsmigration in Polen nicht unbekannt war, sieht Herr D. zwischen der Zunahme der Menschen, die zur Arbeit ins Ausland gehen, und der angespannten sozialen und ökonomischen Lage in Polen einen starken Zusammenhang. Wegen fehlender oder geringer Verdienstmöglichkeiten seien viele Menschen gezwungen zu migrieren.

Herr D. sieht sich in dem Gesprächsabschnitt weder dazu veranlasst, eindeutig für oder gegen die gesellschaftlichen Umwälzungen Stellung zu nehmen, noch für oder gegen die vergangene sozialistische Gesellschaftsordnung Partei zu ergreifen. Worum es ihm hauptsächlich geht, machen seine Aussagen und seine Erwartungen, die er mit dem EU-Beitritt Polens verknüpft, deutlich. Für ihn macht ein Beitritt Polens in die Europäische Union nur dann Sinn, wenn die Löhne in Polen steigen und die Einkommensdisparitäten zwischen Polen und den westlichen Ländern spürbar geringer werden. Damit löse sich auch das Problem der Arbeitnehmerfreizügigkeit, weil nicht mehr so viele Menschen gezwungen wären, Arbeit im Ausland zu suchen: „Man sollte im eigenen Land Geld verdienen, um auf einem bestimmten Niveau leben zu können."

Zusammenfassung und Gesamtinterpretation
Das entscheidende Problem, das das Gespräch mit Herrn D. aufwirft, ist die Frage nach einem ausreichenden Lohn für den größten Teil der Bevölkerung in Polen. Zwar werden besondere Problemgruppen identifiziert – z. B. in der Landwirtschaft Beschäftigte, Arbeitslose oder Einwohner peripherer Regionen –, deutlich wird aber an der Person des Herrn D. selbst, dass auch ein fester Arbeitsplatz kein Einkommen garantiert, das als ausreichend bezeichnet werden kann. Als individuelle Lösung dieses Problems wird die Arbeitsmigration nach Deutschland angeboten. Hier können Verdienstchancen realisiert werden, die ein erträgliches Auskommen in Polen besser absichern helfen. Dieser individuellen Problemlösungsstrategie wird eine gesellschaftliche Perspektive zur Seite gestellt. Mit dem Beitritt Polens zur Europäischen Union wird

die Hoffnung verbunden, dass sich die durchschnittliche Lohnhöhe in Polen derjenigen in den westeuropäischen Ländern angleicht und Arbeitsmigration aus ökonomischen Gründen nicht mehr notwendig wird.

Ein wesentliches Charakteristikum des Interviewtextes ist es, dass in den Erzählstrang an vielen Stellen gesellschaftspolitische Reflexionen einfließen, die die Rahmenbedingungen der Arbeitsmigration beschreiben, vom erzählenden Individuum aber wegführen. So lassen die allgemeinen Betrachtungen die Person des Gesprächsteilnehmers in einigen Passagen auf eine bestimmte Weise in den Hintergrund treten. Man könnte in diesem Zusammenhang mit einigem Recht von einer Entindividualisierung der Migrationserfahrung sprechen. Nicht die Person des Interviewten ist der Ausgangspunkt der Schilderungen, sondern allgemeine Überlegungen zu den sozialen und ökonomischen Verhältnissen in Polen.

Da der Gesprächspartner seine eigene Person aus vielen Überlegungen ausklammert, gibt der Interviewtext wenig Hinweise darauf, ob Herr D. sich selbst mehr als autonom Handelnder beschreibt oder sein Agieren als von den gesellschaftlichen Verhältnissen aufgezwungenes Verhalten begreift. Er ordnet sich weder der einen noch der anderen Kategorie eindeutig zu.

Herr D. verbindet mit dem Beitritt Polens in die EU die Hoffnung und Erwartung, dass die Lebensverhältnisse im Lande sich verbessern, die Löhne steigen und keine Notwendigkeit mehr besteht, zum Arbeiten nach Deutschland zu fahren. Umgekehrt veranlassen die derzeitigen sozialen und ökonomischen Verhältnisse in seinem Heimatland viele Polen zur Arbeitsmigration. Diese Zusammenhänge werden zwar unzweideutig benannt, dennoch überwiegt der Eindruck, dass der Interviewpartner sein Agieren nicht als aufgezwungenes Verhalten begreift. Durch die Einbettung seines Verhaltens in gesellschaftliche Zusammenhänge werden die sich aus dem gesellschaftlichen Umfeld ergebenen Zwänge transparent. Sie verlieren zwar nicht ihren Einfluss auf Verhalten, werden aber im Bewusstsein des Handelnden verarbeitet und dadurch durchschaubar gemacht. Indem Herr D. die Grenzen und eingeschränkten Möglichkeiten seines Verhaltens aufzeigt und einer Analyse unterzieht, erfährt sein Handeln einen gewissen Grad an Autonomie. Zusammenfassend kann man zu dem Schluss kommen, dass Herr D. eben dadurch, dass er die Grenzen seiner Autonomie in den Blick nimmt, sich als eingeschränkt autonom handelndes Individuum begreift.

Die Bedeutung der Arbeitsmigration für den Lebensverlauf des Gesprächspartners wird in dem Interviewtext an zwei unterschiedlichen Punkten deutlich gemacht. Einmal ist die Arbeitsmigration nach Deutschland Mittel zum Zweck, indem sie die Möglichkeit bietet, Geld für Dinge zu verdienen, die nicht zum unmittelbaren Überleben notwendig sind. Dadurch werden Anschaffungen möglich, die z. B. im Zusammenhang mit seiner bevorstehenden Heirat notwendig werden. Auf der anderen Seite führt der Aufenthalt in der Bundesrepublik dazu, dass Herr D. ein Bild davon entwickeln kann, wie das (Arbeits-)Leben in seinem Heimatland organisiert werden soll: Jeder soll die Möglichkeit in Polen haben ausreichend viel zu verdienen, um ein vernünftiges Leben führen zu können. Die Arbeitsmigration nach Deutschland bietet also für den Gesprächspartner die Möglichkeit, seine ökonomisch-soziale Situation zu verbessern und liefert Bilder für eine konkrete Utopie (vgl. das vom Gesprächspartner angeführte Beispiel des älteren, feiernden Paares auf der Kirmes).

Vergleich und Resümee

Im Folgenden werden die hier vorgestellten vier Einzelfälle einem strukturellen Vergleich unterzogen. Im Vordergrund steht dabei die Gegenüberstellung der in den Einzelfallanalysen erarbeiteten Vergleichskategorien Problemstellung/Problemlösung, Verhalten/Handeln und Einordnung in die Gesamtbiographie.

Problemstellung/Problemlösung
Vergleicht man die Interviewtexte in Bezug auf die Kategorien Problemstellung/Problemlösung hinsichtlich eines minimalen und maximalen Kontrasts, so kann man zu dem Schluss gelangen, dass die hier vorliegenden Texte sich insgesamt erheblich voneinander unterscheiden und die Differenzen die Gemeinsamkeiten in einem erheblichen Maß übersteigen. Nur die Texte von Herrn A. und Herrn D. und die Texte von Frau C. und Herrn B. weisen untereinander strukturelle Ähnlichkeiten auf.

Sowohl im Text des Herrn A. wie in dem des Herrn D. wird das Problem der sozialen und ökonomischen Existenzabsicherung in den Vordergrund gestellt. Das Hauptmotiv zur Arbeitsmigration wird im Gelderwerb gesehen – hierin liegt die große Ähnlichkeit der beiden Texte. Differenzen werden sichtbar, wenn man analysiert, in welchen Argumentationssträngen die Motivstruktur zur Arbeitsmigration eingebettet ist. Während Herr A. vor allem seine eigene Arbeitslosigkeit problematisiert, nimmt der Text des Herrn D. an vielen Stellen eine eher gesellschaftspolitische Perspektive ein.

Wird die finanzielle Existenzsicherung als Problem definiert, so wird als Problemlösung die temporäre Arbeitsmigration nach Deutschland vorgeschlagen. Doch auch hier enden die Gemeinsamkeiten der beiden

Texte. Während bei Herrn A. ein Verfahren zu erkennen ist, das weiter oben als „Normalisierungsstrategie" bezeichnet wurde, welche die Umstände der Arbeitsmigration bewältigen helfen sollen, kann im Text des Herrn D. ein Problemlöseverfahren identifiziert werden, welches als Entindividualisierungsvorgehen bezeichnet wurde. Herr D. stellt – anders als Herr A. – nicht seine eigene Person in den Mittelpunkt seiner Schilderungen, sondern allgemeine Beobachtungen zur ökonomischen und gesellschaftlichen Entwicklung in Polen. Diese Zurücknahme der eigenen Person überantwortet die Gründe für Entscheidungen zu einem großen Teil gesellschaftlichen Bedingungen und entzieht sie so der unmittelbaren Einflusssphäre des Individuums. Die Normalisierungsstrategie des Herrn A. dient diesem dazu, die Erfahrungen, die er mit der Arbeitsmigration nach Deutschland macht, im Vergleich zu seinen Arbeitserfahrungen in Polen als ähnlich und bewältigbar erscheinen zu lassen. Sie kann so die Mühen rechtfertigen, die beim Arbeitspendeln nach Deutschland auf sich genommen werden müssen. In Ergänzung und in Kontrast zum Vorgehen, wie es im Interviewtext des Herrn D. entfaltet wird, können die Bemühungen und das Ringen um Normalität des Herrn A. auch als eine Form der Individualisierungsstrategie bezeichnet werden. Die Bedingungen, unter denen Arbeitsmigration stattfindet, werden zwar auch in den Blick genommen und als Verhältnisse interpretiert, die Arbeitsmigration notwendig machen. Auf solcher Art wahrgenommenen Zusammenhänge wird aber mit einer individuellen Strategie der Anpassung und des „Sich-Durchwurstelns" reagiert. Eine gesellschaftlich orientierte Perspektive wird dem nicht gegenübergestellt.

Die Texte von Herrn B. und Frau C. besitzen Ähnlichkeit in der Beschreibung der Motivstruktur zur Arbeitsmigration, indem beide der Absicht des Gelderwerbs eine sehr untergeordnete Bedeutung beimessen. Doch hierin erschöpfen sich die Ähnlichkeiten der beiden Texte. Nur die Herleitung der Problemstellung weist noch eine gewisse Gleichartigkeit auf. Sowohl Herr B. als auch Frau C. führen persönliche Gründe an, warum sie nach Deutschland zum Arbeiten fahren. Für Herrn B. steht dabei seine Neugier, etwas von der Welt sehen zu wollen, im Vordergrund, für Frau C. ist Deutschland schlicht und einfach das „Traumland" ihrer Wünsche und Hoffnungen.

Herr B. verbindet sein persönliches Interesse mit der Fragestellung, was vom „Vorbild" Bundesrepublik Deutschland gelernt werden kann. Immer wieder wirft der Interviewtext die Frage auf, welche allgemeinen Aspekte lassen sich aus der Erfahrung der Arbeitsmigration in Deutschland ableiten, die über eine Verwertung für die eigene persönliche Biographie hinausreichen. Mit solchen Fragen beschäftigt sich der Text von

Frau C. nicht. Dieser bleibt ganz gefangen in der persönlichen Perspektive der Interviewten.

Zusammenfassend kann man die hier vorliegenden vier Interviewtexte hinsichtlich der Vergleichskategorien Problemformulierung und Darstellung bzw. Herleitung einer Problemlösestrategie folgendermaßen charakterisieren: Die Interviewtexte von Herrn A. und Herrn D. stellen den Gelderwerb von Arbeitsmigration in den Vordergrund. Bei Herrn B. und bei Frau C. werden andere Motive geltend gemacht, die unter dem Schlagwort „Erfahrungshunger" subsumiert werden können. Die Problemlösungsstrategien lassen sich mit den Begriffen „Individualisierung" und „Entindividualisierung" beschreiben. Der Text von Herrn A. und der von Frau C. gehören zur ersten, der von Herrn B. und der von Herrn D. der zweiten Kategorie an.

Im Weiteren soll der Frage nachgegangen werden, ob die hier beobachtbaren Muster in Bezug auf Problemstellung/Problemlösung mit den anderen Vergleichskategorien korrelieren.

Handeln/Verhalten
Im Hinblick auf die Vergleichskategorie Handeln und Verhalten weisen wiederum die Interviewtexte von Herrn A. und Herrn D. und die Texte von Frau C. und Herrn B. die größeren Gemeinsamkeiten auf.

Herr A. und Herr D. sehen ihr Agieren als Arbeitsmigranten in einem engen Zusammenhang mit den ökonomischen und sozialen Verhältnissen in Polen, die es verunmöglichen in ihrem Heimatland ein ausreichend hohes Einkommen zu erzielen. Beide beteuern an mehreren Stellen im Interview, dass sie nicht nach Deutschland zum Arbeiten kommen würden, könnten sie in Polen genug Geld verdienen.

Die aktive Rolle der erzählenden Person hat in beiden Interviewtexten eine ähnliche Funktion. Das eigene Handeln wird als Reaktion auf bestimmte Verhältnisse konstituiert. Die Saisonarbeiter rechnen die Basis für die Möglichkeit von Aktivität nicht ihnen selbst zu, sondern den äußeren Umständen, auf die sie reagieren. Handlungen und Handlungsrahmen stehen so in einem engen Ergänzungsverhältnis. Handeln und Handlungshorizont werden unmittelbar auf jene Bedingungen bezogen, aus denen sie hergeleitet werden. In der Thematisierung der eigenen Position zwischen den Polen Selbstzurechnung (autonomes Handeln) und Fremdzuschreibung (von äußeren Bedingungen vorgegebenes Verhalten) nimmt die Beschreibung des Herrn A. und des Herrn D. eine mittlere Stellung ein. Weder werden für ihr Handeln die äußeren Umstände alleine verantwortlich gemacht, noch wird für die Arbeitsmigration eine primäre Selbstzuschreibung reklamiert. Weiter oben ist diese Position schon pointiert charakterisiert worden, das soll hier noch einmal angeführt werden: In den dargestellten Interviewtexten beschreiben sich Herr A. und Herr D. zu einem gewissen Teil als Objekte der Verhältnisse, in diesen Verhältnissen aber als handelnde Subjekte.

Die Texte von Frau C. und Herrn B. lassen sich im Hinblick auf die Vergleichskategorie Handeln/Verhalten von den vorhergehenden Positionen eindeutig abgrenzen. Besonders deutlich wird das in den Selbstbeschreibungen von Frau C.

Frau C. beschreibt sich als eine Person, die sich ihre eigenen Ziele setzt und die in der Lage ist, diese Ziele auch zu erreichen. Ihre Entscheidung zur Arbeitsmigration ist von einer hohen Freiwilligkeit geprägt, in der Überlegungen bezüglich Gelderwerbs keinen Platz haben. Soziale Verhältnisse haben keinen Einfluss auf das Handeln der Erzählerin.

Kann man bei der Analyse der Texte des Herrn A. und des Herrn D. von einem Ergänzungsverhältnis autonomen und heteronomen Agierens sprechen, so rechnet Frau C. die Basis für die Möglichkeit von Aktivitäten ausschließlich der eigenen Person zu. Der Text ist so hinsichtlich des Vergleichs von Verhalten und Handeln der Kategorie „primäre Selbstzuschreibung" zuzuordnen. Ähnlich verhält es sich mit dem Interviewtext von Herrn B. Hier kann man nur die Einschränkung machen, dass dieser nicht ganz so strikt und vehement das Handeln dem erzählenden Ich zuordnet.

Hinsichtlich der Vergleichskategorie Handeln/Verhalten können zwei unterschiedliche Klassen gebildet werden. Die eine kann man unter dem Begriff „Ergänzungsverhältnis" fassen. Dieser Klasse gehören die Texte des Herrn A. und des Herrn D. an. Die andere Klasse soll die Bezeichnung „primäre Selbstzuschreibung" erhalten. Hierzu gehören der Text von Frau C. und der des Herrn B.

Einordnung in die Gesamtbiographie

Als letzte Kategorie des strukturellen Vergleichs soll auf die Bedeutung der Arbeitsmigration für die Gesamtbiographie in der Selbstbeschreibung der Interviewten eingegangen werden. An dieser Stelle sei noch einmal daran erinnert, dass es bei dem strukturellen Vergleich – wie überhaupt bei der Analyse der Interviews – nicht darauf ankommt, objektive Bedeutungen zu entschlüsseln oder „wirkliche" und „wahre" Relevanzen offen zu legen. Es geht vielmehr darum, die Bedeutung der Arbeitsmigration für das Leben der Befragten aus der Perspektive der Befragten zu beleuchten. Deshalb kann es bei der jetzt hier zu behandelnden konkreten Fragestellung auch nicht darum gehen, die tatsächliche Relevanz der Pendel-Migration z. B. für das Leben des Herrn A. aufzudecken, noch darum, vermeintliche Widersprüchlichkeiten zwischen Beschreibungen und Realem zu benennen. Abgesehen von den großen methodischen und methodologischen Problemen, die gelöst werden müssten, wollte man sich dieser Fragestellung widmen, geht es in diesem Abschnitt der vorliegenden Arbeit um die Innenperspektive der Migranten. Vor dem Hintergrund dieser so formulierten Fragestellung und Forschungsperspektive wäre es z. B. nicht gerechtfertigt, die Aussagen von Frau C. derart in Frage zu stellen, als dass diese als bloße schönfärberische Rechtfertigungen erzwungenen Verhaltens mit Normierungen belegt würden. Es geht vielmehr um die Entschlüsselung und Analyse der Eigenperspektive.

In dem strukturellen Vergleich der verschiedenen Interviewtexte hinsichtlich der Bewertung des Stellenwerts der Arbeitsmigration für das Leben der Befragten können wiederum zwei deutlich voneinander abgrenzbare Gruppen differenziert werden. Zur ersten gehört das Interview mit Frau C., zur zweiten Gruppe gehören die drei anderen Interviews.

Für Frau C. hat der Aufenthalt in Deutschland eine sehr wichtige Bedeutung. Für sie ist das Arbeits-Pendeln nach Deutschland zu einem zentralen Ereignis im Jahresablauf geworden. In ihren Schilderungen wird der Eindruck erweckt, als sei die Arbeitsmigration nicht nur Quelle ihrer Lebensfreude, sondern geradezu der Sinn ihres Lebens.

Wesentlich nüchterner gehen die drei anderen Interviewtexte mit der Bewertung der Arbeit in Deutschland um. Für sie ist Arbeitsmigration Mittel zum Zweck. Für Herrn A. und Herrn D. ein Mittel zum Gelderwerb, für Herrn B. ein Mittel um ein wenig mehr von der Welt kennen zu lernen.

Zusammenfassend kann man die vier Interviewtexte hinsichtlich der Vergleichskategorie Einordnung in die Gesamtbiographie in zwei Klassen einteilen. In den Texten des Herrn A, des Herrn B. und des Herrn D. spielt Arbeitsmigration nach Deutschland nur eine untergeordnete Bedeutung, im Interviewtext der Frau C. nimmt sie eine zentrale Bedeutung ein.

Mit dem strukturellen Vergleich anhand der Kategorien Problemstellung / Problemlösung, Handeln / Verhalten und Einordnung in die Gesamtbiographie ist zunächst die Interpretationsarbeit am empirischen Material der Leitfadeninterviews beendet. Was jetzt noch zu bearbeiten bleibt, ist die Frage nach möglichen Korrelationen der verschiedenen Merkmalsausprägungen und die Frage nach einer Typisierung der Verarbeitungsmechanismen von Arbeitsmigrationserfahrung bei polnischen Saisonarbeitern in der Bundesrepublik. Dabei geht es nicht darum, eine Typisierung im Sinne einer wie auch immer definierten Repräsentativität vorzunehmen. Dass dies nicht die Absicht der Durchführung und Interpretation der Leitfadeninterviews ist, darauf wurde schon hingewiesen.

Worum es hier gehen soll, ist eine Typisierung vorzuschlagen, die sich ausschließlich auf die vier vorgestellten Interviews bezieht. Ob die dann vorgenommene Typenbildung auch auf andere „Fälle" angewandt werden kann – diese Frage zu beantworten bleibt weiteren Forschungsanstrengungen vorbehalten.

Stellt man die zentralen Vergleichskategorien mit ihren unterschiedlichen Merkmalsausprägungen einander gegenüber, so wird man feststellen können, dass drei der vier Merkmalsausprägungen in den Interviewtexten von Herrn A. und Herrn D. korrelieren. Die Merkmale „Gelderwerb" in der Vergleichskategorie „Problemstellung", „Ergänzungsverhalten" in der Vergleichskategorie „Verhalten/Handeln" und „untergeordnete Bedeutung" in der Kategorie „Gesamtbiographie" sind hier identisch. Nur in der Vergleichskategorie „Problemlösung" nehmen die Texte unterschiedliche Verarbeitungsstrategien zwischen „Individualisierung" und „Entindividualisierung" ein. Weiter oben ist auf diese Differenz ausführlich eingegangen worden. Deshalb soll an dieser Stelle nur darauf hingewiesen, die unterschiedlichen Mechanismen nicht aber noch einmal erläutert werden.

Offensichtlich stehen die Merkmale „Gelderwerb", „Ergänzungsverhalten" und „untergeordnete Bedeutung" in einem engen Wechselverhältnis. Werden als wesentliches Motiv zur Arbeitsmigration ökonomische Gründe angeführt, so scheint dieses Merkmal eng mit der Art und Weise, wie das eigene Verhalten bzw. Handeln betrachtet wird, zu korrelieren. Beide Merkmale haben dann wiederum Einfluss auf die Einschätzung der Arbeitswanderung für die Gesamtbiographie der Migranten.

In den Texten von Herrn B. und Frau C. sind zwei Merkmale identisch: „Erfahrungshunger" der Vergleichskategorie „Problemstellung" und „primäre Selbstzuweisung" in der Kategorie „Verhalten/Handeln". Hier liegt die Vermutung nahe, dass, wer andere Motive als ökonomische anführt, auch eher dazu neigt, sein Handeln aus sich selbst heraus zu beschreiben.

Um trennscharfe Typisierungen bilden zu können, soll davon ausgegangen werden, dass nicht mehr als zwei Merkmalsausprägungen übereinstimmen dürfen. Legt man diesen Maßstab zugrunde, so sind drei unterschiedliche Typen zu erfassen (vgl. Tabelle 29). Der erste Typ wird von den Texten des Herrn A. und des Herrn D. gebildet und soll hier „reflexiver Typ" genannt werden. Die beiden anderen Texte stehen jeweils für sich und bilden einen eigenständigen Typ; sie sollen als „normativer Typ" (Text von Herrn B.) und als „positiv selektiver Typ" (Text von Frau C.) bezeichnet werden.

Der reflexive Typ
Der reflexive Typ thematisiert die Bedingungen und Beschränkungen eigener Handlungsoptionen. Von ihm wird die gesellschaftliche Einbettung von Arbeitsmigration reflektiert und einer Bewertung unterzogen. Er ist zur Selbstdistanz fähig. Bei der Erklärung und Begründung seines Arbeitspendelns nach Deutschland stehen materielle Erwägungen im Vordergrund. Für die Einordnung in die Gesamtbiographie wird der Migration kein hoher Stellenwert eingeräumt.

Der normative Typ
Dieser Typ des Verarbeitungsmodus von Migrationserfahrung bezieht seinen Handlungsimpuls aus dem normativen Vergleich von Herkunfts- und Zielland. Der normative Typ rechnet den Akt des Migrierens primär der eigenen Person zu. In seiner allgemeinen Bewertung hat die Migration nach Deutschland für seine Biographie keine große Bedeutung.

Tab. 29: Struktureller Vergleich zentraler Analysekategorien der Leitfadeninterviews

	Problemstellung	Problemlösung	Verhalten/Handeln	Gesamtbiographie
Herr A.	Gelderwerb	Individualisierung	Ergänzungsverhältnis	untergeordnete Bedeutung
Herr B.	Erfahrungshunger	Entindividualisierung	primäre Selbstzuschreibung	untergeordnete Bedeutung
Frau C.	Erfahrungshunger	Individualisierung	primäre Selbstzuschreibung	zentrale Bedeutung
Herr D.	Gelderwerb	Entindividualisierung	Ergänzungsverhältnis	untergeordnete Bedeutung

Quelle: eigene Untersuchungen

Der positiv selektive Typ
Der positiv selektive Typ begründet sein Handeln ausschließlich aus sich selbst heraus. Die gesellschaftliche Rahmung seiner Handlungen wird nicht in den Blick genommen. Er ist nicht in der Lage, sein Handeln aus einer gewissen Distanz zu beobachten. Die Arbeitsmigration wird als ein äußerst positives Ereignis beschrieben, negative Erfahrungen werden selektiert oder positiv umgedeutet. Für die Gesamtbiographie spielt die Arbeitsmigration nach Deutschland eine zentrale Rolle.

Mit diesen drei Beschreibungsformen sind aus den Interviewtexten Typen der Bewältigung und Verarbeitung von Pendel-Migrationserfahrung bei polnischen Saisonarbeitern heraus gearbeitet worden. In der hier vorliegenden Zusammenfassung sind ihre Charakteristika sicherlich idealtypisch überzeichnet. In dieser Pointierung trennen sie jedoch die verschiedenen Verarbeitungsmodi und machen in prägnanter Art und Weise ihre Unterschiede deutlich.

ZUSAMMENFASSUNG UND AUSBLICK

Die hier vorliegende empirische Arbeit richtet sich nach zwei Seiten aus: Sie untersucht Strukturen und Bedingungen temporärer Arbeitsmigration im Zielland, und sie analysiert wesentliche Merkmale und Eigenschaften der am Wanderungsprozess beteiligten Migranten. Sie fragt zum einen nach den spezifischen politischen und ökonomischen Bedingungen, auf die die Saisonarbeiter im Gastland treffen und nach den demographischen und sozialen Merkmalen, mit denen die Wanderer beschrieben werden können. Darüber hinaus werden Qualifikationsmerkmale der Migranten und die im Migrationsprozess entstehenden Organisationsstrukturen sowie persönliche Sichtweisen und Einstellungen zur temporären Arbeitsmigration untersucht.

In einem Gesamtüberblick kann zunächst festgestellt werden, dass Migration aus Polen in den 90er Jahren anknüpft an Migrationserfahrungen aus dem Jahrzehnt zuvor. Der Systembruch Ende der 80er Jahre in Polen bedeutet keine grundlegende Zäsur im Migrationsgeschehen zwischen der Bundesrepublik Deutschland und der Republik Polen. Die Sonderbedingungen der relativ liberalen Ausreisebedingungen während der sozialistischen Ära verschafften den polnischen temporären Migranten auf dem Arbeitsmarkt in der Bundesrepublik Konkurrenzvorteile gegenüber Wanderarbeitern aus anderen mittel- und osteuropäischen Staaten. Aus diesem zeitlichen Vorsprung und aus den Bedingungen der Arbeitskräfterekrutierung mit Hilfe von Migrantennetzwerken ist die Dominanz polnischer Arbeitskräfte in bestimmten Arbeitsmarktsegmenten der Landwirtschaft zu erklären.

Die Strukturuntersuchung des Ziellandes beginnt mit der Analyse der politischen und rechtlichen Ausgestaltung von Saisonarbeit und der Diskussion der politischen Auseinandersetzungen um die besonderen

Formen der Saisonarbeitsregelungen. Es wird deutlich, dass die politische und juristische Rahmung der Saisonarbeit kein einmaliger Akt eines spezifischen Gesetzgebungsverfahrens ist, sondern Produkt eines ständigen Aushandlungsprozesses unterschiedlicher Interessen.

Daran anschließend erfolgt die Untersuchung der ökonomischen Bedeutung der temporären Arbeitsmigration für bestimmte Sektoren und Segmente der Landwirtschaft. Dabei kann festgestellt werden, dass die Beschäftigung polnischer Saisonarbeiter in einem erheblichen Umfang zur Konkurrenzfähigkeit einzelner Betriebe, aber auch zum Strukturwandel in der Landwirtschaft insgesamt beiträgt.

An die Analyse der Beschäftigungs- und Aufnahmebedingungen im Zielland schließt sich die Beschreibung wesentlicher Merkmale der Saisonarbeiter als sozialer Gruppe an. Zunächst wird eine demographische und sozialstrukturelle Charakterisierung am Beispiel der polnischen Belegschaft eines landwirtschaftlichen Betriebes vorgenommen. Hier zeigt sich, dass die Mehrheit der Betriebsangehörigen eines großen Erdbeer-Hofes weiblichen Geschlechts ist. Der überwiegende Teil der Belegschaft ist verheiratet, hat in der Regel zwei Kinder und stammt aus ländlichen Gebieten in Polen. Hinsichtlich des Bildungsstandes lassen sich die Beschäftigten mit dem Durchschnitt der Bevölkerung in Polen vergleichen: 15 % besitzen einen Grundschulabschluss, 37 % haben die Berufsgrundschule und 30 % die technische Mittelschule absolviert. Der größte Teil der Arbeiter verfügt in Polen über ein Einkommen, das weit unter dem Landesdurchschnitt liegt. Die prekäre Einkommenssituation scheint daher ein ausschlaggebender Motivationsfaktor für die Aufnahme einer temporären Arbeit in Deutschland zu sein. Für die Mehrheit der Saisonarbeiter sind „Geld verdienen" und „Aufbesserung des Haushaltseinkommens" die wesentlichen Gründe der Arbeitsmigration.

Die Bedeutung von Netzwerkstrukturen nimmt für die polnische Arbeitswanderung einen wichtigen Raum ein. Die Vermittlung von Arbeitskräften an die beschäftigenden Betriebe geschieht in der überwiegenden Mehrzahl der Fälle über Migrantennetzwerke. Die Netzwerkstrukturen lehnen sich dabei an die Erfordernisse des Arbeitsprozesses und an die Rekrutierungsstrategien der Unternehmen an. Die besondere Form der Arbeitskräfterekrutierung über Migrantennetzwerke und die räumliche Nähe der Herkunftsorte der Migranten legen die Vermutung nahe, dass ein großer Teil der Belegschaft miteinander persönliche Beziehungen unterhält. Dieser Vermutung widerspricht das Ergebnis der Netzwerkuntersuchung, dass die persönlichen Netzwerkbeziehungen der einzelnen Saisonarbeiter im Gesamtnetzwerk der Betriebsbelegschaft im Verhältnis zu den insgesamt möglichen relativ gering sind. Auch der Zeitfaktor scheint keine Rolle zu spielen. Die persönlichen Netzwerkbeziehungen von denjenigen Migranten, die schon seit Jahren auf dem Erdbeer-Hof arbeiten, unterscheiden sich in ihrer Quantität nicht von denjenigen Migranten, die erst wenige Jahre hier gearbeitet haben.

Der persönliche Umgang mit temporärer Arbeitsmigration und der Stellenwert der Saisonarbeit im Leben der Migranten werden mit Hilfe qualitativer Leitfadeninterviews rekonstruiert. Es können drei Typformen der Bewältigung und Verarbeitung von Pendel-Migrationserfahrung herausgearbeitet werden. Der reflexive Typ thematisiert die gesellschaftlichen Bedingungen und Beschränkungen seiner Handlungsoptionen. Der normative Typ rechnet die Handlungsimpulse seines Agierens primär der eigenen Person zu. Der positiv selektive Typ vermeidet die Thematisierung der gesellschaftlichen Hintergründe seiner Handlungen und begründet sein Handeln ausschließlich aus sich selbst heraus.

Angesichts des vorgestellten empirischen Materials kann die Frage aufgeworfen werden, ob es möglich ist, zu unterscheiden, welche der vorgestellten Migrationstheorien der Vorzug zu geben ist, weil es ihr besser gelingt, den gesamten Prozess der temporären Arbeitsmigration in seiner Vielfalt zu erklären. Dabei ist allerdings zu berücksichtigen, dass die so formulierte Frage eigentlich falsch gestellt ist. Sie setzt voraus, dass das empirische Material mehr oder weniger „theoriefrei" erhoben und dargestellt und erst in einem zweiten Schritt der theoretischen Betrachtung zugänglich wird. Außerdem wird bei einer solchen Fragestellung übersehen, dass „empirische Fakten" auch verschiedenen Theorien zugleich „recht geben" können. Es ist also nicht einfach möglich angesichts des empirischen Materials zu entscheiden, welche Theorie besser oder schlechter oder gar „richtig" oder „falsch" ist.

Daher erscheint es in diesem Zusammenhang sinnvoll sich noch einmal vor Augen zu führen, welche unterschiedlichen Funktionen die einzelnen Theorien in Bezug auf ihren Gegenstand haben können. Schon allein in der Frage „Was soll untersucht werden?" (Selektionsfunktion) unterscheiden sich die verschiedenen Untersuchungsansätze.

Essers Modell will Fragen stellen nach den Assimilationsprozessen, die notwendigerweise auch in Verbindung mit temporärer Migration ablaufen. Der Transnationalismusansatz fragt nach neuen Identitätsbildungsprozessen und nach neuen Organisationsformen durch zeitlich befristete Formen der Wanderung. Die systemtheoretisch orientierte Migrationsforschung untersucht die systemfunktionalen Aspekte internationaler Wanderung und ihre Bedeutung für das ökonomische und politische Funktionssystem. Mit Heckmanns Modell der Koloniebildung lässt sich die Frage aufwerfen, ob sich dieser Ansatz auf die Analyse der Entwicklung nicht im Aufnahme-, sondern im Herkunftsland übertragen ließe. Konkret hieße das zu fragen, ob die Mechanismen, die sich mit

Hilfe des Koloniebildungsmodells beobachten lassen, im Zuge der Herausbildung von Pendler-Gesellschaften auch im Herkunftsland ablaufen.

Nicht nur in Bezug auf die Fragestellung, sondern auch hinsichtlich der Ordnungsfunktion („Wie soll der Gegenstand untersucht werden?") unterscheiden sich die Modelle. Während der handlungstheoretische Ansatz Essers Integrationsmodells die individuelle Ebene und die „guten Gründe" der Individuen in den Fokus seiner Betrachtungen rückt, liegt der Schwerpunkt der Analyse bei den beiden anderen Integrationsmodellen auf die strukturellen Folgen von Wanderung. Beim Transnationalismusansatz rückt mit den Netzwerkstrukturen die „Meso-Ebene" an eine prominente Stelle, während in der systemtheoretischen Perspektive die Unterscheidung von Mikro-, Makro- und Meso-Ebene zu Gunsten eines funktionalistischen Ansatzes aufgegeben wird.

Die Frage nach der Ordnungsfunktion von Theorien, Modellen, Ansätzen etc. hängt eng zusammen mit der spezifischen Art und der Reichweite der Großtheorien, aus der wesentliche Annahmen gespeist werden. So rückt Essers Basisorientierung an Rational-Choice-Theorien das Individuum in den Mittelpunkt seiner Betrachtungen. Mit dieser Basisorientierung geraten strukturelle Bedingungen von temporärer Arbeitsmigration aus dem Blick. Unter dem Grad der Abstraktion und der Allgemeinheit der Theoriebezüge kann auch ihre Erklärungskraft für speziellere und konkretere Fragestellungen leiden. Essers Assimilationsmodell ist dafür ein Beispiel. Aufgrund seines hohen Grads an Verallgemeinerungsfähigkeit – es werden die allgemeinen Regeln erklärt, nach denen individuelles Verhalten sich generell vollzieht – besteht die Gefahr, dass die je konkreten Umstände und die je konkreten Bedingungsgefüge des Migrationsprozesses, die erst das konkrete Verhalten von Arbeitsmigranten auch erklären können, ausgeblendet werden. Das bedeutet, dass mit dem Grad der Abstraktion der Theoriebezüge auch die theoretische „Blindheit" gegenüber der empirischen Wirklichkeit wächst.

Der Transnationalismusansatz bezieht einen wesentlichen Argumentationsstrang seiner Selbstrechtfertigung aus der Kritik an den Integrationsansätzen, die Wirklichkeit nicht mehr richtig und zeitgemäß abzubilden. Dem antizipierten „methodologischen Nationalismus" setzt er seinen Transnationalismus entgegen, der das Denken in nationalstaatlichen Kategorien überwinden will. Das Konzept der neuen Identitätsbildungsprozesse und die Theorieansätze zu den sich neu entwickelnden transnationalen Sozialräume bleiben dabei aber weitgehend diffus und eine Ausrichtung an eine übergeordnete Konzeption ist nur schwer zu erkennen. Mit dem Bezug auf Netzwerktheorien ist der Transnationalismusansatz bemüht, handlungstheoretische und strukturalistische Konzeptionen zusammenzuführen.

ZUSAMMENFASSUNG

Der Versuch von Bommes die Systemtheorie für Fragen internationaler Arbeitsmigration anzuwenden, lenkt den Fokus der Aufmerksamkeit auf die Steuerungsfähigkeit grenzüberschreitender Migration durch das Funktionssystem Politik. Durch die Konzeptualisierung des Verhältnisses von Individuum und Gesellschaft als wechselseitiges System-Umwelt-Verhältnis werden Fragen der individuellen Integration zu Fragen der Anschlussfähigkeit in Funktionssystemen.

Die operativen Funktionen von Theorien sind weniger eine innerwissenschaftliche Größe, sondern hängen von den historisch gegebenen (außerwissenschaftlichen) Nachfragebedingungen ab. Noch vor einigen Jahren, als die „multikulturelle Gesellschaft" nicht nur eine Forderung bestimmter politischer Richtungen und Parteien war, sondern gesellschaftliche Realität zu sein schien, wären Gedankengebäude, wie sie der Transnationalismus vertritt, auf eine größere gesellschaftliche Nachfrage gestoßen. In Zeiten, in denen Fragen um das Problem „Migration" fast nur noch unter dem Label „Integration" erörtert werden, wird den Integrationsansätzen eine wesentlich größere öffentliche Aufmerksamkeit zuteil. Ob sich diese Parteinahme für eine bestimmte Forschungsrichtung auch (wieder) in einer selektiven Förderung bestimmter Forschungen widerspiegelt, vermag hier nicht beantwortet zu werden, wäre aber sicher eine interessante weiterführende Forschungsfrage.

Die hier angeführte Selektions-, Ordnungs- und Reichweitenfunktion von Theorie nimmt auch Einfluss darauf, welche Ursachen für die zu erklärenden Phänomene angenommen werden (Erklärungsfunktion). Essers Assimilationsmodell sieht die Ursachen der zu analysierenden Migrations- und assimilativen Handlungen in den Motivations- und Kognitionsstrukturen der handelnden Personen und in der Wirkung der Umgebungsvariablen „Opportunitäten" und „Barrieren". Der Transnationalismusansatz verortet die mit neuen Migrationsprozessen entstehenden Strukturentwicklungen (transnationale soziale Räume etc.) in einer globalen ökonomischen, sozialen und kulturellen Entwicklung, die die Grenzen des Nationalstaates zunehmend bedeutungslos werden lassen. Für den systemtheoretischen Ansatz liegen die Ursachen von Arbeitsmigration in der Realisierung von Inklusionschancen und in den mit der Institutionalisierung von Arbeitsmärkten in der modernen Gesellschaft einhergehenden Formen geographischer Mobilität.

Damit bin ich wieder beim Ausgangspunkt meiner Überlegungen angekommen. Dieser Ausgangspunkt kann treffend mit dem Begriff „Selbstbezüglichkeitszirkel" (vgl. Bommes 1999) beschrieben werden. Von den theoretischen Bezügen hängt es ab, welche Migrationsverhältnisse wie in den Blick genommen werden, und von der Art der Analyse von Wanderungsbewegungen speist sich der theoretische Blick.

Ich hatte in der Einleitung darauf aufmerksam gemacht, dass empirische Arbeit ohne Theorie zwar unmöglich ist, dass Theoriearbeit sich aber auch durch eine gewisse „Irritierbarkeit" durch empirische Forschung auszeichnen sollte. Zum Abschluss seien zwei Punkte herausgegriffen, die das Potential an Offenheit und möglicher „Irritierbarkeit" durch empirische Forschung auf die Probe stellen könnten.

Politische und ökonomische Regulationsmechanismen temporärer Arbeitsmigration
Die empirische Untersuchung der politischen und juristischen Rahmung der Saisonbeschäftigung polnischer Arbeitsmigranten und ihre ökonomische Bedeutung für bestimmte Segmente der Landwirtschaft hat deutlich werden lassen, dass Organisationen der politischen Ebene wie Parlamente, Fraktionen und Parteien großen Einfluss auf die konkrete Ausgestaltung des temporären Migrationssystems nehmen. Daneben bestimmen die die polnischen Arbeitskräfte nachfragenden Betriebe als Organisationen des ökonomischen Systems nicht nur den Umfang der Arbeitskräftemigration, sondern durch die spezifischen Rekrutierungsverfahren auch deren Organisationsform als Selbstrekrutierungssystem.

Bedeutung von Netzwerkstrukturen im Migrationsprozess
Die Bewertung von Migrantennetzwerken durch bestimmte Ansätze in der Migrationsforschung als Selbstorganisation von Migranten sollte neu überdacht werden. Dazu bedarf es sowohl einer genaueren theoretischen Fundierung von Form und Funktion von Netzwerkstrukturen und ihres Verhältnisses zu anderen gesellschaftlichen Funktionsbereichen als auch einer genaueren empirischen Untersuchung der konkreten Aufgaben von Netzwerken im Migrationsprozess. Die vorliegende Arbeit hat aufgezeigt, dass die zu beobachtenden Netzwerke der polnischen Saisonarbeiter zwar zu einem gewissen Grad als Selbstorganisationen aufzufassen sind, diese aber nicht zur spezifischen Kennzeichnung von Migration dienen können, sondern Ergebnis der Rekrutierungsstrategien der nachfragenden landwirtschaftliche Betriebe sind. Arbeitskräfterekrutierung über den internen Arbeitsmarkt ist dabei ein Vorgang, der für den Bereich der gering qualifizierten Beschäftigung üblich ist und sich keineswegs auf Arbeitsmigration beschränkt.

Eine gehaltvolle Migrationstheorie, die das Phänomen der temporären Arbeitsmigration in ihrer Breite und Tiefe beschreiben und erklären will, sollte Instrumente entwickeln, die die hier aufgeführten Punkte in ausreichender Form berücksichtigen. Weitere Forschungsanstrengungen in diese Richtung könnten lohnend sein.

Literatur

Agrarpolitischer Bericht 2006 der Bundesregierung vom 14. Februar 2006. Deutscher Bundestag 16. Wahlperiode. Drucksache 16/640.

Ahrens, Daniela 2001: Grenzen der Enträumlichung. Weltstädte, Cyberspace und transnationale Räume in der globalisierten Moderne. Opladen.

Antwort des Parlamentarischen Staatssekretärs Vogt vom 28. Februar 1984. Deutscher Bundestag 10. Wahlperiode. Drucksache 10/1067. S. 13-14.

Antwort des Parlamentarischen Staatssekretärs Vogt vom 28. Oktober 1988. Deutscher Bundestag. 11. Wahlperiode. Drucksache 11/3261. S. 10.

Antwort des Parlamentarischen Staatssekretärs Dr. Waffenschmidt vom 28. Februar 1989. Deutscher Bundestag. 11. Wahlperiode. Drucksache 11/4120. S. 8-9.

Antwort des Parlamentarischen Staatssekretärs Vogt vom 30. Oktober 1990. Deutscher Bundestag. 11. Wahlperiode. Drucksache 11/8403. S. 17-18.

Arbeitslose statt polnische Erntehelfer. Bundesarbeitsminister Müntefering bringt einen alten Vorschlag wieder neu auf den Tisch: Arbeitssuchende aus dem Inland sollen Saisonarbeiter aus dem Ausland ersetzen. Süddeutsche Zeitung.de 21. Dezember 2005. Abrufbar über: http://www.sueddeutsche.de/deutschland/artikel/545/66479 (am 21. 12.2005)

Arnold, Heinz 1998: Kritik der sozialgeographischen Konzeption von Benno Werlen. In: Geographische Zeitschrift 86/3. S. 135-157.

Aschauer, Wolfgang 1996: Identität als Begriff und Realität. In: Wilfried Heller (Hg.): Identität – Regionalbewußtsein – Ethnizität. Potsdam (= Praxis Kultur- und Sozialgeographie 13). S. 1-16.

Aschauer, Wolfgang 2001: Landeskunde als adressatenorientierte Form der Darstellung. Ein Plädoyer mit Teilen einer Landeskunde des Landesteils Schleswig. Flensburg (= Forschungen zur Deutschen Landeskunde 249).

Ausländerbeauftragte der Bundesregierung 2001: Migrationsbericht 2001. o. O.

Ausweitung der Arbeitserlaubnis für ausländische Saisonarbeitskräfte auf sechs Monate. Antrag Fraktion der CDU, Fraktion der FDP vom 12.06.2003. Niedersächischer Landtag. 15. Wahlperiode. Drucksache 15/243.

Bade, Klaus J. 1982: Transnationale Migration und Arbeitsmarkt im Kaiserreich: Vom Agrarstaat mit starker Industrie zum Industriestaat mit starker agrarischer Basis. In: Toni Pierenkemper, Richard Tilly: Historische Arbeitsmarktforschung. Entstehung, Entwicklung und Probleme der Vermarktung von Arbeitskraft. Göttingen (= Kritische Studien zur Geschichtswissenschaft, Band 49). S. 182-211.

Bade, Klaus J. 1983: Vom Auswanderungsland zum Einwanderungsland? Deutschland 1880 - 1980. Berlin (= Beiträge zur Zeitgeschichte 12).

Bade, Klaus J. 2003: Migration und Integration. In: Wirtschaft & Wissenschaft 3/2003. S. 48-55.

Bähr, Jürgen, Christoph Jentsch, Wolfgang Kuls 1992: Bevölkerungsgeographie. Berlin, New York.

Baraldi, Claudio, Giancarlo Corsi, Elena Esposito 1997: GLU. Glossar zu Niklas Luhmanns Theorie sozialer Systeme. Frankfurt/M.

Baum, Karl-Heinz 2006: Kirche rügt Regierung. Frankfurter Rundschau online. Abrufbar über: http:// www.fr.de/inc_globals/rint.php?sid=b5 9b792 (am 9.3.2006)

Bayertz, Kurt 1981: Wissenschaftstheorie und Paradigmabegriff. Stuttgart.

Beauftragte der Bundesregierung für Migration, Flüchtlinge und Integration 2003: Migrationsbericht 2003. o. O.

Beauftragte der Bundesregierung für Migration, Flüchtlinge und Integration 2005: Integration von Zuwanderern in der Stadt. Dokumentation des Fachgesprächs vom 19. Mai 2005 in Berlin. o. O.

Beck, Günther 1997: Kippfiguren in Wissenschaft und Didaktik. Über Perspektivenwechsel und Bedeutungsverschiebungen in der Geographie. In: Ulrich Eisel, Hans-Dietrich Schultz (Hg.): Geographisches Denken. Kassel (= Urbs et Regio 65). S. 311-343.

Becker, Jörg 1998: Die nichtdeutsche Bevölkerung in Ostdeutschland. Eine Studie zur räumlichen Segregation und Wohnsituation. Potsdam (= Potsdamer Geographische Forschungen 15).

Becker, Jörg 2002: Hybride und andere Identitäten. Anmerkungen zur Transnationalismusdebatte. In: Jörg Becker et. al. (Hg.): Reden über Räume: Region, Transformation, Migration. Potsdam (= Potsdamer Geographische Forschungen 23). S. 7-20.

Becker, Jörg 2003: Migration ohne Integration? Temporäre Arbeitsmigration polnischer Saisonarbeiter nach Deutschland. In: Frank Swiaczny, Sonja Haug (Hg.): Migration, Integration, Minderheiten. Neuere interdisziplinäre Forschungsergebnisse. Wiesbaden (= Materialien zur Bevölkerungswissenschaft, Heft 107). S. 7-16.

Becker, Jörg 2003: Spargelstecher, Rübenzieher, Erdbeerpflücker – polnische Saisonarbeiter in Deutschland. In: Geographie aktuell 4/2003. S. 5-10.

Becker, Jörg, Wilfried Heller 2002: Polnische Saisonarbeiter in der Bundesrepublik Deutschland. Politische und ökonomische Bedingungen eines spezifischen temporären Arbeitsmigrationssystems. In: Berichte zur deutschen Landeskunde 76/1. S. 71-87.

Becker, Jörg, Wilfried Heller 2006: Ausländische Saisonarbeit in Deutschland. In: Hans Meusburger et. al. (Hg.): Nationalatlas der Bundesrepublik Deutschland. Arbeit und Lebensqualität. S. 107-108.

Bellmann, Lutz, Harald Bielenski, Frauke Bilger, Vera Dahms, Gabriele Fischer, Marek Frei, Jürgen Wahse 2006: Personalbewegungen und Fachkräfterekrutierung. Ergebnisse des IAB-Betriebspanels 2005. Nürnberg (= IAB Forschungsbericht Nr. 11/2006).

Berger, Hartwig 1990: Vom Klassenkampf zum Kulturkonflikt – Wandlungen und Wendungen der westdeutschen Migrationsforschung. In: Eckhard J. Dittrich, Frank-Olaf Radtke (Hg.): Ethnizität. Wissenschaft und Minderheiten. Opladen. S. 119-138.

Bieling, Hans-Jürgen, Marika Lerch 2005: Theorien der Europäischen Integration: ein Systematisierungsversuch. In: Hans-Jürgen Bieling, Marika Lerch (Hg.): Theorien der europäischen Integration. Wiesbaden.

Bittermann, Klaus 1994: Identität und Wahn. Über einen nationalen Minderwertigkeitskomplex. Berlin (= Critica Diabolis 46).

Blume, Michael 1988: Theoretische und methodische Probleme der Flüchtlingsforschung. In: Abraham Ashkenasi (Hg.): Das weltweite Flüchtlingsproblem. Ein sozialwissenschaftlicher Versuch der Annäherung. Bremen. S. 23-41.

Bommes, Michael 1999: Migration und nationaler Wohlfahrtsstaat. Ein differenzierungstheoretischer Entwurf. Wiesbaden.

Bommes, Michael 2001: Organisation, Inklusion und Verteilung. Soziale Ungleichheit in der funktional differenzierten Gesellschaft. In: Veronika Tacke (Hg.): Organisation und gesellschaftliche Differenzierung. Wiesbaden. S. 236-258.

Bommes, Michael 2002a: Migration, Raum und Netzwerke. Über den Bedarf einer gesellschaftstheoretischen Einbettung der transnationalen Migrationsforschung. In: Jochen Oltmer (Hg.): Migrationsforschung und Interkulturelle Studien. Osnabrück (= IMIS-Schriften 11). S. 91-105.

Bommes, Michael 2002b: Der Mythos des transnationalen Raumes. Oder: Worin besteht die Herausforderung des Transnationalismus für die Migrationsforschung? Manuskript.

Bommes, Michael 2003: Migration in der modernen Gesellschaft. In: Geographische Revue 2/2003. S. 41-58.

Bommes, Michael, Albert Scherr 1991: Der Gebrauchswert von Selbst- und Fremdethnisierung in Strukturen sozialer Ungleichheit. In: Prokla 83/21. S. 291-316.

Bommes, Michael, Veronika Tacke 2006: Das Allgemeine und das Besondere des Netzwerkes. In: Betina Hollstein, Florian Straus (Hg.): Qualitative Netzwerkanalyse. Konzepte, Methoden, Anwendungen. Wiesbaden. S. 37-62.

Bös, Mathias 1997: Migration als Problem offener Gesellschaften. Globalisierung und sozialer Wandel in Westeuropa und in Nordamerika. Opladen.

Brandt, Martina 2005: Soziale Kontakte als Weg aus der Erwerbslosigkeit. Zürich (= P.AGES 2).

Bundesagentur für Arbeit 2005: Sozialversicherungspflichtig Beschäftigte. Sonderauswertung.

Bundesministerium des Innern 2001: Bericht der Unabhängigen Kommission „Zuwanderung". Zuwanderung gestalten – Integration fördern. Abrufbar über: http:// www.bmi.bund.de/dokumente/Artikel/ ix_46886.htm (am 5. 12. 2002).

Bundesministerium für Arbeit und Sozialordnung 2002: Situation der ausländischen Arbeitnehmer und ihrer Familienangehörigen in der Bundesrepublik Deutschland Repräsentativuntersuchung 2001 Teil B: Polnische Werkvertragsarbeitnehmer, Gastarbeitnehmer und Saisonarbeiter in der gesamten Bundesrepublik. Berichts- und Tabellenband. Forschungsbericht im Auftrag des Bundesministeriums für Arbeit und Sozialordnung: Mathias Venema (Marplan) und Claus Grimm (polis). Offenbach, München.

Bundesministerium für Wirtschaft und Arbeit (Hg.) 2005: Stellenbesetzungsprozesse im Bereich „einfacher" Dienstleistungen. Abschlussbericht einer Studie im Auftrag des Bundesministerium für Wirtschaft und Arbeit. Dokumentation Nr. 550. Berlin.

Bundesrat 2006: Entschließung des Bundesrates zur Sozialversicherungsregelung für Saisonarbeitskräfte aus Polen. Bundesrat. 819. Sitzung, 10. Februar 2006. S. 14-16.

Burgess, Ernst W., Robert Ezra Park 1921: Introduction to the Science of Sociology. Chicago.

Bürkner, Hans-Joachim 1987: Die soziale und sozialräumliche Situation türkischer Migranten in Göttingen. Saarbrücken, Fort Lauderdale.

Bürkner, Hans-Joachim 2000: Transnationalisierung von Migrationsprozessen – eine konzeptionelle Herausforderung für die geographische Migrationsforschung? In: Hans Heinrich Blotevogel, Jürgen Ossenbrügge, Gerald Wood (Hg.): Lokal verankert – weltweit vernetzt. 52. Deutscher Geographentag Hamburg, 2. bis 9. Oktober 1999. Tagungsbericht und wissenschaftliche Abhandlungen. Stuttgart. S. 301-304.

Bürkner, Hans-Joachim 2004: „Transnationale Migration" – Cultural Turn und die Nomaden des Weltmarkts. Vortragsmanuskript.

Bürkner, Hans-Joachim 2005: Transnationale Migration. Cultural Turn und die Nomaden des Weltmarkts. In: Zeitschrift für Wirtschaftsgeographie 49/2. S. 113-122.

Burt, Ronald S. 1983: Range. In: Ronald S. Burt, Michael J. Minor (Hg.): Applied network analysis. Beverly Hills. S. 176-194.

Castles, Stephen, Mark J. Miller 1993: The age of migration. International population movements in the modern world. Houndmills u.a.

Council of Europe o. J.: Temporary migration for employment and training purposes. Social cohesion and Quality of life. Abrufbar über: http://social.coe.int (am 23.11.2001).

Cyrus, Norbert 1995: Polnische Pendler/innen in Berlin. Bestandsaufnahme der rechtlichen und sozialen Lagen polnischer Staatsangehöriger in Berlin mit unsicherem, befristetem oder ohne Aufenthaltsstatus. Bericht für die Ausländerbeauftragte des Senats von Berlin auf Grundlage von Expertenbefragungen. Berlin.

Cyrus, Norbert 1998: Die aktuelle Zuwanderung aus Polen nach Berlin. Darstellung anhand einer analytisch-idealtypischen Kategorisierung der Zuwanderer. In: Andreas Kapphan (Hg.): Paris – Berlin. Formen und Folgen der Migration. Berlin (= Working Paper Nr. 4). S. 34-47. Abrufbar über: http://www.polskarada.de/systema/htm (am 18.11. 1999).

Cyrus, Norbert 2000: Komplementäre Formen grenzüberschreitender Migration: Einwanderung und Mobilität am Beispiel Polen. In:

Klaus Schmals: Migration und Stadt. Entwicklungen – Defizite – Potentiale. Opladen. S. 116-135.

Cyrus, Norbert 2001a: Wie vor hundert Jahren? Zirkuläre Arbeitsmigration aus Polen in der Bundesrepublik Deutschland. In: Christoph Pallaske (Hg.): Die Migration von Polen nach Deutschland. Zur Geschichte und Gegenwart eines europäischen Migrationssystems. Baden-Baden (= Schriftenreihe des Instituts für Europäische Regionalforschungen, Bd. 7). S. 185-203.

Cyrus, Norbert 2001b: Die befristete Beschäftigung von Arbeitsmigranten aus Polen. In: Jochen Blaschke (Hg.): Ost-West-Migration. Perspektiven der Migrationspolitik in Europa. Berlin. S. 57-78.

Cyrus, Norbert 2005: Menschenhandel und Arbeitsausbeutung in Deutschland. Sonderaktionsprogramm zur Bekämpfung der Zwangsarbeit. Internationale Arbeitsorganisation. Genf.

Deichmann, Uwe, Vernon Handerson 2000: Urban and Regional Dynamics in Poland. The World Bank Group (= WorkingPaper No 2457). Abrufbar über: http://econ.worldbank.org/staff/UDeichmann (am 19.7.2004).

Deutscher Bundestag 13. April 1988. Deutscher Bundestag – 11. Wahlperiode – 70. Sitzung. Bonn, Mittwoch, den 13. April 1988. S. 4709-4710.

Deutscher Bundestag 9. Mai 1990. Deutscher Bundestag – 11. Wahlperiode – 209. Sitzung. Bonn, Mittwoch, den 9. Mai 1990. S. 16444.

Dittrich, Eckhard J., Frank-Olaf Radtke 1990: Einleitung. Der Beitrag der Wissenschaften zur Konstruktion ethnischer Minderheiten. In: Eckhard J. Dittrich, Frank-Olaf Radtke: Ethnizität. Wissenschaft und Minderheiten. Opladen. S. 11-40.

Dustmann, Christian 2000: Temporary Migration and Economic Assimilation. Bonn (= IZA Discussion Paper No. 186).

„Einsatz von Langzeitarbeitslosen als Erntehelfer" auf Antrag der Fraktion der F.D.P. Landtag Rheinland-Pfalz. 13. Wahlperiode, 59. Sitzung, 13. Mai 1998. S. 4682-4691.

Einsatz von Saisonarbeitskräften. Kleine Anfrage des Abgeordneten Dieter Schmitt (CDU) und Antwort des Ministeriums für Arbeit, Soziales und Gesundheit. 20.07.1998. Landtag Rheinland-Pfalz. 13. Wahlperiode. Drucksache 13/3343. S. 1-3.

Engfer, Uwe, Thomas Seng 1997: Differenzierungen der Lebensverhältnisse in Ostmitteleuropa und Ost-West-Migration. In: Mitteilungen aus der Arbeitsmarkt- und Berufsforschung 3/30. S. 601-611.

Entschließung des Bundesrates zur Sozialversicherungsregelung für Saisonkräfte aus Polen. Antrag des Landes Baden-Württemberg vom 21. Dezember 2005. Bundesrat. Drucksache 906/05.

Entschließung des Bundesrates zur Sozialversicherungsregelung für Saisonarbeitskräfte aus Polen 2006. Antrag des Landes Baden-Württemberg am 10. Februar 2006. Bundesrat. Drucksache 906/2/05.

Entwurf eines Gesetzes zur Förderung ganzjähriger Beschäftigung. Gesetzentwurf der Fraktionen der CDU/CSU und SPD. Deutscher Bundestag. 16. Wahlperiode. 24.01.2006. Drucksache 16/429. S. 1-20.

Erfahrungen mit der Neuregelung für Saisonarbeitskräfte in der Landwirtschaft. Mündliche Anfrage des Abgeordneten Dieter Schmitt (CDU). 04.11.1998. Landtag Rheinland-Pfalz, 13. Wahlperiode. Drucksache 13/3663.

Erntehilfe als Aufgabe sozialer Beschäftigungsgesellschaften. Kleine Anfrage des Abg. Alfred Dagenbach REP und Antwort des Sozialministeriums. 09.10.98. Landtag von Baden-Württemberg. 12. Wahlperiode. Drucksache 12/3333. S. 1-4.

Erste Beratung des von den Fraktionen der CDU/CSU und der SPD eingebrachten Entwurfs eines Gesetzes zur Förderung ganzjähriger Beschäftigung. Deutscher Bundestag. Stenographischer Bericht. 14. Sitzung. Berlin, Donnerstag, den 26. Januar 2006. Plenarprotokoll 16/14. S. 937-946.

Esser, Hartmut 1980: Aspekte der Wanderungssoziologie. Assimilation und Integration von Wanderern, ethnischen Gruppen und Minderheiten. Eine handlungstheoretische Analyse. Darmstadt.

Esser, Hartmut 1990: Nur eine Frage der Zeit? Zur Eingliederung von Migranten im Generationen-Zyklus und zu einer Möglichkeit, Unterschiede hierin zu erklären. In: Hartmut Esser, Jürgen Friedrichs (Hg.): Generation und Identität. Theoretische und empirische Beispiele zur Migrationssoziologie. Opladen. S. 73-100.

Esser, Hartmut 1997: Die Entstehung ethnischer Konflikte. In: Stefan Hradil (Hg.): Differenz und Integration. Die Zukunft moderner Gesellschaften. Verhandlungen des 28. Kongresses der Deutschen Gesellschaft für Soziologie in Dresden 1996. Frankfurt/M. S. 876-894.

Esser, Hartmut 2001: Integration und ethnische Schichtung. Mannheim (= Arbeitspapiere – Mannheimer Zentrum für Europäische Sozialforschung Nr. 40).

Esser, Hartmut 2003a: Ist das Konzept der Assimilation überholt? In: Geographische Revue 2/2003. S. 5-22.

Esser, Hartmut 2003b: Does the „New" Immigration Require a „New" Theory of Intergenerational Integration? Manuskript präsentiert auf der Konferenz „Conceptual and Methodological Developments in the Study of International Migration". Princeton, NJ. May 23-24, 2003.

Eubel, Cordula, Dagmar Rosenfeld 2005: Feldversuch mit Arbeitslosen. Die Bundesregierung will mehr Deutsche und weniger ausländische Saisonkräfte bei der Ernte einsetzen. Der Tagesspiegel vom 21. Dezember 2005.

Europa in Bewegung: Unterkunft und Verpflegung weder frei noch garantiert. In: L@ndworker. Arbeiten auf dem Land: Fakten, Meinungen, Hintergründe, Berichte. Ausgabe 1, Juni 2003. S. 1 u. 4.

Faist, Thomas 1995: Sociological Theories of International Migration: The Missing Meso-Link. Bremen (= ZeS-Arbeitspapier 17).

Faist, Thomas 1997: Soziologische Theorien der internationalen Migration: der fehlende Meso-Link. In: Ludger Pries (Hg.): Transnationale Migration. Soziale Welt, Sonderband 12. Baden-Baden. S. 63-83.

Fassmann, Heinz 2002: Transnationale Mobilität: Empirische Befunde und theoretische Überlegungen. In. Leviathan 30/3. S. 345-359.

Fassmann, Heinz 1998: Auswanderung aus Polen – Polen im Ausland. In: Geographische Rundschau 50/1. S. 18-23.

Felgentreff, Carsten 1995: Räumliche Bevölkerungsmobilität in Fidschi. Eine exemplarische Untersuchung der Dorfgemeinschaft von Naikeleyaga (Kabara Island, Lau-Province). Potsdam (= Potsdamer Geographische Forschungen, Band 11).

Felgentreff, Carsten 2002: Räumliche Bevölkerungsmobilität und multilokale soziale Räume. In: Jörg Becker, Carsten Felgentreff, Wolfgang Aschauer (Hg.): Reden über Räume: Region – Transformation – Migration. Festsymposium zum 60. Geburtstag von Wilfried Heller. Potsdam (= Potsdamer Geographische Forschungen, Band 23). S. 21-35.

Fettig, Andreas 2006: Bauern warnen: Experiment gescheitert. Neue Rhein Zeitung vom 5. August 2006.

Fischer, Andrea 1994: Temporary Labour Migration from Central and East Europe: The Case of Germany. In: Stein Ringen, Claire Wallace (Hg.): Societies in Transition: East-Central Europe Today. Aldershot u.a. (= Prague Papers on Social Responses to Transformation 1). S. 151-162.

Frage 935. Fraktion der SPD, Abgeordneter Dr. Karsten Wiebke. Erntehelfer. Landtag Brandenburg. 2. Wahlperiode. Plenarprotokoll 2/64. 12. Juni 1997. S. 5443-5444.

Frejka, Tomas, Marek Okólski, Keith Sword (Hg.) 1998: In-Depth Studies on Migration in Central and Eastern Europe: The Case of Poland. New York, Geneva (= Economic Studies No. 11).

Froschauer, Ulrike, Manfred Lueger 2003: Das qualitative Interview. Zur Praxis interpretativer Analyse sozialer Systeme. Wien.

Fuchs, Werner 1984: Biographische Forschung. Eine Einführung in Praxis und Methoden. Opladen.

Gerdes, Gerta 2000: Bedeutung der Arbeitskräftewanderung aus Mittel- und Osteuropa für den deutschen Agrarsektor. Kiel.

Gerhardt, Uta 1986: Verstehende Strukturanalyse: Die Konstruktion von Idealtypen als Analyseschritt bei der Auswertung qualitativer Forschungsmaterialien. In: Hans-Georg Soeffner (Hg.): Sozialstruktur und Soziale Typik. Frankfurt/M., NewYork. S. 31-83.

Geschäftsbereich des Bundesministers für Arbeit und Sozialordnung. Antwort des Parlamentarischen Staatssekretärs Seehofer vom 26. Juli 1989. Deutscher Bundestag – 11. Wahlperiode. Drucksache 11/5017. S. 7-8.

Gespräch im Arbeitsamt Geldern, Arbeitsamtsbezirk Wesel am 22. Februar 2001. Protokoll des Gesprächs.

Giddens, Anthony 1995: Konsequenzen der Moderne. Frankfurt/M.

Giddens, Anthony 1999: Runaway World. How Globalisation is Reshaping our Lives. London.

Glick Schiller, Nina 1997: Cultural Politics and the Politics of Culture. In: Identities 4/1. S. 1-7.

Glick Schiller, Nina, Linda Basch, Christina Blanc-Szanton 1992: Transnationalism: A New Analytic Framework for Understanding Migration. In: Nina Glick Schiller, Linda Basch, Christina Blanc-Szanton (Hg.): Towards a Transnational Perspective on Migration. Race, Class, Ethnicity, and Nationalism Reconsidered. New York (= Annals of the New York Academy of Sciences 645). S. 1-24.

Glick Schiller, Nina, Linda Basch, Christina Szanton Blanc 1997: From Immigrant to Transmigrant: Theorizing Transnational Migration. In: Ludger Pries (Hg.): Transnationale Migration. Baden-Baden (= Soziale Welt, Sonderband 12). S. 121-140.

Glówny Urząd Statystyczny: Rocznik statystyczny. Warszawa. (verschiedene Jahrgänge)

Goldring, Luin 1997: Power and Status in Transnational Social Spaces. In: Ludger Pries (Hg.) Transnationale Migration. Baden-Baden (= Soziale Welt, Sonderband 12). S. 179-195.

Granovetter, Mark 1973: The strength of weak ties. American Journal of Sociology 78. S. 1360-1380.

Granovetter, Mark 1982: The strength of weak ties: A network theory revisited. In: Peter V. Marsden, Nan Lin (Hg.): Social structure and network analysis. Beverly Hills. S. 105-130.

Gurac, Douglas T., Fe Caces 1992: Migration Networks and the Shaping of Migration Systems. In: Mary M. Kritz, Lin Lean Lim, Hania Zlotnik (Hg.) 1992: International Migration Systems. A Global Approach. Oxford. S. 150-176.

GUS (Główny Urząd Statystyczny) o. J.: Emigracje Polska. Abrufbar über: http://www.stat.gov.pl (am 6.3.2001).

GUS (Główny Urząd Statystyczny) o. J.: Obroty handlu zagranicznego według wybranych krajów. http://www.stat.gov.pl (am 26.11.2001).

GUS (Główny Urząd Statystyczny) o. J.: Size of population, vital statistics and migration in 1946-2000. Abrufbar über: http://www.stat.gov.pl (am 16.7.2004).

GUS (Główny Urząd Statystyczny) o. J.: Ludność. Wyznania Religijne. Abrufbar über: http://www.stat.gov.pl (am 17.2.2006).

GUS (Główny Urząd Statystyczny) o. J.: Ludność według poziomu wykształcenia. Abrufbar über: http://www.stat.gov.pl (am 14.8.2006).

Han, Petrus 2000: Soziologie der Migration. Stuttgart.

Hard, Gerhard 1973: Die Geographie. Eine wissenschaftstheoretische Einführung. Berlin, New York.

Hard, Gerhard 1993: Über Räume reden. Zum Gebrauch des Wortes „Raum" in sozialwissenschaftlichem Zusammenhang. In: Jörg Mayer (Hg.): Die aufgeräumte Welt. Raumbilder und Raumkonzepte im Zeitalter globaler Marktwirtschaft. Rehburg-Loccum (= Loccumer Protokolle 74/92). S. 53-77.

Harvey, David 1996: Justice, Nature, and the Geography of Difference. Cambridge, MA, Oxford.

Haug, Sonja 2000a: Soziales Kapital und Kettenmigration. Italienische Migranten in Deutschland. Opladen.

Haug, Sonja 2000b: Klassische und neuere Theorien der Migration. Mannheim (= Arbeitspapiere – Mannheimer Zentrum für Europäische Sozialforschung, Nr. 30).

Heckmann, Friedrich 1980: Einwanderung als Prozeß. Ein Beitrag zur soziologischen Analyse der Gastarbeiterbevölkerung als Einwandererminoritäten und zur Entwicklung eines Konzepts ihrer kulturautonomen Integration. In: Jochen Blaschke (Hg.) „Dritte Welt" in Europa. Probleme der Arbeitsmigration. Frankfurt/M. S. 95-125.

Heckmann, Friedrich 1981: Die Bundesrepublik: Ein Einwanderungsland? Zur Soziologie der Gastarbeiterbevölkerung als Einwandererminorität. Stuttgart.

Heckmann, Friedrich 1992: Ethnische Minderheiten, Volk und Nation. Soziologie interethnischer Beziehungen. Stuttgart.

Heckmann, Friedrich 1997a: Integration und Integrationspolitik in Deutschland. Beitrag zum Internationalen Forum „Migration und Mittelmeer" der Friedrich-Ebert-Stiftung. o. O. (= efms Paper Nr. 11).
Heckmann, Friedrich 1997b: Nation und Integration von Migranten in Deutschland. Grundlagenpapier für das 3. deutsch-türkische Symposium der Körber Stiftung. o. O. (= efms Paper Nr. 13).
Heckmann, Friedrich 1998: Globale Werteintegration und soziale Netzwerke. Zur Erklärung weltweiter Migrationen. o. O. (= efms Paper Nr. 23).
Heintz, Peter 1968: Einführung in die soziologische Theorie. Stuttgart.
Heintz, Peter 1969: Ein soziologisches Paradigma der Entwicklung. Stuttgart.
Heller, Wilfried, Hans-Joachim Bürkner 1995: Bisher vernachlässigte theoretische Ansätze zur Erklärung der internationalen Arbeitsmigration. In: Paul Gans, Franz-Josef Kemper (Hg.): Mobilität und Migration in Deutschland. Beiträge zur Tagung des Arbeitskreises „Bevölkerungsgeographie" des Verbandes der Geographen an Deutschen Hochschulen am 15. und 16. September 1994 in Erfurt. Erfurt (= Erfurter Geographische Studien, Heft 3). S. 175-196.
Helmes, Klara 1997: Bauern kämpfen um ihre polnischen Erntehelfer. Neue Rhein Zeitung (NRZ) vom 11. Juli 1997.
Herbert, Ulrich 1986: Geschichte der Ausländerbeschäftigung in Deutschland 1880 bis 1980. Saisonarbeiter, Zwangsarbeiter, Gastarbeiter. Berlin, Bonn.
Hess, Sabine 2002: Au Pairs als informalisierte Hausarbeiterinnen – Flexibilisierung und Ethnisierung der Versorgungsarbeiten. In: Claudia Gather, Birgit Geissler, Maria Rerrich (Hg.): Weltmarkt: Privathaushalt. Bezahlte Hausarbeit im globalen Wandel. Münster. S. 103-119.
Hess, Sabine 2003: Ausbeutung als Chance? Neue Geschlechterrollen in der Transformation. In: iz3w: Modellversuche – Peripherisierung in Osteuropa, 272. S. 23-25.
Hess, Sabine 2005: Transnationale Räume: Widerständige soziale Sphären oder neue Form der globalen Zurichtung von Arbeitskraft? In: Peripherie 97/98. S. 151-171.
Hess, Sebastian 2004: Die Beschäftigung mittel- und osteuropäischer Saisonarbeitskräfte in der deutschen Landwirtschaft. In: Berichte über Landwirtschaft 82 (4). S. 602-627.
Hessischer Landtag 1998: Antwort der Landesregierung auf die Große Anfrage der Fraktion der SPD betreffend Situation und Entwicklung des Gartenbaus in Hessen. Drucksache 14/3081. Wiesbaden.

Hicken, Eske 2003: Acht Männer im stinkenden Container. Gewerkschaft weist auf die mitunter schwierige Lage von Saisonarbeitern bei der Weinlese im Rheingau hin. In: Frankfurter Rundschau vom 20. Oktober 2003.

Hoerder, Dirk 2002: Europäische Migrationsgeschichte und Weltgeschichte der Migration: Epochenzäsuren und Methodenprobleme. In: Klaus J. Bade (Hg.): Migration in der europäischen Geschichte seit dem späten Mittelalter. Vorträge auf dem Deutschen Historikertag in Halle a. d. Saale, 11. September 2002. Osnabrück (= IMIS-Beiträge, Heft 20). S. 135-167.

Hoffmann-Nowotny, Hans-Joachim 1973: Soziologie des Fremdarbeiterproblems. Eine theoretische und empirische Analyse am Beispiel der Schweiz. Stuttgart.

Hoffmann-Nowotny, Hans-Joachim 1990: Integration, Assimilation und plurale Gesellschaft. Konzeptuelle, theoretische und praktische Überlegungen. In: Charlotte Höhn, Detlev B. Rein (Hg.): Ausländer in der Bundesrepublik Deutschland. Deutsche Gesellschaft für Bevölkerungswissenschaft, 24. Arbeitstagung. Opladen (= Schriftenreihe des Bundesinstituts für Bevölkerungsforschung, Bd. 20). S. 15-28.

Hofmann, Hans-Jürgen 1998: Aussiedler-Wohngebiete in niedersächsischen Städten. Eine Untersuchung zur Segregation von Aussiedlern aus Polen in Wolfsburg, Braunschweig und Hannover. Potsdam (= Potsdamer Geographische Forschungen, Band 14).

Hönekopp, Elmar 1996: Labour Migration to Germany from Central and Eastern Europe – old and new Trends. Nürnberg (= IAB Labour Market Research Topics 23).

Hönekopp, Elmar 1997: The new labor migration as an instrument of German foreign policy. In: Rainer Münz, M. Weiner (Hg.): Migrants, refugees, and foreign policy: U.S. and German policies toward countries of origin. Providence. S. 165-181.

Hönekopp, Elmar 1999: Migranten aus Osteuropa. In: Ausländer in Deutschland 1. S. 1-4.

Iglicka, Krystyna 1998: Current Migratory Patterns. In: Tomas Frejka, Marek Okólski, Keith Sword (Hg.) 1998: In-Depth Studies on Migration in Central and Eastern Europe: The Case of Poland. New York, Geneva (= Economic Studies No. 11). S. 57-68.

Iglicka, Krystyna 2000: Migration movements from and into Poland in the light of the East-West European migration. Warszawa (= Prace migracyjne, No 33).

Iglicka, Krystyna 2001: Poland's Post-War Dynamic of Migration. Aldershot u.a.

Industriegewerkschaft Bauen-Agrar-Umwelt o.J.a: Landwirtschaftliche Saisonarbeit 2001. Eine Aktion des Bundesarbeitskreises Senioren der IG Bau und den Bezirksverbänden Mark Brandenburg, Rheinhessen-Vorderpfalz und Köln-Bonn. o.O.

Industriegewerkschaft Bauen-Agrar-Umwelt o. J.b: Stellungnahme zur landwirtschaftlichen Saisonarbeit. In: Industriegewerkschaft Bauen-Agrar-Umwelt o.j.: Landwirtschaftliche Saisonarbeit 2001. Eine Aktion des Bundesarbeitskreises Senioren der IG Bau und den Bezirksverbänden Mark Brandenburg, Rheinhessen-Vorderpfalz und Köln-Bonn. o.O. S. 31-33.

Initiative Baden-Württembergs im Bundesratsagrarausschuss angenommen, 17.1.2006. Abrufbar über: http://www.baden-wuerttemberg.de/de/Meldungen (am 13.3.2006)

International Labour Organiszation, International Organization for Migration, United Nations High Commissioner for Refugees 1994: Migrants, refugees and international cooperation. A joint contribution to the International Conference on Population and Development. Genf.

Jansen, Dorothea 1999: Einführung in die Netzwerkanalyse. Grundlagen, Methoden, Anwendungen. Opladen.

Jaźwińska, Ewa, Marek Okólski (Hg.) 1996: Causes and Consequences of Migration in Central and Eastern Europe. Podlasie and Slask Opolski: basic trends in 1975 -1994. Warszawa.

Jaźwińska, Ewa, Wojciech Łukowski, Marek Okólski 1997: Rzyczyny i konsekwencje emigracji z Polski. Warszawa.

Jones, Delmos 1992: Which Migrants? Temporary or Permanent? In: Nina Glick Schiller, Linda Basch, Christina Blanc-Szanton (Hg.): Towards a Transnational Perspective on Migration. Race, Class, Ethnicity, and Nationalism Reconsidered. New York (= Annals of the New York Academy of Sciences 645). S. 217-224.

Kaerger, Karl 1890: Die Sachsengängerei. Auf Grund persönlicher Ermittlungen und statistischer Erhebungen dargestellt. Berlin.

Kępinska, Ewa 2003: Recent Trends in International Migration. Poland 2003. Warszawa (= Prace migracyjne, No 52).

Kearney, Michael 1991: Borders and Boundaries of State and Self at the End of Empire. In: Journal of Historical Sociology, 4/1. S. 52-74.

King, Russel 2002: Towards a New Map of European Migration. In: International Journal of Population Geography 8. S. 89-106.

Kienast, Eckhard, Helga Marburger 1994: Arbeits- und Lebensbedingungen polnischer Arbeitsmigranten in den neuen Bundesländern. In: Helga Marburger (Hg.): Ost-West-Migration. Lebens- und Arbeitsbedingungen von Migranten aus Osteuropa in den neuen Bundesländern und Berlin. Frankfurt/M. (= Werkstatt-Berichte Nr. 6). S. 5-65.

Klatt, Michael 1998: Lücken bei polnischen Helfern nicht zu schließen. Rheinische Post vom 20. Mai 1998.

Kneer, Georg, Armin Nassehi 2000: Niklas Luhmanns Theorie sozialer Systeme. München. Vierte Auflage.

Koch, Christian o.J.: Saisonarbeitskräfte-Aktion im Raum Potsdam vom 2. bis 4.7.2001. In: Industriegewerkschaft Bauen-Agrar-Umwelt o.J.: Landwirtschaftliche Saisonarbeit 2001. Eine Aktion des Bundesarbeitskreises Senioren der IG Bau und den Bezirksverbänden Mark Brandenburg, Rheinhessen-Vorderpfalz und Köln-Bonn. o.O. S. 8-11.

Kohli, Martin 1981: Wie es zur „biographischen Methode" kam und was daraus geworden ist. Ein Kapitel aus der Geschichte der Sozialforschung. In: Zeitschrift für Soziologie 10. S. 273-291.

König, Eckard 2002: Qualitative Forschung im Bereich subjektiver Theorie. In: Eckard König, Peter Zedler (Hg.): Qualitative Forschung. Weinheim, Basel. 2. Auflage. S. 55-69.

Korcelli, Piotr 1996: Die polnische Auswanderung seit 1945. In: Heinz Fassmann, Rainer Münz (Hg.): Migration in Europa. Historische Entwicklung, aktuelle Trends und politische Reaktionen. Frankfurt/M., New York. S. 245-262.

Korczynska, Joanna 2001: Individuelle Kosten und Nutzen der Saisonarbeit der Polen in Deutschland. Analyse und Ergebnisse einer empirischen Untersuchung 1999/2000. In: Christoph Pallaske (Hg.): Die Migration von Polen nach Deutschland. Zur Geschichte und Gegenwart eines europäischen Migrationssystems. Baden-Baden (= Schriftenreihe des Instituts für Europäische Regionalforschungen, Bd. 7). S. 205-225.

Krajowy Urząd Pracy 2000: schriftliche Mitteilung vom 14.12.2000.

Krüger, Alexander 2001: Obstanbau im Raum Lübeck – Produktionsbedingungen und Vermarktungsstrategien am Beispiel des Erdbeerhofes Warnsdorf. Flensburg (unveröffentlichte Hausarbeit zur Ersten Staatsprüfung).

Krummacher, Michael 1998: Zuwanderung, Migration. In: Hartmut Häußermann (Hg.): Großstadt. Soziologische Stichworte. Opladen. S. 320-331.

Kühne, Olaf 2000: Die regionale Entwicklung des Arbeitsmarktes im Transformationsprozess Polens. In: Europa regional 01/00. S. 33-42.

Kuhn, Thomas S. 1976: Die Struktur wissenschaftlicher Revolutionen. Frankfurt/M. Zweite Auflage.

Kuźma, Elżbieta 2004: Migracje do Belgii: O Możliwościach i barierach wychodzenia z nielegalności. In: Paweł Kaczmarcyk, Wojciech Łukowski: Polscy pracownicy na rynku Unii Europejskiej. Warszawa. S. 261-277.

Landesarbeitsamt Nord 2000: Briefliche Mitteilung vom 10.5.2000. Beschäftigung polnischer Saisonarbeitnehmer.

Landesbetrieb für Datenverarbeitung und Statistik Brandenburg 2006: 05.05.2006: Erste Gartenbauerhebung seit elf Jahren. Pressemitteilung 54/06.

Landwirte: Arbeitslose als Erntehelfer ungeeignet. Landesportal Baden-Württemberg. Abrufbar über: http://www.badenwuerttemberg.de/de/ Meldungen/950/ (am 3.3.2006).

Landwirtschaftskammer Rheinland, Referat 33: Produktions- und Dienstleistungsgartenbau 2000: Gartenbau im Rheinland. Bonn.

Lamnek, Siegfried 2002: Qualitative Interviews. In: Eckard König, Peter Zedler (Hg.): Qualitative Forschung. Weinheim, Basel. Zweite Auflage. S. 157-193.

Leggewie, Claus 2001: Gibt es eine transnationale Bürgergesellschaft? In: Politik und Gesellschaft Online. International Politics and Society 2/2001. Abrufbar über: http://orae.fes.de:8081/fes/docs/IPG2_ 2001/ARTLEGGEWIE.HTM (am 5. 9. 2001)

Lindekamp, Hansgert 2001: Spargel mit Beigeschmack. Neue Rhein Zeitung vom 30. Juni 2001.

Lohntarifvertrag für den Erwerbsgartenbau, die Friedhofsgärtnereien und die Forstpflanzenbetriebe in Nordrhein-Westfalen vom 15. Juni 1999. Ohne Autor, ohne Jahr, ohne Erscheinungsort.

Lomnitz, Larissa 1976: Migration and Networks in Latin America. In: Alejandro Portes, Harley L. Browning (Hg.): Current Perspectives in Latin American Urban Research. Austin. S. 133-150.

Luhmann, Niklas 1975: Die Weltgesellschaft. In: Ders.: Soziologische Aufklärung 2. Opladen. S. 51-71.

Luhmann, Niklas 1982: The World Society as a Societal System. In: International Journal of General Systems. 8. S. 131-138.

Luhmann, Niklas 1984: Soziale Systeme. Grundriß einer allgemeinen Theorie. Frankfurt/M.

Luhmann, Niklas 1989: Individuum, Individualität, Individualismus. In: Ders.: Gesellschaftsstruktur und Semantik. Studien zur Wissenssoziologie der modernen Gesellschaft. Bd. 3. Frankfurt/M. S. 149-258.

Luhmann, Niklas 1990: Die Wissenschaft der Gesellschaft. Frankfurt/M.

Luhmann, Niklas 1993: „Was ist der Fall?" und „Was steckt dahinter?" Die zwei Soziologien und die Gesellschaftstheorie. In: Zeitschrift für Soziologie 22. S. 245-260.

Luhmann, Niklas 1997: Die Gesellschaft der Gesellschaft. Frankfurt/M.

Łukowski, Wojciech 1998: A „Pendular Society": Hypotheses Based on In-Depth Interviews and Qualitative Research. In: Tomas Frejka, Marek Okólski, Keith Sword (Hg.): In-Depth Studies on Migration in Central and Eastern Europe: The Case of Poland. New York, Geneva (= Economic Studies No. 11). S. 145-154.

Lutz, Helma 2005: Der Privathaushalt als Weltmarkt für weibliche Arbeitskräfte. In: Peripherie 97/98. S. 65-87.

Massey, Douglas S. et al. 1993: Theories of International Migration: A Review and Appraisal. In: Population and Development Review 19, 3. S. 431-466.

Mergenthaler, Erhard 1986: Die Transkription von Gesprächen. Eine Zusammenstellung von Regeln mit einem Beispieltranskript. Ulm.

Mehrländer, Ursula 1996: Repräsentativuntersuchung '95: Situation der ausländischen Arbeitnehmer und ihrer Familienangehörigen in der Bundesrepublik Deutschland. Teil C: Neue Formen der Arbeitskräftewanderung: Polnische Werkvertragsarbeitnehmer, Gastarbeitnehmer und Saisonarbeiter. In: Bundesministerium für Arbeit und Sozialordnung (Hg.) 1996: Situation der ausländischen Arbeitnehmer und ihrer Familienangehörigen in der Bundesrepublik Deutschland. Bonn u.a. (= Sozialforschung 263). S. 595-696.

Merkblatt für Arbeitgeber zur Vermittlung und Beschäftigung ausländischer Saisonarbeitnehmer – Schaustellergehilfen und Hinweise zum Ausfüllen der Einstellungszusage/des Arbeitsvertrages (gültig ab 08/2005), Bundesagentur für Arbeit. o. O.

Miera, Frauke 2001: Transnationalisierung sozialer Räume? Migration aus Polen nach Berlin in den 80er und 90er Jahren. In: Christoph Pallaske (Hg.): Die Migration von Polen nach Deutschland. Zur Geschichte und Gegenwart eines europäischen Migrationssystems. Baden-Baden (= Schriftenreihe des Instituts für Europäische Regionalforschungen, Bd. 7). S. 141-161.

Miera, Frauke 1997: Migration aus Polen. Zwischen nationaler Migrationspolitik und transnationalen Lebensräumen. In: Hartmut Häußermann, Ingrid Oswald (Hg.): Zuwanderung und Stadtentwicklung. Leviathan Sonderheft 17. Opladen. S. 222-254.

Mitchell, Katharyne 1997: Transnational Discourse: Bringing Geography Back in. In: Antipode 29, 2. S. 101-114.

Mitchell, Katharyne 2000: Transnationalism. In: Ronald J. Johnston et al. (Hg.): The Dictionary of Human Geography. Oxford. Vierte Auflage.

Möller, Dirk 2001: Humankapitalportfolios als Determinante internationaler Arbeitsmigration – dargestellt am Beispiel Polens und Deutschlands. Köln (= Working Paper No. 2001-03).
Müller-Mahn, Detlef 1999: Migrationskorridore und transnationale soziale Räume. Eine empirische Skizze zur Süd-Nord-Migration am Beispiel ägyptischer „Sans-papiers" in Paris. In: Jörg Janzen (Hg.): Räumliche Mobilität und Existenzsicherung. Berlin (= Abhandlungen Anthropogeographie, Band 60). S. 167-200.
Müller-Mahn, Detlef 2000: Ein ägyptisches Dorf in Paris. Eine Studie zur Süd-Nord-Migration am Beispiel ägyptischer „Sans-papiers" in Frankreich. In: Michael Bommes (Hg.): Transnationalismus und Kulturvergleich. Osnabrück (= IMIS-Beiträge, Heft 15). S. 79-110.
Müller-Mahn, Detlef 2002: Ägyptische Migranten in Paris. Transnationale Migration und die Relativierung des Lokalen. In: Geographische Rundschau 54, 10. S. 40-44.
Mündliche Anfrage des Abg. Arnold Tölg CDU – Arbeitsverweigerung von Erntehelfern in der Landwirtschaft. Donnerstag, 12. November 1998. Landtag von Baden-Württemberg. 12. Wahlperiode. 56. Sitzung. S. 4407-4408.
Mündliche Anfrage des Abgeordneten Dieter Schmitt (CDU) – Erfahrungen mit der Neuregelung für Saisonarbeitskräfte in der Landwirtschaft, 12. November 1998. Landtag Rheinland-Pfalz. 13. Wahlperiode. 73. Sitzung. S. 5652-5655.
Müntefering will Arbeitslose als Erntehelfer einsetzen. Müntefering plant neue Maßnahmen zur Senkung der Arbeitslosenzahlen. Die Idee: Statt ausländische Saisonarbeiter sollen künftig verstärkt arbeitslose Deutsche als Entehelfer vermittelt werden. Handelsblatt vom 20. Dezember 2005. Abrufbar über: http://www.handelsblatt.com/pshb?fn=tt&sfn=go&id=1159321 (am 21.12.2005).
Nassehi, Armin 1995: Die Deportation als biographisches Ereignis. Eine Biographieanalytische Untersuchung. In: Georg Weber, Renate Weber-Schlenther, Armin Nassehi, Oliver Sill, Georg Kneer: Die Deportation von Siebenbürger Sachsen in die Sowjetunion 1945-1949. Bd. II. Die Deportation als biographisches Ereignis und literarisches Thema. Köln, Weimar, Wien. S. 5-412.
Nassehi, Armin 1997a: Das stahlharte Gehäuse der Zugehörigkeit. Unschärfen im Diskurs um die „multikulturelle Gesellschaft". In: Armin Nassehi (Hg.): Nation, Ethnie, Minderheit. Beiträge zur Aktualität ethnischer Konflikte. Köln u. a.
Nassehi, Armin 1997b: Inklusion, Exklusion, Integration, Desintegration. Die Theorie funktionaler Differenzierung und die Desintegrationsthese. In: W. Heitmeyer (Hg.): Was hält die Gesellschaft zusam-

men? Bundesrepublik Deutschland: Auf dem Weg von der Konsens- zur Konfliktgesellschaft (Band 2). Frankfurt/M. S. 113-148.

Nassehi, Armin 1998: Gesellschaftstheorie und empirische Forschung. Über die „methodologischen Vorbemerkungen" in Luhmanns Gesellschaftstheorie. In: Soziale Systeme 1/1998. S. 199-206

Nassehi, Armin 1999: Globalisierung: Probleme eines Begriffs. In: Geographische Revue 1/1999. S. 21-33.

Nassehi, Armin 2000: Theorie und Methode. Keine Replik auf, sondern eine Ergänzung zu C. Besio und A. Pronzini. In: Soziale Systeme 1/2000. S. 195-201.

Nassehi, Armin 2001: Die Leitkulturdebatte: Eine Herausforderung für interkulturelle Studien? Vortragsmanuskript.

Nauck, Bernhard 1988: Sozialstrukturalistische und individualistische Migrationstheorien. Elemente eines Theorienvergleichs. In: Kölner Zeitschrift für Soziologie und Sozialpsychologie 40. S. 15-39.

Nell, Werner 2000: Multikulturelle oder transkulturelle Gesellschaft? In: Anton Escher (Hg.): Ausländer in Deutschland. Probleme einer transkulturellen Gesellschaft aus geographischer Sicht. Mainz (= Mainzer Kontaktstudium Geographie, Band 6). S. 9-18.

OECD 1998: SOPEMI. Trends in International Migration. Paris.

Okólski, Marek 1994: Alte und neue Muster: Aktuelle Wanderungsbewegungen in Mittel- und Osteuropa. In: Hedwig Rudolph, Mirjana Morokvasic (Hg.): Wanderungsraum Europa. Menschen und Grenzen in Bewegung. Berlin. S. 133-148.

Okólski, Marek 1997: New migration trends in Central and Eastern Europe in 1990s. How significant, how stable? Warszawa (= Prace migracyjne, No 4).

Okólski, Marek 1998: Poland's Population and Population Movements: An Overview. In: Tomas Frejka, Marek Okólski, Keith Sword (Hg.) 1998: In-Depth Studies on Migration in Central and Eastern Europe: The Case of Poland. New York, Geneva (= Economic Studies No. 11). S. 9-24.

Okólski, Marek 1999: Poland's migration: Growing diversity of flows and people. Warszawa (= Prace migracyjne, No 29).

Okólski, Marek 2000: Recent Trends in International Migration. Poland 1999. Warszawa (= Prace migracyjne, No 32).

Okólski, Marek, Dariusz Stola 1999: Migrations between Poland and the European Union: The perspective of Poland's future membership of EU. Warszawa (= Prace migracyjne, No 25).

Pallaske, Christoph 2001: Die Migration aus Polen in die Bundesrepublik Deutschland in den 1980er und 1990er Jahren. In: Christoph Pallaske (Hg.): Die Migration von Polen nach Deutschland. Zur Ge-

schichte und Gegenwart eines europäischen Migrationssystems. Baden-Baden. S. 123-140.
Park, Robert Ezra 1964: Race and Culture. Glencoe.
Plenarprotokoll 13/100 v. 19.02.98. Bayerischer Landtag. 13. Wahlperiode. S. 7209
Portes, Alejandro 1996: Global Villagers. The Rise of Transnational Communities. In: The American Prospect 25. S. 74-77.
Portes, Alejandro 1999: Towards a new world – the origins and efects of transnational activities. In: Ethnic and Racial Studies 22. S. 463-477.
Portes, Alejandro, Luis E. Guarnizo, Patricia Landolt 1999: The study of transnationalism: pitfalls and promise of an emergent research field. In: Ethnic and Racial Studies 22/2. S. 217-237.
Pott, Andreas 2002: Ethnizität und Raum im Aufstiegsprozeß. Eine Untersuchung zum Bildungsaufstieg in der zweiten türkischen Migrantengeneration. Opladen.
Pott, Andreas 2004: Ethnizität und Lokalität als Aufstiegsressourcen. Theoretische Überlegungen und das Beispiel des Bildungsaufstiegs in der zweiten türkischen Migrantengeneration in Deutschland. In: Erdkunde 58/1. S. 42-52.
Pries, Ludger 1996: Internationale Arbeitsmigration und das Entstehen Transnationaler Sozialer Räume: Konzeptionelle Überlegungen für ein empirisches Forschungsprojekt. In: Thomas Faist, Felicitas Hillmann, Klaus Zühlke-Robinet (Hg.): Neue Migrationsprozesse: politisch-institutionelle Regulierung und Wechselbeziehungen zum Arbeitsmarkt. Bremen (ZeS-Arbeitspapier Nr.6/1996). S. 20-29.
Pries, Ludger 1997a: Neue Migration im transnationalen Raum. In: Ludger Pries (Hg.) Transnationale Migration. Baden-Baden (= Soziale Welt, Sonderband 12). S. 15-44.
Pries, Ludger 1997b: New Migration in Transnational Spaces. In: Ludger Pries (Hg.): Migration and Transnational Social Spaces. Aldershot. S. 1-35.
Pries, Ludger 2000: Transnationalisierung der Migrationsforschung und Entnationalisierung der Migrationspolitik. Das Entstehen transnationaler Sozialräume durch Arbeitswanderung am Beispiel Mexiko – USA. In: Michael Bommes (Hg.): Transnationalismus und Kulturvergleich. Osnabrück (= IMIS- Beiträge, Heft 15). S. 55-78.
Pries, Ludger 2001a: Antrittsvorlesung, Ruhr-Universität Bochum, Juni 2001. Abrufbar über: http://www.ruhr-nibohum.de/soaps/content1/ lehrstuhl_vortraege/WS01_ pries_antrittsvorlesung_6_2001_text.doc (am 1. 5 2002).
Pries, Ludger 2001b: Transnational Social Spaces: Do We Need a New Approach in Response to New Phenomena? In: Ludger Pries (Hg.)

2001: New Transnational Social Spaces. International Migration and Transnational Companies. London. Zitiert nach: Pries, Ludger: Transnational Social Spaces: Do We Need a New Approach in Response to New Phenomena? Abrufbar über http://www.gwdg.de/ ~zeus/transnational/transnational_040599.html (am 1.5.2002).

Pries, Ludger 2003: Transnationalismus, Migration und Inkorporation. Herausforderungen an Raum- und Sozialwissenschaften. In: In: Geographische Revue 2/2003. S. 23-39.

Richter, Dirk 2000: Weltgesellschaft. In: Georg Kneer, Armin Nassehi, Markus Schroer (Hg.): Soziologische Gesellschaftsbegriffe. Konzepte moderner Zeitdiagnosen. München. Zweite Auflage. S. 184-204.

Runia, Peter 2002a: Das soziale Kapital auf dem Arbeitsmarkt: Beziehungen in Stellensuche, Personalrekrutierung und Beförderung. Frankfurt/M.

Runia, Peter 2002b: Arbeitsmarkt und soziales Kapital – Eine komprimierte Darstellung theoretischer Grundlagen und empirischer Befunde. Duisburg (= Duisburger Beiträge zur soziologischen Forschung 1/2002).

Romaniszyn, Krystyna 1997: Current migration in central and eastern Europe. Peculiar or integrating into European migration system? Warszawa (= Prace migracyjne, No 15).

Sachverständigenrat für Zuwanderung und Integration o. J.: Migration und Integration. Erfahrungen nutzen, Neues wagen. Kurzfassung des Jahresgutachtens 2004 des Sachverständigenrates für Zuwanderung und Integration. O. O.

Saisonarbeitskräfte in der Landwirtschaft 1999. Antrag der Abg. Alfred Dagenbach u. a. REP und Stellungnahme des Ministeriums Ländlicher Raum. Landtag von Baden-Württemberg, 12. Wahlperiode. Drucksache 12/3739 vom 10.02.99.

Sassen, Saskia 1996: Migranten, Siedler, Flüchtlinge. Von der Massenauswanderung zur Festung Europa. Frankfurt/M.

Schnell, Rainer, Paul B. Hill, Elke Esser 2005: Methoden der empirischen Sozialforschung. München u. a. Siebte Auflage.

Solga, Heike 2000: Konsequenzen eines Niedriglohnsektors für die berufliche Ausbildung in Deutschland. In: Jürgen Schupp, Heike Solga (Hg.): Niedrig entlohnt = niedrig qualifiziert? Chancen und Risiken eines Niedriglohnsektors in Deutschland. Beiträge der Konferenz in Berlin am 11. - 12. Mai 2000. Berlin.

Sozialversicherungspflicht für Saisonarbeiter. Abrufbar über: http:// www.igbau.de/db/v2/inhalt (am 5.3.2006).

Spahn, Arnd 1999: Saisonarbeit in der Landwirtschaft. In: Dokumentation „Migration und prekäre Beschäftigung". Tagung des Bildungs-

werks des DGB vom 10. bis 12. Mai 1999. Abrufbar über: http://-www.migration-online.de/druckbeitrag.html (am 5.12.2002).
SPD. Die Bundestagsfraktion 2006: Saisonarbeit. Förderung der ganzjährigen Beschäftigung. Abrufbar über:http://www.spdfraktion.de/cnt/rs/rs_dok/0,,36561,00.html (am 13. 3. 2006)
Spener, David 2000: The Logic and Contradiction of Intensified Border Inforcement in Texas. In: Peter Andreas, Timothy Snyder (Hg.): The Wall around the West. New York u. a. S. 115-137.
Stalker, Peter 2000: Workers without Frontiers. The Impact of Globalization on International Migration. Geneva.
Stark, Oded 1991: The migration of labor. Cambridge, Mass.
Statistisches Bundesamt 2006: Bevölkerung und Erwerbstätigkeit. Struktur der sozialversicherungspflichtig Beschäftigten. Fachserie 1, Reihe 4.2.1. Wiesbaden.
Statistisches Bundesamt: Statistisches Jahrbuch für die Bundesrepublik Deutschland. Verschiedene Jahrgänge. Wiesbaden.
Statistisches Bundesamt: Land- und Forstwirtschaft, Fischerei Landwirtschaftliche Bodennutzung – Gemüseanbauflächen. Fachserie 3, Reihe 3.1.3. Verschiedene Jahrgänge.
Statistisches Landesamt Baden-Württemberg 2005a: Gartenbauerhebung 2005: Noch 9600 Gartenbaubetriebe im Südwesten. Jeder vierte Gartenbaubetrieb gab seit 1994 auf – Betriebe werden immer größer. Pressemitteilung vom 21. Dezember 2005.
Statistisches Landesamt Baden-Württemberg 2005b: Gartenbau in den Stadt- und Landkreisen Baden-Württembergs 2005. Ergebnisse der Gartenbauerhebung 2005. Stuttgart.
Stichweh, Rudolf 1995: Zur Theorie der Weltgesellschaft. In: Soziale Systeme 1. S. 29-45. Zitiert nach: Rudolf Stichweh 2000: Die Weltgesellschaft. Soziologische Analysen. Frankfurt/M. S. 7-30.
Stichweh, Rudolf 1997: Inklusion/Exklusion, funktionale Differenzierung und die Theorie der Weltgesellschaft. Erweiterte Fassung eines zunächst in Soziale Systeme 3, 1997 S. 123-136 erschienenen Aufsatzes. Abrufbar über: http://www.uni-bielefeld.de/soz/iw/pdf/stichweh_6.pdf (am 14.1.2004).
Stichweh, Rudolf 1998: Migration, nationale Wohlfahrtsstaaten und die Entstehung der Weltgesellschaft. In: Michael Bommes, Jost Halfmann (Hg.): Migration in nationalen Wohlfahrtsstaaten. Osnabrück. S. 49-61. Zitiert nach: Rudolf Stichweh 2000: Die Weltgesellschaft. Soziologische Analysen. Frankfurt/M. S. 66-84.
Strotmann, Harald, Jürgen Volkert (2002): Beschäftigungspotenziale für gering Qualifizierte in der Region Stuttgart. Ergebnisse einer IHK Unternehmensbefragung. Stuttgart.

Tacke, Veronika 2000: Netzwerk und Adresse. In Soziale Systeme 2/2000. S. 290-320.

Tecken, Vera 2003: Temporäre Arbeitsmigration von Polen nach Deutschland. Polnische Saisonarbeiter und ihre Bedeutung für landwirtschaftliche Betriebe Brandenburgs ab 1989. Potsdam (unveröffentlichte Diplomarbeit).

Treibel, Annette 1996: Soziologische Theorien über (Arbeitsmarkt-) Integration in Empfängerländern. In: Thomas Faist, Felicitas Hillmann, Klaus Zühlke-Robinet (Hg.): Neue Migrationsprozesse: politisch-institutionelle Regulierung und Wechselbeziehungen zum Arbeitsmarkt. Bremen (= ZeS-Arbeitspapier Nr.6/1996). S. 30-40.

Thomas, William Isaac, Florian Znaniecki 1984: Polish Peasant in Europe and America. Edited and abridged by Eli Zaretsky. Urbana, Ill. (zuerst 1918)

Ünal, Mehmet o.J.: Saisonarbeitskräfte-Aktion im Raum Ludwigshafen vom 15. bis 23.5.2001. In: Industriegewerkschaft Bauen-Agrar-Umwelt o. J.: Landwirtschaftliche Saisonarbeit 2001. Eine Aktion des Bundesarbeitskreises Senioren der IG Bau und den Bezirksverbänden Mark Brandenburg, Rheinhessen-Vorderpfalz und Köln-Bonn. o. O. S. 12-14.

Vereinbarung über die Löhne für Landarbeiter in Nordrhein vom 10. August 1999. o. A., o. J., o. O.

Verordnung über Ausnahmeregelungen für die Erteilung einer Arbeitserlaubnis an neu einreisende ausländische Arbeitnehmer – (Anwerbestoppausnahmeverordnung – ASAV). Vom 17. September 1998 (BGBl. I S. 2893).

Voss, Katharina 1999: Warten auf die Spargelstecher. Potsdam gibt Zuschüsse für arbeitslose Erntehelfer. Der Tagesspiegel vom 9. April 1999.

Weber, Max 1892: Die Verhältnisse der Landarbeiter im ostelbischen Deutschland. Dargestellt aufgrund der vom Verein für Socialpolitik veranstalteten Erhebungen. Leipzig (= Schriften des Vereins für Socialpolitik, Band 55).

Weber, Max 1993: „Privatenqueten" über die Lage der Landarbeiter. In: Max Weber: Landarbeiter, Nationalstaat und Volkswirtschaftspolitik. Schriften und Reden 1892 - 1899. Herausgegeben von Wolfgang J. Mommsen in Zusammenarbeit mit Rita Aldenhoff. 1. Halbband. Tübingen. S. 74-105. Max Weber Gesamtausgabe. Herausgegeben von Horst Baier, M. Rainer Lepsius, Wolfgang M. Mommsen, Wolfgang Schluchter, Johannes Winckelmann. Abteilung I: Schriften und Reden. Band 4. 1. Halbband.

Wegener, Bernd 1987: Vom Nutzen entfernter Bekannter. In: Kölner Zeitschrift für Soziologie und Sozialpsychologie 39. S. 278-301.
Wegener, Bernd 1989: Soziale Beziehungen im Karriereprozeß. In: Kölner Zeitschrift für Soziologie und Sozialpsychologie 41. S. 270-297.
Werlen, Benno 1997: Sozialgeographie alltäglicher Regionalisierungen. Band 2: Globalisierung, Region und Regionalisierung. Stuttgart.
Werlen, Benno 2000: Die Geographie der Globalisierung. Perspektiven der Sozialgeographie. In: Geographische Revue 1/2000. S. 5-20.
Werner, Heinz 1996a: Befristete Zuwanderung von ausländischen Arbeitnehmern. Dargestellt unter besonderer Berücksichtigung der Ost-West-Wanderungen. In: Mitteilungen aus der Arbeitsmarkt- und Berufsforschung 1/96. S. 36-53.
Werner, Heinz 1996b: Temporary Migration of Foreign Workers. Illustrated with Special Regard to East-West Migrations. Nürnberg (= IAB Labour Market Research Topics 18).
Wirtschafts- und Sozialausschuss (der Europäischen Union) 2000: Entwicklung einer Initiative zur Regelung von Rahmenbedingungen für den Einsatz landwirtschaftlicher Wanderarbeiterinnen und Wanderarbeiter aus Drittstaaten. In: Industriegewerkschaft Bauen-Agrar-Umwelt o. J.: Landwirtschaftliche Saisonarbeit 2001. Eine Aktion des Bundesarbeitskreises Senioren der IG Bau und den Bezirksverbänden Mark Brandenburg, Rheinhessen-Vorderpfalz und Köln-Bonn. o. O. S. 34-41.
Witzel, Andreas 2000: Das problemzentrierte Interview. In: Forum Qualitative Sozialforschung, Forum: Qualitative Social Research (Online Journal), 1/1. Abrufbar über: http://qualitative-research.net/fqs (am 09.01.04).
Wood, Gerald 2003: Die Wahrnehmung städtischen Wandels in der Postmoderne. Untersucht am Beispiel der Stadt Oberhausen. Opladen.
Wyputta 2006a: Erntehelfer sozialversichert prompt zu teuer. Die Tageszeitung (taz) vom 24. März 2006.
Wyputta 2006a: Arbeitslose auf Jobsuche. Nicht faul, unterbezahlt. Die Tageszeitung (taz) vom 24. März 2006.
Zentralstelle für Arbeitsvermittlung 1998: Ergebnisprotokoll Arbeitgeberforum „Saisonbeschäftigung in der Landwirtschaft". Frankfurt/M.
Zentralstelle für Arbeitsvermittlung 2000a: Schreiben vom 31.5.2000. Arbeitserlaubnisverfahren für ausländische Saisonarbeitnehmer. Vergleichsstatistik für verschiedene Jahre.
Zentralstelle für Arbeitsvermittlung 2000b: Schreiben vom 31.5.2000. Saisonarbeiter aus Mittel- und Osteuropäischen Ländern nach Landesarbeitsämtern und Arbeitsamtsbezirken.

Zentralstelle für Arbeitsvermittlung 2005: Schreiben vom 23.3.2005. Saisonarbeiter aus Mittel- und Osteuropäischen Ländern nach Landesarbeitsämtern und Arbeitsamtsbezirken.

Zapf, Wolfgang 1989: Sozialstruktur und gesellschaftlicher Wandel in der Bundesrepublik Deutschland. In: Werner Weidenfeld, Hartmut Zimmermann (Hg.): Deutschland-Handbuch. Eine doppelte Bilanz 1949-1989. Bonn.

Zeller, Beate, Rolf Richter, Lutz Galiläer, Dominique Dauser 2004: Das Prozessmodell betrieblicher Anforderungen – Einblicke in die betriebliche Praxis. In: Beate Zeller, Rolf Richter, Dominique Dauser (Hg.): Zukunft der einfachen Arbeit. Von der Hilfstätigkeit zur Prozessdienstleistung. Bielefeld. S. 31-49.

Ziegler, Cai 2005: Schöne kleine Welt. Vom Wesen natürlicher Vernetzung. In: c´t, Heft 24. S. 188-192.

Kultur und soziale Praxis

GABRIELE CAPPAI, SHINGO SHIMADA,
JÜRGEN STRAUB (HG.)
Interpretative Sozialforschung und Kulturanalyse
Hermeneutik und die komparative Analyse
kulturellen Handelns

März 2010, ca. 280 Seiten, kart., ca. 27,80 €,
ISBN 978-3-89942-793-6

LUCYNA DAROWSKA, THOMAS LÜTTENBERG,
CLAUDIA MACHOLD (HG.)
Hochschule als transkultureller Raum?
Kultur, Bildung und Differenz in der Universität

Juni 2010, ca. 146 Seiten, kart., ca. 19,80 €,
ISBN 978-3-8376-1375-9

ÖZKAN EZLI (HG.)
Kultur als Ereignis
Fatih Akins Film »Auf der anderen Seite«
als transkulturelle Narration

April 2010, ca. 150 Seiten, kart., ca. 22,80 €,
ISBN 978-3-8376-1386-5

Leseproben, weitere Informationen und Bestellmöglichkeiten
finden Sie unter www.transcript-verlag.de

Kultur und soziale Praxis

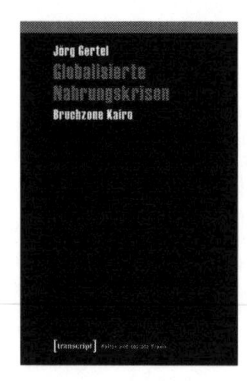

JÖRG GERTEL
Globalisierte Nahrungskrisen
Bruchzone Kairo

Mai 2010, ca. 450 Seiten, kart., ca. 35,80 €,
ISBN 978-3-8376-1114-4

SABINE HESS,
JANA BINDER,
JOHANNES MOSER (HG.)
No integration?!
Kulturwissenschaftliche Beiträge zur
Integrationsdebatte in Europa

2009, 246 Seiten, kart., 24,80 €,
ISBN 978-3-89942-890-2

ARNE WEIDEMANN, JÜRGEN STRAUB,
STEFFI NOTHNAGEL (HG.)
Wie lehrt man interkulturelle Kompetenz?
Theorien, Methoden und Praxis in der
Hochschulausbildung. Ein Handbuch

Mai 2010, ca. 366 Seiten, kart.,
zahlr. Abb., ca. 29,80 €,
ISBN 978-3-8376-1150-2

Leseproben, weitere Informationen und Bestellmöglichkeiten
finden Sie unter www.transcript-verlag.de

Kultur und soziale Praxis

IMAN ATTIA
**Die »westliche Kultur«
und ihr Anderes**
Zur Dekonstruktion von
Orientalismus und antimuslimischem Rassismus
2009, 186 Seiten, kart., 21,80 €,
ISBN 978-3-8376-1081-9

JUTTA AUMÜLLER
Assimilation
Kontroversen um ein
migrationspolitisches Konzept
2009, 278 Seiten, kart., 28,80 €,
ISBN 978-3-8376-1236-3

SYLKE BARTMANN,
OLIVER IMMEL (HG.)
Das Vertraute und das Fremde
Differenzerfahrung und
Fremdverstehen im
Interkulturalitätsdiskurs
März 2010, ca. 240 Seiten, kart., ca. 29,80 €,
ISBN 978-3-8376-1292-9

ESTHER BAUMGÄRTNER
**Lokalität und kulturelle
Heterogenität**
Selbstverortung und Identität
in der multi-ethnischen Stadt
2009, 264 Seiten, kart., 27,80 €,
ISBN 978-3-8376-1340-7

AIDA BOSCH
Konsum und Exklusion
Eine Kultursoziologie der Dinge
Januar 2010, 504 Seiten, kart.,
zahlr. farb. Abb., 33,80 €,
ISBN 978-3-8376-1326-1

KATHRIN DÜSENER
Integration durch Engagement?
Migrantinnen und Migranten
auf der Suche nach Inklusion
Januar 2010, 290 Seiten, kart.,
zahlr. Abb., 29,80 €,
ISBN 978-3-8376-1188-5

JÖRG GERTEL, INGO BREUER (HG.)
Alltags-Mobilitäten
Aufbruch marokkanischer
Lebenswelten
Juni 2010, ca. 350 Seiten, kart.,
zahlr. Abb., ca. 29,80 €,
ISBN 978-3-89942-928-2

MARTINA GRIMMIG
Goldene Tropen
Zur Koproduktion natürlicher
Ressourcen und kultureller
Differenz in Guayana
Mai 2010, ca. 320 Seiten,
kart., ca. 34,80 €,
ISBN 978-3-89942-751-6

HANS-WALTER SCHMUHL (HG.)
**Kulturrelativismus und
Antirassismus**
Der Anthropologe Franz Boas
(1858-1942)
2009, 350 Seiten, kart., inkl.
Begleit-CD-ROM, 34,80 €,
ISBN 978-3-8376-1071-0

TOBIAS SCHWARZ
**Bedrohung, Gastrecht,
Integrationspflicht**
Differenzkonstruktionen im
deutschen Ausweisungsdiskurs
Mai 2010, ca. 318 Seiten, kart.,
zahlr. Abb., ca. 29,80 €,
ISBN 978-3-8376-1439-8

ASTA VONDERAU
Leben im »neuen Europa«
Konsum, Lebensstile und
Körpertechniken im
Postsozialismus
April 2010, ca. 208 Seiten,
kart., ca. 26,80 €,
ISBN 978-3-8376-1189-2

Leseproben, weitere Informationen und Bestellmöglichkeiten
finden Sie unter www.transcript-verlag.de